ABITUR 2006

Prüfungsaufgaben
mit Lösungen

Mathematik

Leistungskurs
Gymnasium
Sachsen-Anhalt
2001–2005

STARK

ISBN: 3-89449-231-7

© 1995 by Stark Verlagsgesellschaft mbH & Co. KG
D-85318 Freising · Postfach 1852 · Tel. (0 81 61) 1790
10. ergänzte Auflage 2005
Nachdruck verboten!

Inhalt

Hinweise
Stichwortverzeichnis

Abiturprüfung Leistungskurs 2001

1.1	Analysis $y = f_a(x) = -\dfrac{1}{a}(x-4)^2(x+2)$	2001-1
1.2	Analysis $y = f_a(x) = \dfrac{1}{a+x^2}$, $g(x) = \dfrac{1}{4x^2}$	2001-6
2.1	Analytische Geometrie	2001-10
2.2	Analytische Geometrie	2001-15
3.1	Wahrscheinlichkeitsrechnung	2001-20
3.2	Wahrscheinlichkeitsrechnung	2001-23

Abiturprüfung Leistungskurs Modellversuch 13 K 2002

1.1	Analysis $y = f(t) = 5\,e^{-\frac{1}{4}t}$ und $y = g(t) = \cos t$	2002-K-1
1.2	Analysis $y' = f'_a(x) = \dfrac{ax-1}{x^2}$	2002-K-8
2.1	Analytische Geometrie	2002-K-14
2.2	Analytische Geometrie	2002-K-19
3.1	Stochastik	2002-K-24
3.2	Stochastik	2002-K-28

Abiturprüfung Leistungskurs 2002

1.1	Analysis $y = f_a(x) = -\dfrac{1}{3}x^2 + ax$ und $y = g(x) = \ln x$	2002-1
1.2	Analysis $y = f(x) = (x^2-1)^3$ und $y = g(x) = e^{-3x^2}$	2002-9
2.1	Analytische Geometrie	2002-13
2.2	Analytische Geometrie	2002-19
3.1	Stochastik	2002-23
3.2	Stochastik	2002-27

Fortsetzung siehe nächste Seite

Abiturprüfung Leistungskurs Modellversuch 13 K 2003

1.1 Analysis $f_a(x) = e^{2x} - 2ae^x + \frac{3}{4}a^2$ 2003-K-1

1.2 Analysis $y = f_a(x) = \dfrac{10x}{(x+a)^2}$ 2003-K-5

2.1 Analytische Geometrie 2003-K-10
2.2 Analytische Geometrie 2003-K-15

3.1 Stochastik 2003-K-20
3.2 Stochastik 2003-K-23

Abiturprüfung Leistungskurs 2003

1.1 Analysis $y = f_a(x) = \dfrac{6x + 3a}{x^2 + ax}$ 2003-1

1.2 Analysis $y = f(x) = \ln x - \ln(3 - x)$ und $y = g(x) = \dfrac{3e^x}{1 + e^x}$ 2003-6

2.1 Analytische Geometrie 2003-10
2.2 Analytische Geometrie 2003-14

3.1 Stochastik 2003-19
3.2 Stochastik 2003-22

Abiturprüfung Leistungskurs Modellversuch 13 K 2004

1.1 Analysis $y = f_{a,b,c,d}(x) = \dfrac{x^2 + ax + b}{cx + d}$ 2004-K-1

1.2 Analysis $y = f_a(x) = \dfrac{1}{\sqrt{x}} + \dfrac{1}{2a}x$ 2004-K-5

2.1 Analytische Geometrie 2004-K-9
2.2 Analytische Geometrie 2004-K-14

3.1 Stochastik 2004-K-17
3.2 Stochastik 2004-K-21

Abiturprüfung Leistungskurs 2004

1.1 Analysis $y = f_a(t) = \dfrac{2 \cdot e^{a \cdot t}}{e^{a \cdot t} + 29}$ 2004-1

1.2 Analysis $y = f_a(x) = \dfrac{2}{3}a^3 \cos^2 x \cdot \sin x$ 2004-5

2.1 Analytische Geometrie 2004-9
2.2 Analytische Geometrie 2004-13

3.1 Stochastik 2004-19
3.2 Stochastik 2004-22

Abiturprüfung 2005: Leistungskursniveau

Pflichtaufgabe L1: Analysis $y = f_k(x) = \dfrac{k(x-1)^2}{x^2+1}$ 2005-1

Pflichtaufgabe L2: Analytische Geometrie 2005-6

Pflichtaufgabe L3: Stochastik 2005-10

Wahlpflichtaufgabe L4.1: Analysis 2005-14

Wahlpflichtaufgabe L4.2: Analytische Geometrie 2005-16

Jeweils zu Beginn des neuen Schuljahres erscheinen die
neuen Ausgaben der Abiturprüfungsaufgaben mit Lösungen.

Lösungen der Aufgaben:

Wahrscheinlichkeitsrechnung/Stochastik: Ardito Messner, Schönebeck
Analysis, Analytische Geometrie: Sabine Zöllner, Stendal

Hinweise

Liebe Schülerinnen und Schüler,

die schriftliche Prüfung im Kernfach Mathematik ist entweder auf Grundkurs- oder auf Leistungskursniveau abzulegen. Zusätzlich kann eine mündliche Prüfung erfolgen. Die Inhalte der Rahmenrichtlinien Mathematik gelten einheitlich für beide Niveaustufen.

Unterschiede im Grundkurs- und Leistungskursniveau sind insbesondere gekennzeichnet durch
- die Art und Weise der Bearbeitung der dominanten mathematischen Inhalte, die Komplexität in den Arbeitsmethoden und fachübergreifenden Betrachtungen,
- die Vielfalt des selbstständigen Anwendens und Reflektierens, des Übertragens auf neue Zusammenhänge und der Entwicklung problemlösenden Denkens.

(Prüfungs-)Aufgaben auf Grund- und Leistungskursniveau unterscheiden sich folglich vornehmlich
- in der Strukturierung
  (Formulierung von Hinweisen/Impulsen, Untergliederung in Teilaufgaben, Vorgabe von Lösungswegen, ausführlichen Skizzen, Ergebnissen zur Kontrolle, ...)
- im Schwierigkeitsgrad allgemein
  (Komplexität/Bekanntheitsgrad der mathematischen Inhalte, der anzuwendenden Verfahren und geforderten theoretischen Tiefe, ...)

Von Schülerinnen und Schülern, die sich für die schriftliche Prüfung auf Leistungskurs**niveau** entschieden haben, wird erwartet, dass sie sich kontinuierlich anhand ihrer Unterrichtsmaterialien (Aufzeichnungen, Schulbücher, ...) und der Nutzung weiterer Medien auf diese schriftliche Abiturprüfung vorbereiten.

Eine inhaltliche Orientierung soll Ihnen die folgende Übersicht der in der Einführungs- und in der Qualifikationsphase dominanten Inhalte der Rahmenrichtlinien geben. Beachten Sie, dass darüber hinaus auch die Inhalte der Sekundarstufe relevant bleiben (z. B.: Satzgruppe des Pythagoras, Strahlensätze, Körperberechnung und Körperdarstellung, Funktionen und Gleichungen, Potenz-, Wurzel- und Logarithmengesetze, geometrische Konstruktionen und Beweise) und grafisches Darstellen/Veranschaulichen ein durchgängiges Grundprinzip ist.

Übersicht über die dominanten Inhalte der Rahmenrichtlinien

I. Analysis
- Zahlenfolgen (als spezielle Funktionen); Partialsummen/Reihen
- Grenzwerte von Funktionen; Grenzwertsätze
- Stetigkeit; Sätze über stetige Funktionen
- Ableitung einer Funktion; Tangenten und Normalen; Ableitungsregeln
- Differenzierbarkeit; Zusammenhang zwischen Stetigkeit und Differenzierbarkeit
- Sätze der Differentialrechnung
- Untersuchung von Funktionen und Funktionsscharen („Kurvendiskussion"; lokales/globales Extremum, Wendestellen); ganzrationale und gebrochenrationale Funktionen, Exponential- und Logarithmusfunktionen; Verknüpfungen und Verkettungen von Funktionen; grafisches Darstellen

- Näherungsverfahren zur Bestimmung von Nullstellen (grafisch; NEWTON-Verfahren)
- Bestimmen von Funktionsgleichungen aus vorgegebenen Eigenschaften
- Integration einer Funktion, bestimmtes Integral und unbestimmtes Integral; Eigenschaften des bestimmten Integrals
- Integrierbarkeit; Hauptsatz der Differential- und Integralrechnung
- Stammfunktionen; Integrationsregeln und Integrationsverfahren (lineare Substitution; numerische Integration)
- Anwendungen der Differential- und Integralrechnung (Extremalprobleme; Flächen- und Volumenberechnung; Wachstumsvorgänge)

II. Analytische Geometrie

- Koordinatensysteme der Ebene und des Raumes
- Vektoren; Rechenoperationen mit Vektoren (Addition, skalare Multiplikation) und deren Eigenschaften; Betrag eines Vektors
- Linearkombination, lineare Abhängigkeit und lineare Unabhängigkeit
- Skalarprodukt, Vektorprodukt und deren Eigenschaften (auch Spatprodukt); Winkel zwischen Vektoren
- Geraden, Gleichungen (mit Parametern und parameterfrei); Lagebeziehungen von Geraden
- Ebenen, Gleichungen von Ebenen (Parametergleichung, Koordinatengleichung, HESSE-Normalform)
- Lagebeziehungen von Ebenen, Geraden und Punkten; analytisches Beschreiben der Schnittelemente
- Winkel zwischen Geraden sowie Geraden und Ebenen
- Abstandsuntersuchungen (zwischen Punkten und Geraden der Ebene sowie zwischen Punkten und Ebenen des Raumes)
- Kreise (in der Ebene); Gleichungen in Vektor- und Koordinatenform
- Lagebeziehungen (Punkt – Kreis, Gerade – Kreis, Kreis – Kreis); analytisches Beschreiben der Schnittelemente
- Gleichung einer Tangente an einen Kreis; Tangenten an Kreise parallel zu einer Geraden
- sachbezogene Anwendungen

III. Stochastik

- Ereignisse; Verknüpfung von Ereignissen ($A \cap B$; $A \cup B$); Vereinbarkeit und Unvereinbarkeit; (stochastische) Abhängigkeit und Unabhängigkeit
- Zufallsgrößen; Lage- und Streumaße (absolute Abweichung/mittlere Abweichung), Kenngrößen (Erwartungswert, Varianz und Standardabweichung)
- Wahrscheinlichkeit und bedingte Wahrscheinlichkeit; Pfadregeln (Produkt- und Summenregel), (spezieller und allgemeiner) Additions- und Multiplikationssatz
- Arbeiten mit Baumdiagrammen und Vierfeldertafeln
- Verteilung von (diskreten) Zufallsgrößen; Zufallsgrößen als Funktionen (Tabellennutzung)
- Binomialverteilung; BERNOULLI-Versuch, BERNOULLI-Kette, BERNOULLI-Formel
- Approximation der Binomialverteilung durch die Standard-Normalverteilung (Näherungsbedingungen/empirische Kriterien; Bezüge zur Analysis: Eigenschaften der GAUSSschen Glockenkurve)
- Stichproben; Repräsentativität, Mindestumfänge; Mindestwahrscheinlichkeiten
- Testen von Hypothesen; Alternativ- und Signifikanztests (Hypothesenarten, Ablehnungsbereich, Entscheidungsregel; Fehler 1. Art und Fehler 2. Art; Signifikanzniveau)

Liebe Schülerinnen und Schüler, dieses Buch will Sie bei Ihrer langfristigen Vorbereitung auf die schriftliche Abiturprüfung Mathematik im **Leistungskursniveau** unterstützen. Es enthält die in Sachsen-Anhalt in den Jahren 2001 bis 2005 für Leistungskursniveau zentral gestellten Abituraufgaben. Die Aufgaben des Jahres 2001 sind teilweise bearbeitet bzw. ergänzt worden. Von den Aufgaben der Jahre 2002 bis 2004 wurden neben den Aufgaben für das Abitur nach 13 Schuljahren auch die gleichwertigen Aufgaben für das Abitur nach 12 ½ Schuljahren

(Modellversuch 13 K an ausgewählten Gymnasien des Landes) einbezogen. Den Stochastikaufgaben werden seit der Abiturprüfung 2005 Tabellenauszüge nicht mehr zentral beigefügt. Auf den Abdruck von Tabellenauszügen ist daher bereits ab dem Jahrgang 2004 verzichtet worden. Zu allen Aufgaben wurden ausführliche, schülergerechte **Lösungsvorschläge** erarbeitet. Die Aufgaben und Lösungsvorschläge ermöglichen Ihnen eine tiefgründige, zielgerichtete Vorbereitung auf Ihr Abitur.

Zur Relevanz der Aufgaben für den laufenden Mathematikunterricht bzw. für Ihr Abitur orientieren Sie sich bitte an der obigen Übersicht der dominanten Inhalte oder wenden sich an Ihre Fachlehrerin/Ihren Fachlehrer. Sie/Er wird Ihnen bei der Aufgabenauswahl und mit weiteren konkreten Hinweisen behilflich sein.

Die Arbeitszeit im Abitur auf Leistungsniveau beträgt 300 Minuten zuzüglich einer Einlesezeit von 30 Minuten. Seit dem Abitur 2005 erhält jeder Prüfling je Prüfungsgebiet (Analysis, Analytische Geometrie, Stochastik) eine Pflichtaufgabe (Pflichtaufgaben 1 bis 3) sowie in den Gebieten Analysis und Analytische Geometrie außerdem je eine Wahlpflichtaufgabe (Wahlpflichtaufgaben 4.1 und 4.2). Von den beiden Wahlpflichtaufgaben ist nur eine zu bearbeiten. Insgesamt sind im Abitur für die vier Aufgaben 100 Bewertungseinheiten (BE; Aufgaben-Punkte) erreichbar, die wie folgt in Notenpunkte umgesetzt werden:

Bewertungs-einheiten	96–100	91–95	86–90	81–85	76–80	71–75	66–70	61–65
Notenpunkte	15	14	13	12	11	10	09	08

Bewertungs-einheiten	56–60	51–55	46–50	41–45	35–40	28–34	21–27	0–20
Notenpunkte	07	06	05	04	03	02	01	00

Bitte beachten Sie bei der Arbeit mit dem Buch noch die folgenden Hinweise:

Alle Aufgaben und Lösungsvorschläge finden Sie geordnet nach den drei Prüfungsgebieten. Das „L" steht dabei jeweils für Leistungskurs bzw. Leistungskursniveau; das zusätzlich vorangestellte „K" für die Abituraufgaben des Modellversuchs. Im Zusammenhang mit der Übersicht der dominanten Inhalte soll Ihnen durch die Inhaltsübersicht und das Stichwortverzeichnis das gezielte Auffinden von gewünschten Übungsinhalten in den einzelnen Aufgaben erleichtert werden.

Vielleicht versuchen Sie, die Aufgaben nur unter Verwendung der im Abitur zugelassenen Hilfsmittel zu lösen. In Sachsen-Anhalt sind das:
– Formel- und Tabellensammlung
– Taschenrechner (nicht programmierbar, nicht grafikfähig, ohne CAS)
– Zeichengeräte (auch Kurvenschablonen)
– Rechtschreibwörterbuch (auf der Grundlage der neuen amtlichen Rechtschreibregeln)

Viel Erfolg wünschen Ihnen der Stark Verlag
sowie die Autoren Sabine Zöllner und Ardito Messner!

Stichwortverzeichnis

Im Stichwortverzeichnis finden Sie eine Zuordnung von Begriffen zu den einzelnen Aufgaben bzw. Aufgabenteilen. Dadurch haben Sie die Möglichkeit, frühzeitig, also auch bereits zur Vorbereitung auf Ihre erste Klausur in der Qualifikationsphase, gezielt die geeigneten Aufgabenteile zum Üben auszuwählen.

Es bedeutet zum Beispiel bis Jahrgang 2004
03 L2/1a, b: Abitur 2003, Gebiet L2 – Analytische Geometrie, Aufgabe 1, Teilaufgaben a und b
03 K-L2/2b: Abitur 2003 (Modellversuch), Gebiet L2 – Analytische Geometrie, Aufgabe 2, Teilaufgabe b
04 L3/1c, 2d: Abitur 2004, Gebiet L3 – Stochastik, Aufgabe 1, Teilaufgabe c und Aufgabe 2, Teilaufgabe d

und ab Jahrgang 2005
05 L3/a, c: Abitur 2005, Aufgabe 3, Teilaufgaben a und c, Pflichtaufgabe Gebiet L3 – Stochastik
05 L4.1: Abitur 2005, Aufgabe 4, Wahlpflichtaufgabe Gebiet L1 – Analysis
05 L4.2: Abitur 2005, Aufgabe 4, Wahlpflichtaufgabe Gebiet L2 – Analytische Geometrie

A. Analysis

Ableitung
– Kettenregel   02 K-L1/1a; 04 K-L1/2a
– Produktregel   01 L1/2a; 01 L3/2b, c; 04 L1/2a
– Quotientenregel 01 L1/2a; 03 K-L1/2a; 03 K-L1/2a; 03 L1/1a, 2a; 04 K-L1/1a; 04 L1/1a, b; 05L1/a
Anwendungsaufgaben 02 K-L1/1; 02 L1/1; 03 K-L1/1d; 04 K-L1/1d; 04 L1/1d, 2d; 05 L4.1
Arithmetisches Mittel 01 L1/1b
Asymptote
– schiefe   04 K-L1/1a
– senkrechte   03 L1/1a; 04 L1/1a
– waagerechte   01 L1/2a; 03 K-L1/1a; 03 L1/1a; 05 L1/a
Beweis
– mittels vollständiger Induktion 01 L3/2a
– einer Aussage   01 L3/2c; 03 K-L1/2a
Darstellung, grafische 01 L1/1a, 2a; 02 K-L1/1a, 2a; 02 L1/1a, 2b; 03 K-L1/1a, 2a; 03 L1/1a, 2a; 04 K-L1/1a, 2a; 04 L1/1b, 2a; 05 L1/a
Definitionsbereich
– einer Funktion 02 L1/1b; 03 L1/2a

Differenzierbarkeit	02 L1/1c
Extrema	
– Art und Lage der	01 L1/1a, 2a; 01 L3/2b; 02 K-L1/1c, 2a; 02 L1/1a, d, 2a, b; 03 K-L1/1a, 2a; 03 L1/1a, 2a; 04 K-L1/1a, d, 2a, b; 04 L1/1b, 2a, d; 05 L1/a
– globales Extremum	04 K-L1/1a
– Ortskurve der	01 L1/2a; 02 L1/1a
Fallunterscheidungen	03 K-L1/2a
Flächeninhalt	01 L1/1d, 2c; 02 K-L1/1b, 2c; 02 L1/1a, 2c; 03 K-L1/1c, 2b; 03 L1/1b, 2b; 04 K-L1/1b, 2c; 04 L1/1c, 2b; 05L1/b; 05 L4.1
Folge	
– geometrische	02 K-L1/1d
Funktion	
– Betrags~	02 L1/1c
– Exponential~	02 K-L1/1; 02 L1/2; 03 K-L1/1; 03 L1/2
– ganzrationale	01 L1/1; 02 L1/1,2
– gebrochenrationale	01 L1/2; 03 K-L2/1; 03 L1/1; 04 K-L1/1; 05 L1
– inverse	03 L1/2a
– Logarithmus~	02 K-L1/2
– reelle	01 L3/2; 04 K-L1/2; 04 L1/1
– Winkel~	02 K-L1/1; 04 L1/2
Funktionenschar	01 L1/1, 2; 02 K-L1/2; 02 L1/1; 03 K-L1/1, 2; 03 L1/1; 04 K-L1/1, 2; 04 L1/1, 2; 05 L1
Funktionsgleichung	
– ermitteln	02 K-L1/2a; 04 K-L1/1c; 05 L4.1
Grenzwert	
– im Unendlichen	03 K-L1/1a, c, 2a; 04 L1/1a
– links- und rechtsseitig	03 L1/1a
Integral	
– bestimmtes	01 L1/1d, 2c; 02 K-L1/1b, 2c; 02 L1/1a, 2c; 03 K-L1/1c, d; 03 L1/1b, 2c; 04 K-L1/1b; 04 L1/1c; 05 L1/c
– uneigentliches	03 L1/1d, 2d
Integration	
– mit Substitution	03 L1/1b, 2c; 04 L1/1c
– partielle	01 L3/2d; 02 K-L1/2c; 04 L1/2b
Kegel	03 L1/1c
Monotonie	02 K-L1/1a; 03 K-L1/1a; 03 L1/2a; 04 L1/1a
Näherungsverfahren	03 K-L1/2c
Normale	03 L1/1c; 04 K-L1/2b
Nullstelle	01 L1/1a; 02 K-L1/1c; 03 K-L1/1b, 2a; 04 K-L1/1a; 04 L1/1b; 05 L1/a
Ortskurve	03 K-L1/1b; 04 K-L1/2a
Parameter	
– Bestimmung der	02 K-L1/2a; 03 K-L1/1b; 05 L1/b
– Einfluss der	02 L1/2d; 04 L1/1b; 05 L1/a
Polstellen	03 K-L1/2a; 04 K-L1/1a; 05 L1/a
Polynomdivision	01 L1/1c; 04 K-L1/1a
Rekonstruktion	
– von Funktionsgleichungen	02 K-L2/1a; 04 K-L1/1c; 05 L4.1
Rotationsvolumen	01 L1/2c; 03 L1/1c; 04 L1/2c

Schnittpunkte	
– mit Koordinatenachsen	01 L1/1a; 02 L1/1a; 03 K-L1/1a; 03 L1/1a; 04 K-L1/2a; 04 L1/2a
– zwischen Graphen/Kurven	01 L1/1c; 02 K-L1/1a
Spiegelung	02 L1/2a
Stammfunktion	05 L1/b
Stetigkeit	02 L1/1c
Substitution	03 K-L1/1a, b; 03 L1/1b, 2c
Symmetrie	
– zu einem Punkt	03 L1/1a
– zum Ursprung	02 L1/2a, b; 03 K-L1/2a
– zur y-Achse	01 L1/2a; 02 L1/2a, b
Tangente	01 L1/2b; 02 L1/1b; 03 K-L1/2b; 04 K-L1/2b
Verhalten im Unendlichen	03 K-L1/1a, 2a; 04 K-L1/2a; 05 L1/a
Verketten	
– Funktionen	02 K-L1/1; 02 L1/1
Volumen	03 K-L1/1d; 04 K-L1/2c; 04 L1/2d
Wendepunkt	01 L3/2c; 02 K-L1/2a; 02 L1/2a; 03 K-L1/1a; 03 L1/1a, 2a; 04 K-L1/2a; 04 L1/1b; 05 L1/a
Wendetangente	03 L1/1b, 2b
Wertebereich	03 L1/2a
Zielfunktion	02 L1/1d; 05 L4.1

B. Analytische Geometrie

Abhängigkeit/Unabhängigkeit	
– lineare	02 L2/2c; 04 K-L2/1a
Abstand	
– Ebene/Kugel	02 K-L2/1c
– Punkt/Ebene	03 K-L2/1c; 03 L2/1c; 05 L2/c
– Punkt/Gerade	01 L2/1b; 03 L2/1b
– Punkt/Punkt	01 L2/1b
– windschiefer Geraden	02 K-L2/2b; 04 K-L2/1b
Anwendungsaufgabe	01 L2/1b, c; 02 K-L2/1; 02 L2/1; 03 K-L2/1; 03 L2/1; 04 K-L2/1; 04 L2/1; 05 L2
Begründen einer Aussage	01 L2/1c; 04 L2/1b, 2c
Ebenengleichung	
– Koordinatenform	01 L2/1a, 2b, c; 02 K-L2/1a; 02 L2/1a, 2a; 03 K-L2/2a; 03 L2/1c, 2a, b; 04 K-L2/1a; 04 L2/2a; 05 L2/a
Flächeninhalt	02 K-L2/1a; 03 K-L2/1b
Geradengleichung	01 L2/2a; 02 K-L2/1b, 2a; 03 L2/1b; 04 K-L2/1a, 2a; 04 L2/1a, 2c
Gleichungssystem	01 L2/1c; 02 L2/2c
Höhenlinie	02 L2/1c
Konstruktionsbeschreibung	
– Tangente/Parabel	01 L3/3b, c
Kreis	
– Um~	03 K-L2/1d, 2c; 05 L4.2
Kugel	01 L2/1c; 02 K-L2/1c, 2c; 04 L2/1a, 2b
– Halb~	03 L2/1; 04 K-L2/1c

Lagebeziehung	
– Ebene/Ebene	01 L2/2c; 04 L2/2b
– Gerade/Gerade	01 L2/2a; 02 K-L2/2a; 04 K-L2/1a
Mittelsenkrechte	03 K-L2/1d; 05 L4.2
Parallelprojektion	
– senkrechte	01 L2/2b
Parameterbestimmung	01 L2/1b, 2d
Punkt	
– im Parallelogramm	02 L2/1b
– Spur~	03 L2/2c
Punktprobe	01 L2/1c; 02 L2/1a, 2a; 03 K-L2/1b, 2a; 04 K-L2/1d; 04 L2/2a
Quadrat	03 L2/2d
Schnitt	
– Ebene/Ebene	02 L2/2d
– Gerade/Ebene	02 K-L2/1b; 04 L2/2d
– Gerade/Kugel	03 L2/1b
Sehnenviereck	03 K-L2/2b
Spatprodukt	01 L2/2d; 03 K-L2/2d
Symmetrie	03 K-L2/1b
Termumformung	01 L2/2d
Volumen	
– Pyramide	01 L2/2d; 03 K-L2/2d; 04 L2/2d
Winkel	01 L2/1a, b; 01 L2/2c; 02 K-L2/1a; 02 L2/1a, 2b; 03 K-L2/1a, 2c; 03 L2/2c; 04 K-L2/1a, c, 2a; 04 L2/1b; 05 L2/b
Würfel	02 K-L2/2c; 04 K-L2/2b, c

C. Wahrscheinlichkeitsrechnung/Stochastik

Abhängigkeit/Unabhängigkeit	
– von Ereignissen	02 K-L3/1c, 2a; 03 K-L3/1b; 03 L3/1a; 04 K-L3/1; 04 K-L3/2b
Additionssatz/Summenregel	02 K-L3/1c, 2a; 02 L3/1c; 03 K-L3/1b; 03 L3/2b; 04 K-L3/1b; 05 L3/c
Baumdiagramm	01 L3/2a; 02 L3/2c; 03 L3/2c; 04 K-L3/1b; 05 L3/c
Bayes, Satz von	01 L3/2a; 02 L3/2c; 04 K-L3/1b
Bereich	
– Ablehnungs~/Annahme~	01 L3/1c; 2d; 02 L3/1b, 2d; 03 K-L3/1c; 03 L3/1c; 04 K-L3/2c; 05 L3/b
Bernoulli, Formel von	01 L3/2b; 02 K-L3/2b; 02 L3/2a, b; 03 L3/1 a, b; 04 L3/1b; 04 L3/2b, c; 05 L3/a
Bernoulli-Kette	04 L3/2c; 05 L3/a
– Länge einer	01 L3/2b; 02 L3/2b; 04 K-L3/1a; 04 L3/1b; 05 L3/a
Binomialverteilung	01 L3/1a, 2d; 02 K-L3/1a, b, 2b, c; 02 L3/1a, b, 2a, b, d; 03 K-L3/2; 03 L3/1a, c, 2a; 04 K-L3/1a, c, d; 04 L3/1b, c, 2a, c; 05 L3/a, b
– begründen/erläutern	01 L3/1a; 02 K-L3/1a, 2b; 03 K-L3/2 c; 04 L3/1b; 05 L3/a
– summierte	03 K-L3/1c
– Tabelle der summierten	01 L3/1c; 02 K-L3/1b, d, 2c; 02 L3/1a, b, 2a; 03 K-L3/1c; 2a, b; 03 L3/1a, c, 2a; 04 K-L3/1a, d, 2c, d; 04 L3/1a, 2a, c

Ereignis	01 L3/2a; 02 K-L3/1b, c, 2a, b; 02 L3/1a, c, 2a; 03 K-L3/2a, b; 03 L3/1a, 2b; 04 K-L3/1b; 04 L3/2a; 05 L3/c
– beschreiben	04 K-L3/2a
Erwartungswert	01 L3/1a, b; 02 L3/2a; 03 K-L3/2c; 04 K-L3/1c, 2a; 04 L3/1b, c; 04 L3/2d
– Abweichung vom	03 L3/1c
Faustregel	s. Kriterium, empirisches
Fehler	
– 1. Art/2. Art	01 L3/1c; 02 K-L3/1d, 2c; 02 L3/1b; 03 L3/1c; 04 K-L3/1d, 2c, d
– charakterisieren	01 L3/1c; 02 K-L3/1d, 2c; 04 K-L3/2d
Hypothese/Nullhypothese/ Gegenhypothese/Alternativ- hypothese	01 L3/2d; 02 K-L3/1d, 2c; 02 L3/1b; 04 L3/2d; 05 L3/b
Interpretation/Wertung	
– eines Ergebnisses/ Resultates	01 L3/1c; 02 L3/2d; 04 K-L3/2a, c, d; 04 L3/1c, 2d; 05 L3/b
Irrtumswahrscheinlichkeit	s. Test
Kriterium	
– empirisches	02 L3/2a,d; 03 L3/2d; 04 K-L3/1c; 04 L3/1b; 05 L3/a, b
Multiplikationssatz	02 K-L3/1c; 03 K-L3/1b; 04 K-L3/1b; 05 L3/c
– spezieller	02 K-L3/1c, 2a; 02 L3/1c; 03 K-L3/1b; 03 L3/1a, 2b; 04 L3/2c
Näherungsformel	
– von de Moivre-Laplace	01 L3/1a, b, 2c; 02 L3/2a, d; 03 L3/2d; 04 K-L3/1c, 2b; 04 L3/1b, c ; 05 L3/a, b
Normalverteilung	01 L3/1a, b; 03 L3/2d; 04 K-L3/1c, 2b; 04 L3/1b
– Tabelle zur	01 L3/1a, b, 2c; 02 L3/2a, d; 03 L3/2d; 04 K-L3/1c, 2b; 04 L3/1c; 05 L3/a, b
Pfadregel	
– erste (Produktregel)	02 K-L3/2a; 03 K-L3/1a; 03 L3/2c; 04 K-L3/1b; 04 L3/2c; 05 L3/c
– zweite (Summenregel)	02 K-L3/2a; 03 L3/2c; 04 K-L3/1b; 05 L3/c
Signifikanzniveau	s. Test
Standardabweichung	01 L3/1a, b; 02 L3/2a; 03 L3/2d; 04 K-L3/1c; 04 L3/1b, c
Stichprobe	01 L3/1c, 2b; 02 K-L3/1d, 2c; 02 L3/1a, b, 2a, b, d; 04 K-L3/1a, d; 04 L3/1b;
– Umfang einer ~	01 L3/1c, 2d; 02 L3/2b, d; 04 K-L3/1a; 04 L3/1b; 05 L3/a
Test	
– Ablehnungsbereich, Annahmebereich bei	02 L3/1b, 2d; 03 K-L3/1c, 2b; 04 K-L3/1d, 2c; 04 L3/1c; 05 L3/b
– Entscheidungsregel bei	03 L3/1c; 04 L3/1c, 2d; 05 L3/b
– Alternativ~, einseitiger	01 L3/2d; 02 K-L3/2c
– Erläuterung einer ~konstruktion	01 L3/2d
– Güte eines Tests	03 K-L3/1c
– Gütefunktion eines Tests	03 K-L3/1c
– Irrtumswahrscheinlichkeit bei	01 L3/1c
– Signifikanzniveau bei	01 L3/1c; 02 L3/1b; 04 K-L3/2c; 04 L3/1c, 2d; 05 L3/b

– Signifikanz~, einseitiger	01 L3/1c; 02 L3/1b, 2d; 03 K-L3/1c; 03 L3/1c; 04 K-L3/1d, 2c; 04 L3/1c, 2d
– Signifikanz~, zweiseitiger	03 K-L3/2b; 05 L3/b
Themenbereich/Sujet	
– Autowaschanlage	04 K-L3/2
– Batterien/Produktion	04 L3/2
– Baumarkt/Schrauben	03 L3/2
– CD-ROM/Qualität	03 K-L3/1
– Dichtungen/Baumarktkette	04 K-L3/1
– Fernsteuerung/Sender, Empfänger	02 K-L3/1
– Handy/Kaufinteresse	03 K-L3/2
– Imbisskette/Kaufverhalten	03 L3/1
– Pumpen/Kolben, Zylinder	02 L3/1
– Rauchmelder/Tiefgaragen	01 L3/2
– Taschenrechner/Batterien	02 K-L3/2
– Tierpopulation/Infizierung	02 L3/2
– Umfrage/Eltern	05 L3
– Wähler einer Partei	04 L3/1
– Zuckerfabrik/Abpackungen	01 L3/1
Unabhängigkeit/Abhängigkeit – von Ereignissen	02 K-L3/1c, 2a; 03 K-L3/1b; 03 L3/1a; 04 K-L3/1, 2b
Unvereinbarkeit – von Ereignissen	02 K-L3/1c; 02 L3/1c
Urnenmodell – Ziehen mit/ohne Zurücklegen	02 K-L3/2a, b; 03 K-L3/1a
Varianz/Streuung	03 K-L3/2c; 04 K-L3/1c; 04 L3/1b, c
Verteilung	
– Wahrscheinlichkeits~	04 K-L3/2
Vierfeldertafel	03 L3/1a
Wahrscheinlichkeit	04 K-L3/1, 2a, b; 04 L3/1a, 2c; 05 L3/a
– bedingte	02 K-L3/1c, 2a; 02 L3/1c, 2c; 04 K-L3/1b; 05 L3/c
– der Abweichung vom Erwartungswert	03 L3/1c
– Mindest~	03 L3/1b; 04 K-L3/1a; 04 L3/2b
Zufallsgröße	01 L3/1, 2b, c; 02 K-L3/1a, 2c; 02 L3/1a, b, 2a, b, d; 03 K-L3/1c, 2; 03 L3/1, 2a, d; 04 K-L3/1a, c, d, 2a, b, c; 04 L3/1, 2; 05 L3/a, b

Leistungskurs Mathematik (Sachsen-Anhalt): Abiturprüfung 2001
Gebiet L1 – Aufgabe 1.1: Analysis

Gegeben sind die Funktionen f_a durch

$$y = f_a(x) = -\frac{1}{a}(x-4)^2(x+2), \qquad a, x \in \mathbb{R}, a > 0.$$

Die Graphen der Funktionen f_a seien mit F_a bezeichnet.

a) Ermitteln Sie die Nullstellen der Funktionen f_a.
   Zeigen Sie, dass die Graphen F_a die x-Achse in genau einem Punkt schneiden und geben Sie dessen Koordinaten an.
   Ermitteln Sie die Koordinaten und die Art der lokalen Extrempunkte sowie die Koordinaten der Wendepunkte W_a der Graphen F_a.
   [Teilergebnis zur Kontrolle: $W_a(2 \mid f_a(2))$]
   Zeichnen Sie den Graphen F_8 im Intervall $-3 \leq x \leq 8$. (17 BE)

b) Weisen Sie nach, dass die Koordinaten der Wendepunkte W_a der Graphen F_a jeweils das arithmetische Mittel der entsprechenden Koordinaten der Extrempunkte der Graphen F_a sind.
   Interpretieren Sie diese Eigenschaft aus geometrischer Sicht. (5 BE)

c) Durch jeden Wendepunkt W_a und den Koordinatenursprung verläuft jeweils eine Gerade g_a. Diese schneidet den jeweiligen Graphen F_a in genau zwei weiteren Punkten P_a und Q_a.
   Weisen Sie nach, dass gilt: $\overline{W_a P_a} = \overline{W_a Q_a}$. (14 BE)

d) Jeder Graph F_a und die Koordinatenachsen begrenzen für $x \geq 0$ eine Fläche vollständig. Die in Teilaufgabe c) beschriebene Gerade g_a teilt diese Fläche in einem konstanten Verhältnis.
   Berechnen Sie dieses Verhältnis. (9 BE)
   (45 BE)

Lösungen

$$y = f_a(x) = -\frac{1}{a}(x-4)^2 \cdot (x+2); \quad a, x \in \mathbb{R}, a > 0$$

$$f_a'(x) = -\frac{1}{a}(3x^2 - 12x)$$

$$f_a''(x) = -\frac{1}{a}(6x - 12)$$

$$f_a'''(x) = -\frac{6}{a}$$

a) Nullstellen der Funktionen f_a:

$$f_a(x) = 0; \quad -\frac{1}{a}(x-4)^2 \cdot (x+2) = 0; \quad x_1 = 4; \quad x_2 = -2$$

Zeigen, dass Graphen F_a die x-Achse in genau einem Punkt schneiden:

$f_a(x) = 0$ und $f_a'(x) \neq 0$, $f_a''(x) \neq 0$, also

$$f_a(-2) = 0, \quad f_a'(-2) = -\frac{36}{a} \neq 0 \quad f_a''(-2) = \frac{24}{a} \neq 0 \text{ und}$$

$$f_a(4) = 0, \quad f_a'(4) = 0, \quad f_a''(4) = -\frac{12}{a} \neq 0$$

$\Rightarrow S_{x_2}(-2|0)$ Schnittpunkt, $S_{x_1}(4|0)$ Berührungspunkt, also existiert genau ein Schnittpunkt mit der x-Achse

Extrempunkte:

$$f_a'(x) = 0; \quad -\frac{1}{a}(3x^2 - 12x) = 0; \quad x(3x - 12) = 0,$$

$$x_1 = 0, \quad x_2 = 4$$

$$f_a''(0) = \frac{12}{a} > 0, \quad \text{da } a > 0 \quad \text{Minimum } T_a\left(0 \bigg| -\frac{32}{a}\right)$$

$$f_a''(4) = -\frac{12}{a} < 0, \quad \text{da } a > 0 \quad \text{Maximum } H(4|0)$$

Wendepunkte:

$$f_a''(x) = 0; \quad -\frac{1}{a}(6x - 12) = 0; \quad x_1 = 2$$

$$f_a'''(2) = -\frac{6}{a} \neq 0, \text{ da } a > 0 \quad W_a\left(2 \bigg| -\frac{16}{a}\right)$$

Wertetabelle für $f_8(x) = -\frac{1}{8}(x-4)^2 \cdot (x+2)$:

x	−3	−2	−1	0	1	2	3	4	5	6	7	8
$f_8(x)$	6,1	0	−3,1	−4	−3,4	−2	−0,6	0	−0,9	−4	−10,1	−20

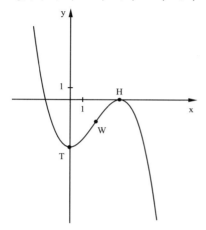

b) **Nachweisen des arithmetischen Mittels:**

$$x_{W_a} = \frac{1}{2}(4+0) = 2 \text{ w. A.}$$

$$y_{W_a} = \frac{1}{2}\left(0 - \frac{32}{a}\right) = -\frac{16}{a} \text{ w. A.}$$

Schlussfolgerung: Die Wendepunkte W_a sind stets Mittelpunkte der Strecke $\overline{T_a H}$.

c) **Nachweisen, dass Maßzahlen der Abstände gleich sind:**

Aufstellen der Geradengleichungen g_a aus $P(0|0)$ und $W_a\left(2 \left| -\frac{16}{a}\right.\right)$:

$$m = \frac{-\frac{16}{a}}{2} = -\frac{8}{a}, \text{ also}$$

$$g_a: y = -\frac{8}{a} \cdot x$$

Berechnen der Koordinaten der Schnittpunkte P_a und Q_a; also

$$g_a \cap F_a = \{W_a, P_a, Q_a\}$$

$$-\frac{8}{a}x = -\frac{1}{a}(x-4)^2 \cdot (x+2)$$

$$-\frac{8}{a}x = -\frac{1}{a}(x^3 - 6x^2 + 32)$$

$$8x = x^3 - 6x^2 + 32$$

$x^3 - 6x^2 - 8x + 32 = 0$, da $x_{W_a} = 2$ die Gleichung erfüllt, erhält man die weiteren Lösungen durch Polynomdivision, Lösen der quadratischen Gleichung, also

$$\begin{array}{l}(x^3 - 6x^2 - 8x + 32) : (x-2) = x^2 - 4x - 16 \\ \underline{-(x^3 - 2x^2)} \\ \quad\quad -4x^2 - 8x \\ \quad\quad \underline{-(-4x^2 + 8x)} \\ \quad\quad\quad\quad -16x + 32 \\ \quad\quad\quad\quad \underline{-(-16x + 32)} \\ \quad\quad\quad\quad\quad\quad 0\end{array}$$

$x^2 - 4x - 16 = 0$, $x_1 = 2 + 2\sqrt{5}$, $x_2 = 2 - 2\sqrt{5}$, also

$P_a\left(2 + 2\sqrt{5} \;\Big|\; -\dfrac{16}{a}(1+\sqrt{5})\right)$,

$Q_a\left(2 - 2\sqrt{5} \;\Big|\; -\dfrac{16}{a}(1-\sqrt{5})\right)$

Zeigen, dass $\overrightarrow{W_aP_a} = \overrightarrow{W_aQ_a}$ durch Vektorenvergleich:

$\left|\overrightarrow{W_aP_a}\right| = \left|\begin{pmatrix} 2+2\sqrt{5} - 2 \\ -\dfrac{16}{a} - \dfrac{16}{a}\sqrt{5} + \dfrac{16}{a} \end{pmatrix}\right| = \left|\begin{pmatrix} 2\sqrt{5} \\ -\dfrac{16}{a}\sqrt{5} \end{pmatrix}\right|$

$\left|\overrightarrow{W_aQ_a}\right| = \left|\begin{pmatrix} 2-2\sqrt{5} - 2 \\ -\dfrac{16}{a} + \dfrac{16}{a}\sqrt{5} + \dfrac{16}{a} \end{pmatrix}\right| = \left|\begin{pmatrix} -2\sqrt{5} \\ \dfrac{16}{a}\sqrt{5} \end{pmatrix}\right|$, also

$\left|\overrightarrow{W_aP_a}\right| = \left|\overrightarrow{W_aQ_a}\right| = \sqrt{(2\sqrt{5})^2 + \left(-\dfrac{16}{a}\sqrt{5}\right)^2} = \sqrt{20 + \dfrac{1280}{a^2}} = 2\sqrt{5 + \dfrac{320}{a^2}}$

d) **Berechnen des Teilverhältnisses:**
Die Maßzahl des Inhalts der gesamten Fläche lässt sich berechnen nach

$A_{ges} = \left|\int_0^4 f_a(x)\,dx\right| = \left|\int_0^4 \left(-\dfrac{1}{a}x^3 + \dfrac{6}{a}x^2 - \dfrac{32}{a}\right)dx\right|$

$A_{ges} = \left|\left[-\dfrac{1}{4a}x^4 + \dfrac{2}{a}x^3 - \dfrac{32}{a}x\right]_0^4\right|$

$A_{ges} = \left|-\dfrac{64}{a} + \dfrac{128}{a} - \dfrac{128}{a}\right| = \dfrac{64}{a}$.

Die Teilfläche A_1 wird jeweils begrenzt durch die Geraden g_a, durch F_a und die y-Achse:

$$A_1 = \int_0^2 \left(\left(-\frac{8}{a}x\right) - \left(-\frac{1}{a}x^3 + \frac{6}{a}x^2 - \frac{32}{a}\right)\right)dx$$

$$A_1 = \int_0^2 \left(-\frac{8}{a}x + \frac{1}{a}x^3 - \frac{6}{a}x^2 + \frac{32}{a}\right)dx$$

$$A_1 = \left[-\frac{4}{a}x^2 + \frac{1}{4a}x^4 - \frac{2}{a}x^3 + \frac{32}{a}x\right]_0^2$$

$$A_1 = -\frac{16}{a} + \frac{4}{a} - \frac{16}{a} + \frac{64}{a} = \frac{36}{a}$$

und damit $A_2 = A_{ges} - A_1 = \dfrac{28}{a}$

Verhältnis $A_1 : A_2 = \dfrac{36}{a} : \dfrac{28}{a} = 9 : 7$

Leistungskurs Mathematik (Sachsen-Anhalt): Abiturprüfung 2001
Gebiet L1 – Aufgabe 1.2: Analysis

Gegeben sind die Funktionen f_a durch

$$y = f_a(x) = \frac{1}{a + x^2}, \quad a, x \in \mathbb{R}, \ a > 0$$

und die Funktion g durch

$$g(x) = \frac{1}{4x^2}, \quad x \in \mathbb{R}, \ x \neq 0.$$

Die Graphen f_a seien mit F_a und der Graph von g sei mit G bezeichnet.

a) Untersuchen Sie die Graphen F_a auf Symmetrie und zeigen Sie, dass die x-Achse Asymptote ist.

   Ermitteln Sie die Koordinaten und die Art der lokalen Extrempunkte der Graphen F_a.

   Jeder Graph F_a besitzt genau zwei Wendepunkte W_a.
   Berechnen Sie die Koordinaten dieser Wendepunkte.
   [Teilergebnis zur Kontrolle:
   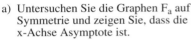
   ]

   Jede in nebenstehender Abbildung dargestellte Kurve gehört zu einem der Graphen F_a.
   Ordnen Sie diese Kurven den Graphen F_a zu, indem Sie den jeweiligen Wert des Parameters a angeben.
   Weisen Sie nach, dass die Wendepunkte W_a auf dem Graphen G liegen.
   Zeichnen Sie den Graphen G im Intervall $-3 \leq x \leq 3$ in das nebenstehende Koordinatensystem. (24 BE)

b) Im Punkt $Q(x_0 | g(x_0))$ mit $x_0 > 0$ wird an den Graphen G die Tangente t gelegt. Die zur Tangente t im Punkt Q senkrecht verlaufende Gerade n geht durch den Koordinatenursprung.
   Berechnen Sie die Koordinaten des Punktes Q. (8 BE)

c) Der Graph G, die Gerade n (aus Teilaufgabe b), die Gerade mit der Gleichung $x = 3$ und die x-Achse begrenzen eine Fläche vollständig.
   Ermitteln Sie die Maßzahl des Inhalts der Fläche.

   Durch Rotation des Graphen G im Intervall $0{,}5 \leq x \leq 2$ um die x-Achse entsteht ein Rotationskörper.
   Ermitteln Sie die Maßzahl des Volumens des Rotationskörpers. (13 BE)

   (45 BE)

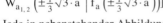

Lösungen

$$y = f_a(x) = \frac{1}{a + x^2}, \quad a, x \in \mathbb{R}, \ a > 0$$

$$f_a'(x) = \frac{-2x}{(a + x^2)^2}$$

$$f_a''(x) = \frac{6x^2 - 2a}{(a + x^2)^3}$$

a) **Symmetrie:**

Bei Symmetrie zur y-Achse gilt für alle $x \in \mathbb{R}$

$$f_a(x) = \frac{1}{a + x^2} = \frac{1}{a + (-x)^2} = f_a(-x).$$

Zeigen, dass x-Achse Asymptote ist:

$$\lim_{x \to \pm\infty} \frac{1}{a + x^2} = \lim_{x \to \pm\infty} \frac{\frac{1}{x^2}}{\frac{a}{x^2} + 1} = \frac{0}{0 + 1} = 0, \text{ also x-Achse ist Asymptote.}$$

Extrempunkte:

$$f_a'(x) = 0; \ -\frac{-2x}{(a + x^2)^2} = 0; \ -2x = 0, \ x_1 = 0$$

$$f_a''(0) = \frac{-2}{a^2} < 0, \text{ da } a > 0 \quad \text{Maximum } H_a\left(0 \left| \frac{1}{a}\right.\right)$$

Wendepunkte:

$$f_a''(x) = 0; \ \frac{6x^2 - 2a}{(a + x^2)^3} = 0; \ 6x^2 - 2a = 0; \ x_1 = \sqrt{\frac{a}{3}}, \ x_2 = -\sqrt{\frac{a}{3}}$$

$$W_{a_1}\left(\sqrt{\frac{a}{3}} \left| \frac{3}{4a}\right.\right); \ W_{a_2}\left(-\sqrt{\frac{a}{3}} \left| \frac{3}{4a}\right.\right)$$

Zuordnung der Kurven zu den Graphen F_a:

aus den Koordinaten der Hochpunkte $H_a\left(0 \left| \frac{1}{a}\right.\right)$ folgt für

k_1: $H\left(0 \left| \frac{1}{2}\right.\right)$, also $\frac{1}{a} = \frac{1}{2}$, $a = 2$ \quad k_1 gehört zu F_2;

k_2: $H(0|1)$, also $\frac{1}{a} = 1$, $a = 1$ \quad k_2 gehört zu F_1;

k_3: $H(0|4)$, also $\frac{1}{a} = 4$, $a = \frac{1}{4}$ \quad k_3 gehört zu $F_{0,25}$;

Nachweisen, dass die Wendepunkte auf dem Graphen G liegen:

Koordinaten von W_a in G einsetzen, also

$$\frac{3}{4a} = \frac{1}{4\left(\pm\sqrt{\frac{a}{3}}\right)^2} \; ; \; \frac{3}{4a} = \frac{1}{4 \cdot \frac{a}{3}} \quad \text{w. A.}$$

Andere Möglichkeit:

Ermitteln der Ortskurve der Wendepunkte und Vergleich, also

$$x = \pm\sqrt{\frac{a}{3}} \quad \text{und} \quad y = \frac{3}{4a}$$

$a = 3x^2$ eingesetzt $y = \frac{3}{4 \cdot 3x^2}$, $y = \frac{1}{4x^2}$ w. A.

Wertetabelle:

x	–3	–2	–1	1	2	3
g(x)	0,03	0,1	0,25	0,25	0,1	0,03

oder über die Wendepunkte

k_1: $a = 2$ $W_2(\pm 0{,}82 \,|\, 0{,}375)$
k_2: $a = 1$ $W_1(\pm 0{,}58 \,|\, 0{,}75)$
k_3: $a = \frac{1}{4}$ $W_{\frac{1}{4}}(\pm 0{,}29 \,|\, 3)$

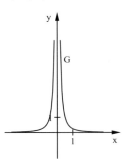

b) **Berechnen der Koordinaten des Punktes Q:**

$$Q\left(x_0 \;\middle|\; \frac{1}{4x_0^2}\right)$$

Anstieg der Tangente in Q: $m_t = g'(x_0) = -\dfrac{1}{2x_0^3}$

Anstieg der Normale in Q: $m_n = 2x_0^3$, aber auch

Anstieg durch Q und 0: $m_n = \dfrac{\frac{1}{4x_0^2} - 0}{x_0 - 0} = \dfrac{1}{4x_0^3}$

gleichsetzen $2x_0^3 = \dfrac{1}{4x_0^3}$, $x_0^6 = \dfrac{1}{8}$,

$$x_1 = \sqrt{\dfrac{1}{2}} = \dfrac{1}{2}\sqrt{2}, \quad x_2 = -\sqrt{\dfrac{1}{2}} \text{ entfällt, da } x_0 > 0,$$

also $Q\left(\dfrac{1}{2}\sqrt{2}\,\middle|\,\dfrac{1}{2}\right)$

c) **Berechnen der Maßzahl des Inhalts der Fläche:**
Die Teilfläche A_1 wird begrenzt durch die Gerade n, die x-Achse und die Gerade mit der Gleichung $x = \dfrac{1}{2}\sqrt{2}$;

es ist eine Dreiecksfläche, also

$$A = A_1 + \int_{\frac{1}{2}\sqrt{2}}^{3} g(x)\,dx \quad \text{mit } A_1 = \dfrac{1}{2} \cdot \dfrac{1}{2}\sqrt{2} \cdot \dfrac{1}{2} = \dfrac{1}{8}\sqrt{2}$$

$$A = \dfrac{1}{8}\sqrt{2} + \int_{\frac{1}{2}\sqrt{2}}^{3} \dfrac{1}{4x^2}\,dx = \dfrac{1}{8}\sqrt{2} + \left[-\dfrac{1}{4x}\right]_{\frac{1}{2}\sqrt{2}}^{3}$$

$$A = \dfrac{1}{8}\sqrt{2} + \left[-\dfrac{1}{12} - \left(-\dfrac{1}{2\sqrt{2}}\right)\right]$$

$$A = \dfrac{3}{8}\sqrt{2} - \dfrac{1}{12} \approx 0{,}45$$

Ermitteln der Maßzahl des Volumens des Rotationskörpers:

$$V = \pi \cdot \int_{0,5}^{2} \left(\dfrac{1}{4x^2}\right)^2 dx = \pi \cdot \int_{0,5}^{2} \dfrac{1}{16x^4}\,dx$$

$$V = \pi \cdot \left[-\dfrac{1}{48x^3}\right]_{0,5}^{2} = \pi\left(-\dfrac{1}{384} - \left(-\dfrac{1}{6}\right)\right)$$

$$V = \dfrac{21}{128}\pi \approx 0{,}52$$

Leistungskurs Mathematik (Sachsen-Anhalt): Abiturprüfung 2001
Gebiet L2 – Aufgabe 2.1: Analytische Geometrie

In einem kartesischen Koordinatensystem sind der Punkt $P(1|9|5)$ sowie

die Gerade g: $\vec{x} = \begin{pmatrix} 14 \\ 0 \\ 0 \end{pmatrix} + t \begin{pmatrix} 2 \\ -1 \\ 0 \end{pmatrix}$, $t \in \mathbb{R}$,

gegeben.

a) Die Gerade g und der Punkt P bestimmen eine Ebene.
   Ermitteln Sie eine Koordinatengleichung dieser Ebene E.
   Berechnen Sie das Gradmaß des Neigungswinkels der Ebene E zur xy-Ebene. (8 BE)

Die Gerade g beschreibt in dem zu betrachtenden Bereich den Verlauf eines Bahngleises, auf dem Schüttgut für eine Industrieanlage angeliefert wird und von hier auf geradlinig verlaufenden Förderbändern zum Bunker im Punkt P befördert werden soll. Der Anstiegswinkel der Förderbänder (Winkel zur Horizontalebene) darf dabei nicht mehr als 50° betragen.
Eine Einheit im Koordinatensystem entspricht 10 m. Die xy-Ebene sei die Horizontalebene.

b) Als Trassen für die Förderbänder sind die Strecken $\overline{A_1P}$ und $\overline{A_2P}$ vorgesehen, wobei die Punkte $A_1(-4|y_1|z_1)$ und $A_2(4|y_2|z_2)$ auf der Geraden g liegen.
   Weisen Sie nach, dass diese Strecken die gleiche Länge sowie den gleichen Anstieg besitzen und ermitteln Sie das Gradmaß des Anstiegswinkels.
   Berechnen Sie die Länge der kürzesten Strecke zwischen dem Gleis und dem Punkt P und prüfen Sie, ob auch diese Strecke als Trasse für die Förderbänder geeignet ist. (12 BE)

c) Für eine Videoüberwachung, deren Kontrollbereich durch die Punkte einer Kugel mit der Gleichung $x^2 + y^2 + z^2 + 10x - 24y - 6z + 129 = 0$ begrenzt wird, soll im Mittelpunkt M dieser Kugel eine Kamera installiert werden.
   Berechnen Sie die Koordinaten des Punktes M sowie die Reichweite r der Videoüberwachung.
   Zeigen Sie, dass nicht alle Förderbänder vollständig im Kontrollbereich liegen.
   Als Standort für die Videokamera soll nun ein Punkt M' so gewählt werden, dass die Punkte A_1, A_2 (siehe Aufgabe b) und P auf der den Kontrollbereich begrenzenden Kugel mit dem Mittelpunkt M' liegen. Dabei sollen die Höhe des Punktes M und die Reichweite r beibehalten werden.
   Berechnen Sie die Koordinaten des Mittelpunktes M'. (10 BE)
   (30 BE)

Lösungen

a) **Parametergleichung der Ebene E:**

$$E: \vec{x} = \vec{OQ} + t\vec{u} + s\vec{QP}$$

$$\vec{x} = \begin{pmatrix} 14 \\ 0 \\ 0 \end{pmatrix} + t\begin{pmatrix} 2 \\ -1 \\ 0 \end{pmatrix} + s\begin{pmatrix} -13 \\ 9 \\ 5 \end{pmatrix}$$

$t, s \in \mathbb{R}$

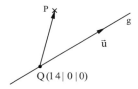

Koordinatengleichung der Ebene E:

1. Möglichkeit:

Den Normalenvektor von E berechnet man mit

$$\begin{pmatrix} 2 \\ -1 \\ 0 \end{pmatrix} \times \begin{pmatrix} -13 \\ 9 \\ 5 \end{pmatrix} = \begin{pmatrix} -5 \\ -10 \\ 5 \end{pmatrix}, \text{ also } \vec{n} = \begin{pmatrix} 1 \\ 2 \\ -1 \end{pmatrix}$$

und mit dem Ansatz $x + 2y - z = a$ und wegen $Q \in E$ ergibt sich

$1 \cdot 14 + 2 \cdot 0 - 1 \cdot 0 = 14 = a$, also $E: x + 2y - z = 14$.

2. Möglichkeit:

Der Normalenvektor $\vec{n}$ steht senkrecht auf den Spannvektoren der Ebene, also

$\vec{n} \perp \begin{pmatrix} 2 \\ -1 \\ 0 \end{pmatrix}$ und $\vec{n} \perp \begin{pmatrix} -13 \\ 9 \\ 5 \end{pmatrix}$, damit gilt $\vec{n} \circ \begin{pmatrix} 2 \\ -1 \\ 0 \end{pmatrix} = 0$ und $\vec{n} \circ \begin{pmatrix} -13 \\ 9 \\ 5 \end{pmatrix} = 0$.

$$\begin{aligned} 2n_1 - n_2 &= 0 \quad |\cdot 9 \\ -13n_1 + 9n_2 + 5n_3 &= 0 \\ \hline 5n_1 \qquad + 5n_3 &= 0 \end{aligned}$$

$n_1 = 1;\ n_3 = -1$, also $n_2 = 2$

$x + 2y - z = a$

und wegen $Q \in E$ ergibt sich

$1 \cdot 14 + 2 \cdot 0 - 1 \cdot 0 = 14$, also $E: x + 2y - z = 14$.

3. Möglichkeit:

Aus der Parametergleichung von E folgt:

I. $x = 14 + 2t - 13s$
II. $y = \qquad -t + 9s$
III. $z = \qquad\qquad 5s$

$s = \frac{1}{5}z$ eingesetzt in II. und I.

$$\begin{aligned} y &= \quad -t + \frac{9}{5}z \quad |\cdot 2 \\ x &= 14 + 2t - \frac{13}{5}z \\ \hline 2y + x &= 14 \quad + \quad z, \text{ also} \end{aligned}$$

$E: x + 2y - z = 14$.

Neigungswinkel der Ebene E zur xy-Ebene:

für die xy-Ebene gilt $\vec{n} = \begin{pmatrix} 0 \\ 0 \\ 1 \end{pmatrix}$, also

$$\cos\alpha = \left| \frac{\begin{pmatrix} 1 \\ 2 \\ -1 \end{pmatrix} \circ \begin{pmatrix} 0 \\ 0 \\ 1 \end{pmatrix}}{\left|\begin{pmatrix} 1 \\ 2 \\ -1 \end{pmatrix}\right| \cdot \left|\begin{pmatrix} 0 \\ 0 \\ 1 \end{pmatrix}\right|} \right| = \left| \frac{-1}{\sqrt{6} \cdot 1} \right|, \quad \alpha \approx 65{,}9°$$

b) **Nachweisen der gleichen Streckenlänge:**

$A_1, A_2 \in g$, also A_1 bzw. A_2 in g einsetzen

$\begin{pmatrix} -4 \\ y_1 \\ z_1 \end{pmatrix} = \begin{pmatrix} 14 \\ 0 \\ 0 \end{pmatrix} + t \begin{pmatrix} 2 \\ -1 \\ 0 \end{pmatrix}, \quad -4 = 14 + 2t, \quad t = -9$

$A_1(-4\,|\,9\,|\,0)$ und

$\begin{pmatrix} 4 \\ y_2 \\ z_2 \end{pmatrix} = \begin{pmatrix} 14 \\ 0 \\ 0 \end{pmatrix} + t \begin{pmatrix} 2 \\ -1 \\ 0 \end{pmatrix}, \quad 4 = 14 + 2t, \quad t = -5$

$A_2(4\,|\,5\,|\,0)$ und

zu zeigen, dass $\overline{A_1P} = \overline{A_2P}$, also

$$\left| \begin{pmatrix} 5 \\ 0 \\ 5 \end{pmatrix} \right| = \left| \begin{pmatrix} -3 \\ 4 \\ 5 \end{pmatrix} \right|$$

$\sqrt{50} = \sqrt{9 + 16 + 25}$ w. A., die Strecken haben gleiche Länge.

Nachweisen des gleichen Anstiegs:

Der gleiche Anstieg folgt aus den kongruenten Stützdreiecken

$\sin\beta = \frac{1}{2}\sqrt{2}, \quad \beta = 45°$.

Andere Möglichkeit:

Anstieg bedeutet Anstieg gegenüber der Horizontalebene, also der xy-Ebene

$h_1: \quad \vec{v} = \begin{pmatrix} 5 \\ 0 \\ 5 \end{pmatrix} = 5\begin{pmatrix} 1 \\ 0 \\ 1 \end{pmatrix}$

$h_2: \quad \vec{u} = \begin{pmatrix} -3 \\ 4 \\ 5 \end{pmatrix}$

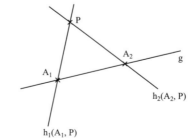

Winkel zwischen Gerade und Ebene, also

$$\sin\beta_1 = \frac{\begin{pmatrix}1\\0\\1\end{pmatrix} \circ \begin{pmatrix}0\\0\\1\end{pmatrix}}{\sqrt{2}\cdot 1} = \frac{1}{\sqrt{2}} = \frac{1}{2}\sqrt{2} \text{ und}$$

$$\sin\beta_2 = \frac{\begin{pmatrix}-3\\4\\5\end{pmatrix} \circ \begin{pmatrix}0\\0\\1\end{pmatrix}}{\sqrt{50}\cdot 1} = \frac{5}{\sqrt{50}} = \frac{1}{2}\sqrt{2}, \text{ also gleicher Anstieg.}$$

Ermitteln des Gradmaßes des Anstiegswinkels:

$\sin\beta = \frac{1}{2}\sqrt{2}, \ \beta = 45°$

Berechnen der Länge der kürzesten Strecke:
d(P, g) im Raum
$E_1(P, \vec{u})$; dabei ist $\vec{u}_g = \vec{n}_{E_1}$

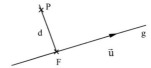

$2x - y = a$, mit P
$2\cdot 1 - 1\cdot 9 = -7$, also
$E_1: 2x - y = -7$.

$E_1 \cap g = \{F\}$, g in E_1 einsetzen

$2\cdot(14+2t) - 1\cdot(-1t) = -7, \ t = -7$ und damit $F(0|7|0)$

$$d(P, F) = |\overrightarrow{PF}| = \left|\begin{pmatrix}-1\\-2\\-5\end{pmatrix}\right| = \sqrt{30} \approx 5,48,$$

die Länge der kürzesten Strecke beträgt rund 54,8 m.

Andere Möglichkeit:

$$d = \frac{5\cdot 10 \text{ m}}{\sin\alpha} \approx 54,8 \text{ m}.$$

Prüfen der Eignung der Trasse:
Aufgrund der kürzesten Strecke stimmt der Neigungswinkel der Strecke mit dem Neigungswinkel α der Ebene überein, also
$\alpha \approx 65,9° > 50°$.
Damit ist die Trasse nicht geeignet.

c) **Berechnen der Koordinaten des Punktes M und der Reichweite r:**
Die Kugelgleichung K wird umgeformt:
$$x^2 + 10x + y^2 - 24y + z^2 - 6z = -129$$
$$(x+5)^2 - 25 + (y-12)^2 - 144 + (z-3)^2 - 9 = -129$$
$$(x+5)^2 + (y-12)^2 + (z-3)^2 = 49 \text{ und damit}$$
$M(-5|12|3)$, $r = 7$, also Reichweite 70 m.
Zeigen, dass nicht alle Förderbänder vollständig im Kontrollbereich liegen:
$A_1, A_2 \in K$, also A_1 bzw. A_2 in K einsetzen
$$(-4+5)^2 + (9-12)^2 + (0-3)^2 = 49$$
$$\quad 1 \quad + \quad 9 \quad + \quad 9 \quad = 49 \text{ f. A., also } 19 < 49, \text{ damit}$$
A_1 liegt innerhalb der Kugel.
$$(4+5)^2 + (5-12)^2 + (0-3)^2 = 49$$
$$\quad 81 \quad + \quad 49 \quad + \quad 9 \quad = 49 \text{ f. A., also } 139 > 49, \text{ damit}$$
A_2 liegt nicht innerhalb der Kugel.
Das Förderband $\overline{A_2P}$ liegt nicht vollständig im Kontrollbereich.

Berechnen der Koordinaten des Mittelpunktes M':
gleiche Höhe von M' wie bei M, also $M'(a|b|3)$,
gleiche Reichweite $r = 7$ und
$A_1, A_2, P \in K(M', r)$, also

$$(-4-a)^2 + (9-b)^2 + (0-3)^2 = 49$$
$$(4-a)^2 + (5-b)^2 + (0-3)^2 = 49$$
$$(1-a)^2 + (9-b)^2 + (5-3)^2 = 49$$

$$16 + 8a + a^2 + 81 - 18b + b^2 + 9 = 49 \quad |\cdot(-1) \longleftarrow] +$$
$$16 - 8a + a^2 + 25 - 10b + b^2 + 9 = 49 \qquad\qquad\qquad \longleftarrow$$
$$1 - 2a + a^2 + 81 - 18b + b^2 + 4 = 49 \quad |\cdot(-1) \longleftarrow]$$
$$\overline{\qquad 16a \qquad\quad + 56 - 8b \qquad\quad = 0}$$
$$\overline{15 + 10a \qquad\qquad\qquad\qquad + 5 = 0}$$
$$\qquad\qquad\qquad\qquad 10a = -20, \; a = -2, \; b = 3$$

und damit $M'(-2|3|3)$.

Leistungskurs Mathematik (Sachsen-Anhalt): Abiturprüfung 2001
Gebiet L2 – Aufgabe 2.2: Analytische Geometrie

Gegeben sind in einem kartesischen Koordinatensystem die Geraden

$$g_a: \vec{x} = \begin{pmatrix} 4 \\ 5 \\ 3 \end{pmatrix} + t \begin{pmatrix} 4+4a \\ 4+3a \\ 3+3a \end{pmatrix}, \quad t, a \in \mathbb{R}.$$

a) Stellen Sie für die Geraden $g_{-\frac{4}{3}}$ und g_{-1} jeweils eine Gleichung auf und beschreiben Sie die gegenseitige Lage dieser beiden Geraden. (3 BE)

b) Der Punkt $P(4|5|3)$ werde durch senkrechte Parallelprojektion in jede der Ebenen des Koordinatensystems projiziert.
Hierbei sei P' das Bild des Punktes P in der yz-Ebene und P" das Bild in der xz-Ebene. Geben Sie die Koordinaten der Punkte von P' und P" an.
Die Punkte P, P' und P" bestimmen eine Ebene E_1.
Ermitteln Sie eine Koordinatengleichung dieser Ebene. (5 BE)

c) Zeigen Sie, dass die Geraden $g_{-\frac{4}{3}}$ und g_{-1} senkrecht aufeinander stehen.
Ermitteln Sie eine Koordinatengleichung der von diesen beiden Geraden aufgespannten Ebene E_2 und zeigen Sie, dass alle Geraden g_a in dieser Ebene liegen.
Die Ebene E_2 schneidet die Ebene E_1 (aus Aufgabe b).
Ermitteln Sie eine Gleichung der Schnittgeraden beider Ebenen und berechnen Sie das Gradmaß des Schnittwinkels beider Ebenen. (14 BE)

d) Zeigen Sie, dass jede Gerade mit einer Gleichung der Form $\vec{x} = \vec{x}_0 + r \cdot \vec{v}$ beschrieben werden kann durch eine Gleichung der Form $\vec{v} \times (\vec{x} - \vec{x}_0) = \vec{0}$.

Durch die Gleichung $\begin{pmatrix} 2 \\ 2{,}5 \\ 1{,}5 \end{pmatrix} \times \begin{pmatrix} x-4 \\ y-5 \\ z-3 \end{pmatrix} = \vec{0}$ wird eine der Geraden g_a beschrieben.

Ermitteln Sie den Wert des Parameters a dieser Geraden.

Auf dieser Geraden liegt der Ursprung des Koordinatensystems. Durch diese Gerade wird eine Ebene senkrecht zur yz-Ebene des Koordinatensystems gelegt. Diese Ebene begrenzt zusammen mit den Ebenen E_1 und E_2 sowie zwei der Koordinatenebenen eine Pyramide vollständig.
Berechnen Sie die Maßzahl des Volumens dieser Pyramide. (8 BE)

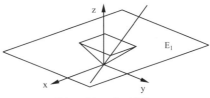
(Skizze nicht maßstäblich)

(30 BE)

Lösungen

a) **Aufstellen der Geradengleichungen und Beschreiben der gegenseitigen Lage:**

$g_{-\frac{4}{3}}$: $\vec{x} = \begin{pmatrix} 4 \\ 5 \\ 3 \end{pmatrix} + t \begin{pmatrix} 4 + 4\left(-\frac{4}{3}\right) \\ 4 + 3\left(-\frac{4}{3}\right) \\ 3 + 3\left(-\frac{4}{3}\right) \end{pmatrix}$

$\vec{x} = \begin{pmatrix} 4 \\ 5 \\ 3 \end{pmatrix} + t \begin{pmatrix} -\frac{4}{3} \\ 0 \\ -1 \end{pmatrix} = \begin{pmatrix} 4 \\ 5 \\ 3 \end{pmatrix} + \left(-\frac{1}{3}t\right) \begin{pmatrix} 4 \\ 0 \\ 3 \end{pmatrix}$

$\vec{x} = \begin{pmatrix} 4 \\ 5 \\ 3 \end{pmatrix} + s \begin{pmatrix} 4 \\ 0 \\ 3 \end{pmatrix}$, $s \in \mathbb{R}$

g_{-1}: $\vec{x} = \begin{pmatrix} 4 \\ 5 \\ 3 \end{pmatrix} + t \begin{pmatrix} 4-4 \\ 4-3 \\ 3-3 \end{pmatrix}$

$\vec{x} = \begin{pmatrix} 4 \\ 5 \\ 3 \end{pmatrix} + t \begin{pmatrix} 0 \\ 1 \\ 0 \end{pmatrix}$, $t \in \mathbb{R}$

Lagebeziehung:

Richtungsvektoren: $\begin{pmatrix} 4 \\ 0 \\ 3 \end{pmatrix} = k \begin{pmatrix} 0 \\ 1 \\ 0 \end{pmatrix}$ für kein $k \in \mathbb{R}$ lösbar, also

Richtungsvektoren sind linear unabhängig.
Folgerung: Geraden schneiden sich oder verlaufen windschief.

Aufstellen und Lösen des Gleichungssystems:

$g_{-\frac{4}{3}} \cap g_{-1}$

$\begin{pmatrix} 4 \\ 5 \\ 3 \end{pmatrix} + s \begin{pmatrix} 4 \\ 0 \\ 3 \end{pmatrix} = \begin{pmatrix} 4 \\ 5 \\ 3 \end{pmatrix} + t \begin{pmatrix} 0 \\ 1 \\ 0 \end{pmatrix}$

I. $4 + 4s = 4$
II. $5 = 5 + t$
III. $3 + 3s = 3$

$s = 0, t = 0$ eindeutig lösbar, also
die Geraden schneiden sich.

Es geht natürlich einfacher:

Geraden besitzen den gleichen Ortsvektor $\begin{pmatrix} 4 \\ 5 \\ 3 \end{pmatrix}$ und

verschiedene Richtungsvektoren, also schneiden sie sich oder es ist ein Geradenbüschel, also Geraden schneiden sich.

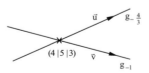

b) **Ermitteln der Koordinaten und Aufstellen der Koordinatengleichung der Ebene:**
yz-Ebene: x = 0, also P'(0|5|3)
xz-Ebene: y = 0, also P''(4|0|3)

$E_1(P, P', P'')$: $\vec{x} = \begin{pmatrix} 4 \\ 5 \\ 3 \end{pmatrix} + r \begin{pmatrix} -4 \\ 0 \\ 0 \end{pmatrix} + s \begin{pmatrix} 0 \\ -5 \\ 0 \end{pmatrix}$, also

$\vec{n} = \begin{pmatrix} 0 \\ 0 \\ 1 \end{pmatrix}$ und damit

E_1: z = 3

c) **Zeigen, dass die Geraden senkrecht aufeinander stehen – Orthogonalität der Geraden:**

$\begin{pmatrix} 4 \\ 0 \\ 3 \end{pmatrix} \circ \begin{pmatrix} 0 \\ 1 \\ 0 \end{pmatrix} = 0$ w. A. $g_{-\frac{4}{3}} \perp g_{-1}$

Ermitteln einer Koordinatengleichung:

$E_2(g_{-\frac{4}{3}}; g_{-1})$

Parametergleichung: $\vec{x} = \begin{pmatrix} 4 \\ 5 \\ 3 \end{pmatrix} + r \begin{pmatrix} 4 \\ 0 \\ 3 \end{pmatrix} + s \begin{pmatrix} 0 \\ 1 \\ 0 \end{pmatrix}$

Koordinatengleichung

$\vec{n} = \begin{pmatrix} 4 \\ 0 \\ 3 \end{pmatrix} \times \begin{pmatrix} 0 \\ 1 \\ 0 \end{pmatrix} = \begin{pmatrix} -3 \\ 0 \\ 4 \end{pmatrix}$, also

$-3x + 4z = a$ und mit dem gemeinsamen Punkt folgt
$-3 \cdot 4 + 4 \cdot 3 = 0 = a$, also
$E_2: -3x + 4z = 0$

Zeigen, dass alle Geraden g_a in der Ebene E_2 liegen:
g_a in E_2 einsetzen
$-3(4 + t(4 + 4a)) + 4(3 + t(3 + 3a)) = 0$
$-3(4 + 4t + 4at) + 4(3 + 3t + 3at) = 0$
$-12 - 12t - 12at + 12 + 12t + 12at = 0$ w. A.
alle Geraden g_a liegen in E_2

Ermitteln der Gleichung der Schnittgeraden und des Gradmaßes des Schnittwinkels beider Ebenen:

E_1: z = 3

$E_2: \vec{x} = \begin{pmatrix} 4 \\ 5 \\ 3 \end{pmatrix} + r \begin{pmatrix} 4 \\ 0 \\ 3 \end{pmatrix} + s \begin{pmatrix} 0 \\ 1 \\ 0 \end{pmatrix}$, also

$3 = 3 + 3r$, $r = 0$

g_s: $\vec{x} = \begin{pmatrix} 4 \\ 5 \\ 3 \end{pmatrix} + s \begin{pmatrix} 0 \\ 1 \\ 0 \end{pmatrix}$, $s \in \mathbb{R}$

Schnittwinkel Ebene/Ebene, also

$$\cos \alpha = \frac{\begin{pmatrix} 0 \\ 0 \\ 1 \end{pmatrix} \circ \begin{pmatrix} -3 \\ 0 \\ 4 \end{pmatrix}}{1 \cdot \sqrt{25}} = \frac{4}{5}, \quad \alpha \approx 36{,}9°$$

d) **Zeigen der Gültigkeit der Gleichung:**

$\vec{x} = \vec{x}_0 + r\vec{v}$ $\quad | -\vec{x}_0$
$\vec{x} - \vec{x}_0 = r\vec{v}$ $\quad | \times \vec{v}$
$\vec{v} \times (\vec{x} - \vec{x}_0) = \vec{v} \times r\vec{v}$, da
$\qquad \vec{v} \times r\vec{v} = \vec{0}$ folgt
$\vec{v} \times (\vec{x} - \vec{x}_0) = 0$.

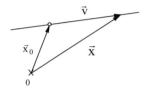

Ermitteln des Werts des Parameters:

$\begin{pmatrix} 2 \\ 2{,}5 \\ 1{,}5 \end{pmatrix} \times \begin{pmatrix} x-4 \\ y-5 \\ z-3 \end{pmatrix} = \vec{0}$, also die Form

$\vec{v} \times (\vec{x} - \vec{x}_0) = \vec{0}$ umgestellt in die Form
$\vec{x} = \vec{x}_0 + r\vec{v}$

$\begin{pmatrix} x \\ y \\ z \end{pmatrix} = \begin{pmatrix} 4 \\ 5 \\ 3 \end{pmatrix} + r \begin{pmatrix} 2 \\ 2{,}5 \\ 1{,}5 \end{pmatrix}$. Vergleich mit Geraden g_a

$\begin{pmatrix} x \\ y \\ z \end{pmatrix} = \begin{pmatrix} 4 \\ 5 \\ 3 \end{pmatrix} + t \begin{pmatrix} 4+4a \\ 4+3a \\ 3+3a \end{pmatrix}$, also

$2 = 4 + 4a, \quad a = -0{,}5$
$2{,}5 = 4 + 3a, \quad a = -0{,}5$
$1{,}5 = 3 + 3a, \quad a = -0{,}5$, also $a = -0{,}5$.

Berechnen der Maßzahl des Volumens der Pyramide:

Pyramide mit der Spitze S(0|0|0) und der Grundfläche mit P, P' und P'', also

$$V = \frac{1}{3}[(\overrightarrow{PP'} \times \overrightarrow{PP''}) \circ \overrightarrow{PS}]$$

$$V = \frac{1}{3}\left[\left(\begin{pmatrix} -4 \\ 0 \\ 0 \end{pmatrix} \times \begin{pmatrix} 0 \\ -5 \\ 0 \end{pmatrix}\right) \circ \begin{pmatrix} -4 \\ -5 \\ -3 \end{pmatrix}\right]$$

$$V = \frac{1}{3}\left[\begin{pmatrix} 0 \\ 0 \\ 20 \end{pmatrix} \circ \begin{pmatrix} -4 \\ -5 \\ -3 \end{pmatrix}\right] = \frac{1}{3} \cdot |-60| = 20$$

Andere Möglichkeit:

$$V = \frac{1}{3} A_G \cdot h \quad \text{mit } h = 3 \text{ und } A_G = 20$$

$$V = \frac{1}{3} \cdot 20 \cdot 3 = 20$$

Leistungskurs Mathematik (Sachsen-Anhalt): Abiturprüfung 2001
Gebiet L3 – Aufgabe 3.1: Wahrscheinlichkeitsrechnung

In der Zuckerfabrik „Oststern" wird Kristallzucker in handelsüblichen Fertigpackungen zu je 1 000 g abgefüllt. In den Handel sollen nur solche Fertigpackungen gelangen, die um höchstens 15 g vom Sollwert 1 000 g nach unten abweichen (Minusuntergrenze).

a) Der Großhandel nimmt Paletten mit 500 Fertigpackungen ab. Nach den Angaben der Fabrik ist mit zwei Prozent Fertigpackungen zu rechnen, deren Masse unterhalb der Minusuntergrenze liegt.
Die Zufallsgröße X bezeichne die Anzahl der Packungen auf einer Palette, deren Masse unterhalb der Minusuntergrenze liegt.
Begründen Sie, dass die Zufallsgröße X als binomialverteilt angenommen werden kann und berechnen Sie den Erwartungswert und die Standardabweichung.
Berechnen Sie unter Annahme der Normalverteilung die Wahrscheinlichkeit, mit der mehr als drei, höchstens aber elf Packungen auf der Palette nicht korrekt abgefüllt wurden. (10 BE)

Die Packungen werden auf einer Abfüllanlage gefüllt. Die abgefüllte Masse pro Packung (in Gramm) kann als normalverteilte Zufallsgröße M mit dem Erwartungswert 1 000 betrachtet werden.
Bei einer Kontrolle durch die Aufsichtsbehörde dürfen höchstens zwei Prozent der untersuchten Fertigpackungen eine Masse unter der zulässigen Minusuntergrenze haben.

b) Berechnen Sie, welche Standardabweichung die Zufallsgröße M höchstens haben darf, um diese Forderung zu erfüllen. (3 BE)

c) Die Aufsichtsbehörde überprüft die Einhaltung der Vorschriften durch die Entnahme einer Stichprobe von 50 Fertigpackungen. Dabei wird bei drei Packungen festgestellt, dass sie die Minusuntergrenze unterschreiten.
Führen Sie einen Signifikanztest mit der Irrtumswahrscheinlichkeit von 5 % durch, mit dem die Einhaltung der Vorschriften überprüft werden kann und bewerten Sie das Testergebnis.
Ermitteln Sie den Fehler 1. Art und einen möglichen Fehler 2. Art.
Interpretieren Sie die Fehler aus der Sicht der Zuckerfabrik. (12 BE)

(25 BE)

Lösungen

a) **Begründen, dass die Zufallsgröße X als binomialverteilt angenommen werden darf:**
   - Es werden genau zwei Ereignisse, das Ereignis „Masse korrekt" und das zugehörige Gegenereignis „Masse nicht korrekt" betrachtet.
   - Die Wahrscheinlichkeiten der beiden Ereignisse bleiben konstant.
   - Die beiden Ereignisse sind stochastisch unabhängig voneinander.

   Berechnen des Erwartungswertes E(X) und der Standardabweichung σ:
   Die Zufallsgröße X ist binomialverteilt mit den Parametern n = 500; p = 0,02 und q = 1 – p = 0,98.
   $\mu = E(X) = n \cdot p = 500 \cdot 0{,}02 = 10$
   Aus der Varianz V(X) lässt sich die Standardabweichung σ berechnen.
   $V(X) = n \cdot p \cdot (1 - q) = 500 \cdot 0{,}02 \cdot 0{,}98 = 9{,}8;\ \sigma = \sqrt{V(X)} \approx 3{,}13$

   Berechnen der Wahrscheinlichkeit unter Annahme der Normalverteilung:
   Es wird die durch Stetigkeitskorrektur (Korrektursummand 0,5) verbesserte Näherungsformel nach dem Grenzwertsatz von DE MOIVRE-LAPLACE angewendet:

   $P(X \leq k) = B_{n;p}(\{0; 1; ...; k\}) \approx \Phi\left(\dfrac{k - \mu + 0{,}5}{\sigma}\right)$ (Φ-Funktion der Normalverteilung)

   $P(X \geq 4 \text{ und } X \leq 11) = P(X \leq 11) - P(X \leq 3)$

   $P(X \leq 11) \approx \Phi\left(\dfrac{11 - 10 + 0{,}5}{3{,}13}\right) = \Phi(0{,}479);\quad P(X \leq 3) \approx \Phi\left(\dfrac{3 - 10 + 0{,}5}{3{,}13}\right) = \Phi(-2{,}077)$

   Wegen $\Phi(-X) = 1 - \Phi(X)$ erhält man
   $P(X \geq 4 \text{ und } X \leq 11) \approx \Phi(0{,}479) - (1 - \Phi(2{,}077)) = 0{,}6844 - 1 + 0{,}9812 = 0{,}6656$
   (Tabellenwerte; Tabelle der Funktionswerte $\Phi(X)$ der Normalverteilung)

   Die Wahrscheinlichkeit, mit der mehr als drei, höchstens aber 11 Packungen nicht korrekt abgefüllt werden, beträgt etwa 67 %.

b) **Berechnen der Standardabweichung der Zufallsgröße M:**
   Die normalverteilte Zufallsgröße M beschreibt die Masse pro Packung (in Gramm), die um höchstens 2 % unter der zulässigen Minusuntergrenze (1 000 g – 15g = 985g) liegt. Der Erwartungswert ist mit E(M) = 1 000 gegeben.

   Es gilt $P(M \leq 985) \leq 0{,}02;\quad P(M \leq 985) \approx \Phi\left(\dfrac{985 - 1000 + 0{,}5}{\sigma}\right) = \Phi\left(\dfrac{-14{,}5}{\sigma}\right) \leq 0{,}02$.

   Mit $\Phi(-X) = 1 - \Phi(X)$ folgt $\Phi\left(\dfrac{14{,}5}{\sigma}\right) \geq 0{,}98$. Der Tabelle der Funktionswerte $\Phi(X)$ der Normalverteilung entnimmt man $\Phi(2{,}06) \geq 0{,}98$; also $\dfrac{14{,}5}{\sigma} \geq 2{,}06$ und erhält daraus $\sigma \leq 7{,}04$.

   Die höchstzulässige Standardabweichung der Zufallsgröße M ist $\sigma = 7{,}04$.

c) **Konstruktion des Signifikanztests:**
Nullhypothese H_0: $p_0 \leq 0,02$ [Gegenhypothese H_1: $p_1 > 0,02$]
Stichprobenumfang: n = 50; Signifikanzniveau $\alpha = 0,05$ (Irrtumswahrscheinlichkeit)
Die Zufallsgröße Z beschreibe die Anzahl der Packungen, deren Masse die Minusuntergrenze unterschreitet. Die Zufallsgröße Z ist (bei wahrer Nullhypothese) binomialverteilt mit n = 50 und p = 0,02; $Z \sim B_{50;\,0,02}$.
Sehr große Werte der Zufallsgröße Z sprechen gegen die Nullhypothese. Der Test ist daher als einseitiger, rechtsseitiger Signifikanztest durchzuführen.
Ermitteln des Ablehnungsbereiches $\overline{A}$:
$B_{50;\,0,02}(\{0, 1, ...; k - 1\}) \geq 0,95 \Rightarrow k - 1 = 3; k = 4$
Da die Werte der vorliegenden Binomialverteilung im Allgemeinen nicht tabelliert sind, ist unter Verwendung der BERNOULLI-Formel gearbeitet worden.
$P(Z \leq k - 1) = P(Z = 0) + P(Z = 1) + ... + P(Z = k - 1) \geq 0,95$

$P(Z = k) = \binom{n}{k} \cdot p^k \cdot (1-p)^{n-k}$;

$P(Z = 0) = 0,3642$; $P(Z = 1) = 0,3716$; $P(Z = 2) = 0,1858$; $P(Z = 3) = 0,0607$
Summierung: $P(Z \leq 3) = 0,9823 \geq 0,95$ (Ungleichung erstmals für k - 1 = 3 erfüllt)
Ablehnungsbereich: $\overline{A} = \{4; 5; ...; 50\}$; Annahmebereich: A = {0; 1; 2; 3}
Wertung:
Werden drei Packungen unterhalb der zulässigen Minusuntergrenze festgestellt, kann die Nullhypothese nicht abgelehnt werden, denn Z = 3 und $Z \notin \overline{A}$.
Ermitteln des (größtmöglichen) Fehlers 1. Art und eines möglichen Fehlers 2. Art:
Fehler 1. Art:
Die Nullhypothese trifft in Wirklichkeit zu; es wird irrtümlich gegen die Nullhypothese entschieden.
$\alpha = P(\overline{A}_{p_0}) = B_{n;\,p_0}(\overline{A}) = 1 - B_{n;\,p_0}(A) = 1 - P(Z_{0,02} \leq 3) = 1 - 0,9823 = 0,0177$
Die Wahrscheinlichkeit für den (größtmöglichen) Fehler 1. Art beträgt etwa 1,8 %.
Fehler 2. Art:
Die Nullhypothese trifft in Wirklichkeit nicht zu, es wird irrtümlich nicht gegen die Nullhypothese entschieden.
Da $p_1 > 0,02$ gilt, gibt es für die Wahl eines konkreten p_1-Wertes theoretisch unendlich viele Möglichkeiten. Hier wird mit $p_1 = 0,05$ ein Wert gewählt, für den die Werte der vorliegenden Binomialverteilung im Allgemeinen tabelliert sind.
$\beta = P(A_{p_1}) = B_{n;\,p_1}(A) = P(Z_{0,05} \leq 3) = 0,7604$
(Tabellenwert, Tabelle der summierten Binomialverteilung)
Die Wahrscheinlichkeit für den Fehler 2. Art – unter der Annahme, dass $p_1 = 0,05$ zutreffend ist – beträgt etwa 76 %.

Interpretation:
Durch sehr kleine Fehler 1. Art ist eine Fehlentscheidung zu Lasten der Fabrik nur wenig wahrscheinlich. Der jeweilige Fehler 2. Art darf durchaus groß sein; eine derartige Fehlentscheidung geht nicht zu Lasten der Fabrik.

Leistungskurs Mathematik (Sachsen-Anhalt): Abiturprüfung 2001
Gebiet L3 – Aufgabe 3.2: Wahrscheinlichkeitsrechnung[1]

Eine Firma liefert in großen Stückzahlen spezielle Rauchmelder zur Brandmeldung. Es ist bekannt, dass 3 % der Rauchmelder Fehlalarm auslösen, also fehlerhaft arbeiten.

a) Die Rauchmelder werden in Tiefgaragen installiert. Im Falle eines Brandes lösen sie mit einer Wahrscheinlichkeit von 96 % Alarm aus.
   Aus Versicherungsstatistiken geht hervor, dass die Wahrscheinlichkeit für einen Brand in einer Tiefgarage 1,5 % beträgt.
   Berechnen Sie die Wahrscheinlichkeit dafür, dass ein Brand die Ursache für das Auslösen eines Rauchmelders ist. (7 BE)

b) Ein unabhängiges Prüfinstitut kontrolliert durch Stichproben, ob tatsächlich 3 % der Rauchmelder fehlerhaft arbeiten.
   Ermitteln Sie, wie groß der Umfang einer Stichprobe mindestens gewählt werden muss, damit die Stichprobe mit einer Wahrscheinlichkeit von mindestens 95 % mindestens einen fehlerhaft arbeitenden Rauchmelder enthält. (5 BE)

c) Es sollen 1 000 fehlerfrei arbeitende Rauchmelder in Tiefgaragen installiert werden.
   Berechnen Sie in Näherung durch Normalverteilung, wie viele Rauchmelder mindestens geordert werden müssen, um die Installation mit einer Wahrscheinlichkeit von mindestens 99 % mit fehlerfreien Rauchmeldern realisieren zu können. (10 BE)

Nach Angabe der Firma sollen aus neuen Lieferungen nicht mehr 3 % sondern nur noch 1 % der Rauchmelder fehlerhaft arbeiten.

d) In einer Stichprobe mit dem Umfang n = 500 werden durch ein Prüfinstitut neun fehlerhaft arbeitende Rauchmelder festgestellt. Auf der Grundlage eines statistischen Tests wird der Ablehnungsbereich $\overline{A}$ = {13; 14; ...; 500} festgelegt.
   Erläutern Sie eine geeignete Testkonstruktion (Binomialverteilung der Zufallsgröße) unter Angabe der Hypothesen und der Testart. (3 BE)
   (25 BE)

---

[1] Diese Aufgabe ist in dieser Form nicht im Abitur 2001 gestellt worden. Beachten Sie bitte die HINWEISE.

Lösungen

a) Zur besseren Überschaubarkeit der Zusammenhänge ist die Anfertigung eines Baumdiagrammes empfehlenswert.

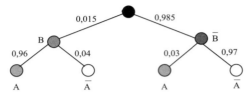

B – Brand $P(B) = 0{,}015$
$\overline{B}$ – kein Brand $P(\overline{B}) = 0{,}985$
A – Alarm $P_B(A) = 0{,}96$ $P_{\overline{B}}(A) = 0{,}03$
$\overline{A}$ – kein Alarm $P_B(\overline{A}) = 0{,}04$ $P_{\overline{B}}(\overline{A}) = 0{,}97$

Das interessierende Ereignis sei mit M, die gesuchte Wahrscheinlichkeit mit P(M) bezeichnet. Dann gilt (nach dem Satz von BAYES; für zwei Ereignisse):

$$P(M) = \frac{P(A \cap B)}{P(A)} = \frac{P(B) \cdot P_B(A)}{P(B) \cdot P_B(A) + P(\overline{B}) \cdot P_{\overline{B}}(A)}$$

$$P(M) = \frac{0{,}015 \cdot 0{,}96}{0{,}015 \cdot 0{,}96 + 0{,}985 \cdot 0{,}03} \approx 0{,}328$$

Die gesuchte Wahrscheinlichkeit beträgt P(M) ≈ 0,328 bzw. P(M) ≈ 33 %.

b) Die Zufallsgröße X beschreibe die Anzahl (der unter n geprüften Rauchmeldern) fehlerhaft arbeitenden Rauchmelder. Die Zufallsgröße X ist binomialverteilt mit dem Parameter $p = 0{,}03$ und unbekanntem n; $X \sim B_{n,\,0{,}03}$.
Zu berechnen ist die Mindestlänge n dieser BERNOULLI-Kette.

$P(X \geq 1) \geq 0{,}95$
$1 - P(X = 0) \geq 0{,}95$ (Nutzen der Wahrscheinlichkeit des Gegenereignisses)
$P(X = 0) \leq 0{,}05$ $P(X = 0) = \binom{n}{0} \cdot 0{,}03^0 \cdot 0{,}97^n$;

         mit n; $k = 0$; $p = 0{,}03$; $q = 1 - p = 0{,}97$ (BERNOULLI-Formel)

$0{,}97^n \leq 0{,}05$
$n \cdot \ln 0{,}97 \leq \ln 0{,}05$ (Logarithmieren)
$n \geq \dfrac{\ln 0{,}05}{\ln 0{,}97}$ (Umkehrung des Relationszeichens, da $\ln 0{,}97 < 0$
$n \geq 98{,}3\ldots$ $\Rightarrow n \geq 99$

Die Stichprobe muss mindestens 99 Rauchmelder enthalten.

c) Die Zufallsgröße Y beschreibe die Anzahl k der unter n Rauchmeldern *fehlerfrei* arbeitenden Rauchmelder. Die Zufallsgröße Y wird näherungsweise als normalverteilt mit unbekanntem n angesehen.

Zur Berechnung wird die durch Stetigkeitskorrektur (Korrektursummand 0,5) verbesserte Näherungsformel nach dem Grenzwertsatz von DE MOIVRE-LAPLACE verwendet.

$$P(Y \leq k) = B_{n;\,p}(\{0; 1; \ldots; k\}) \approx \Phi\left(\frac{k - \mu + 0{,}5}{\sigma}\right)$$

Erwartungswert: $\mu = E(Y) = n \cdot p = 0{,}97n$
Varianz: $V(Y) = n \cdot p \cdot (1-p) = n \cdot 0{,}97 \cdot 0{,}03 = 0{,}0291n$
Standardabweichung: $\sigma = \sqrt{V(X)} = \sqrt{0{,}0291n}$

$P(Y \geq 1000) = 1 - P(Y \leq 999) \geq 0{,}99$

$$\approx 1 - \Phi\left(\frac{999{,}5 - 0{,}97n}{\sqrt{0{,}0291n}}\right) \geq 0{,}99$$

Wegen $1 - \Phi\left(\dfrac{999{,}5 - 0{,}97n}{\sqrt{0{,}0291n}}\right) = \Phi\left(-\dfrac{999{,}5 - 0{,}97n}{\sqrt{0{,}0291n}}\right)$ folgt

$$P(Y \geq 1\,000) \approx \Phi\left(-\frac{999{,}5 - 0{,}97n}{\sqrt{0{,}0291n}}\right) \geq 0{,}99.$$

Einer Tabelle der Funktionswerte $\Phi(X)$ der Normalverteilung entnimmt man $\Phi(2{,}33) \geq 0{,}99$; also

$$-\frac{999{,}5 - 0{,}97n}{\sqrt{0{,}0291n}} \geq 2{,}33.$$

Die Ungleichung wird mit $2{,}33 \cdot \sqrt{0{,}0291n} = 0{,}40 \cdot \sqrt{n}$ und nach Division durch 0,97 vereinfacht zu

$n - 0{,}41 \cdot \sqrt{n} - 1030{,}41 \geq 0$.

Nach Substitution von $n = z^2$ erhält man:

$z^2 - 0{,}41z - 1030{,}41 \geq 0$

$z_{1,2} \geq 0{,}205 \pm 32{,}1$

$z_1 \geq 32{,}3 \quad \Rightarrow \quad n \geq 1043{,}2\ldots$; also $n \geq 1044$

$z_2 \geq -31{,}9 \quad \Rightarrow \quad n \geq 1017{,}2\ldots$; also $n \geq 1018$ *entfällt*

(Scheinlösung, denn $-\dfrac{999{,}5 - 0{,}97 \cdot 1018}{\sqrt{0{,}0291 \cdot 1018}} < 2{,}33$)

Es müssen mindestens 1 044 Rauchmelder bestellt werden.

d) Es ist davon auszugehen, dass entweder die 1 %-Angabe oder die 3 %-Angabe zutrifft. Daher wird ein **Alternativtest** gewählt.
Wegen des gegebenen rechtsseitigen Ablehnungsbereiches $\overline{A}$ ist der Alternativtest als (einseitiger) rechtsseitiger Alternativtest durchzuführen.
Da große Werte der Zufallsgröße (Anzahl der fehlerhaft arbeitenden Rauchmelder in der Stichprobe wird beschrieben) gegen die Nullhypothese sprechen, lauten die Hypothesen:
Nullhypothese H_0: $p_0 = 0{,}01$ und Alternativhypothese H_1: $p_1 = 0{,}03$.

Leistungskurs Mathematik (Sachsen-Anhalt): Abiturprüfung (Modellversuch) 2002
Gebiet K-L1 – Aufgabe 1.1: Analysis

Gegeben sind die Funktionen f und g durch

$$y = f(t) = 5\,e^{-\frac{1}{4}t} \quad \text{und} \quad y = g(t) = \cos t,\ t \in \mathbb{R},\ t \geq 0.$$

Der Graph der Funktion h mit der Gleichung $y = h(t) = f(t) \cdot g(t)$ beschreibt den Verlauf einer gedämpften Schwingung eines mechanischen Schwingers.
Dieser Graph ist im folgenden kartesischen Koordinatensystem im Intervall $0 \leq t \leq 4\pi$ dargestellt. Dabei ist t die Maßzahl der Zeit in Sekunden und y die Maßzahl der Elongation in Zentimetern.

a) Weisen Sie nach, dass für jeden Wert von t gilt: $h(t) \leq f(t)$.
   Ermitteln Sie die Abszissen der gemeinsamen Punkte der Graphen von f und h im Intervall $0 \leq t \leq 4\pi$.
   Weisen Sie an einem dieser Punkte nach, dass er ein Berührungspunkt ist.
   Zeigen Sie, dass die Funktion f streng monoton fällt.
   Zeichnen Sie die Graphen der Funktionen mit den Gleichungen $y = f(t)$ und $y = -f(t)$ im Intervall $0 \leq t \leq 4\pi$ in das nebenstehende Koordinatensystem.

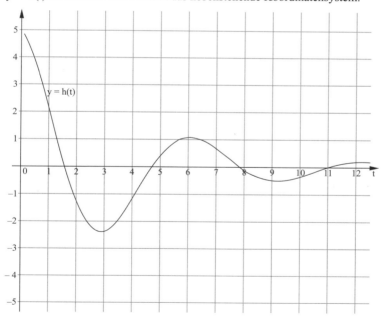

(19 BE)

b) Die Graphen der Funktionen mit den Gleichungen y = f(t) und y = –f(t), die y-Achse sowie eine Gerade mit der Gleichung t = t_1 begrenzen eine Fläche mit der Maßzahl 38,4 vollständig. Berechnen Sie den Wert von t_1. (6 BE)

c) Berechnen Sie für die gedämpfte Schwingung im vorgegebenen Intervall die Zeiten, für die die Elongation y null ist.
Die Nullstellen der 1. Ableitung der Funktion h sind lokale Extremstellen der Elongation y. Berechnen Sie diese Extremstellen im vorgegebenen Intervall.
Der Differentialquotient $\frac{dh}{dt}$ beschreibt die Momentangeschwindigkeit des Schwingers.
Charakterisieren Sie (ohne Rechnung) die Stellen der Funktion h, an denen die Momentangeschwindigkeit einen lokalen Extremwert annimmt. (15 BE)

d) Die lokalen Extremwerte $y_n = h(t_0 + n\pi)$, $n \in \mathbb{N}$, $n \geq 0$, bilden eine geometrische Folge. Berechnen Sie den konstanten Faktor q dieser Folge. (5 BE)

(45 BE)

Lösungen

$y = f(t) = 5 \cdot e^{-\frac{1}{4}t}$,
$y = g(t) = \cos t, \ t \in \mathbb{R}, t \geq 0$
$y = h(t) = f(t) \cdot g(t)$
$y = h(t) = 5 \cdot e^{-\frac{1}{4}t} \cdot \cos t$

a) Nachweisen der Richtigkeit der Aussage:
$h(t) \leq f(t)$

$5 e^{-\frac{1}{4}t} \cdot \cos t \leq 5 e^{-\frac{1}{4}t}$

$\cos t \leq 1,$

diese Aussage gilt für alle t des Definitionsbereichs D_f

Ermitteln der Abszissen der gemeinsamen Punkte:
$f(t) = h(t)$

$5 e^{-\frac{1}{4}t} = 5 e^{-\frac{1}{4}t} \cdot \cos t$

$\cos t = 1$

$t_1 = 0, \ t_2 = 2\pi, \ t_3 = 4\pi$

oder die Angabe der Ergebnisse im Gradmaß
$t_1 = 0°, \ t_2 = 360°, \ t_3 = 720°$

Nachweisen, dass gemeinsamer Punkt B(0 | 5) Berührungspunkt ist:
$f'(0) = h'(0) = -\frac{5}{4}$ und

$h(t) \leq f(t)$, also B(0 | 5) Berührungspunkt

Nachweisen der Monotonie:
$m = f'(t) = 5 \cdot e^{-\frac{1}{4}t} \cdot \left(-\frac{1}{4}\right) = -\frac{5}{4} e^{-\frac{1}{4}t} < 0$

gilt für alle t des Definitionsbereichs D_f, also Funktion f streng monoton fallend.

Wertetabelle für $y = f(t) = 5e^{-\frac{1}{4}t}$ **und** $y = -f(t) = -5e^{-\frac{1}{4}t}$:

t	0	$\frac{\pi}{2}$	π	$\frac{3}{2}\pi$	2π	$\frac{5}{2}\pi$	3π	$\frac{7}{2}\pi$	4π
f(t)	5	3,38	2,28	1,54	1,04	0,70	0,47	0,32	0,22
−f(t)	−5	−3,38	−2,28	−1,54	−1,04	−0,70	−0,47	−0,32	−0,22

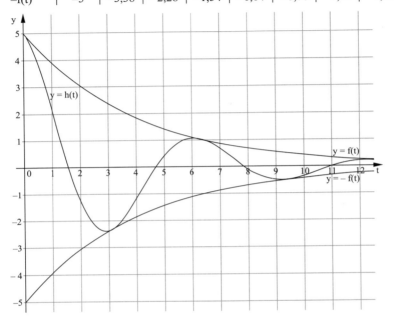

b) **Berechnen des Wertes t_1:**
Da der Graph der Funktion $y = -f(t)$ an der x-Achse zum Graphen der Funktion $y = f(t)$ gespiegelt ist, gilt

$$A = 2 \cdot \int_0^{t_1} f(t)\,dt, \text{ also}$$

$$2 \cdot \int_0^{t_1} 5e^{-\frac{1}{4}t} \, dt = 38,4$$

$$\int_0^{t_1} 5e^{-\frac{1}{4}t} \, dt = 19,2$$

$$\left[5e^{-\frac{1}{4}t} \cdot \frac{1}{-\frac{1}{4}} \right]_0^{t_1} = 19,2$$

$$\left[-20e^{-\frac{1}{4}t} \right]_0^{t_1} = 19,2$$

$$-20e^{-\frac{1}{4}t_1} - (-20e^0) = 19,2$$

$$-20e^{-\frac{1}{4}t_1} + 20 = 19,2$$

$$e^{-\frac{1}{4}t_1} = 0,04$$

$$-\frac{1}{4}t_1 = \ln 0,04$$

$$t_1 = -4 \ln 0,04$$

$$t_1 = -4 \cdot \ln \frac{1}{25}$$

$$t_1 = 4 \ln 25$$

Andere Möglichkeit:

$$2 \cdot \int_0^{t_1} 5e^{-\frac{1}{4}t} \, dt = 38,4$$

$$10 \cdot \int_0^{t_1} e^{-\frac{1}{4}t} \, dt = 38,4$$

$$\left[-4e^{-\frac{1}{4}t} \right]_0^{t_1} = 3,84$$

$$-4e^{-\frac{1}{4}t_1} - (-4) = 3,84$$

$$e^{-\frac{1}{4}t_1} = 0,04$$

$$t_1 = 4 \ln 25$$

c) **Berechnen der Zeiten, für die die Elongation y null ist; also Nullstellen berechnen:**

$$5e^{-\frac{1}{4}t} \cdot \cos t = 0$$

$$\frac{5}{e^{\frac{1}{4}t}} \cdot \cos t = 0 \quad \Big| \cdot e^{\frac{1}{4}t}$$

$$5\cos t = 0 \quad |:5$$

$$\cos t = 0 \quad \text{im Intervall } 0 \leq t \leq 4\pi$$

$$t_0 = \frac{1}{2}\pi$$

$$t_1 = \frac{3}{2}\pi$$

$$t_2 = \frac{5}{2}\pi$$

$$t_3 = \frac{7}{2}\pi$$

allgemein: $t_k = (2k+1) \cdot \frac{1}{2}\pi,\ k = 0,1,2,3$

Berechnen der lokalen Extremstellen; also Nullstellen der 1. Ableitung der Funktion h berechnen:

$$h(t) = 5e^{-\frac{1}{4}t} \cdot \cos t$$

$$h'(t) = 5e^{-\frac{1}{4}t} \cdot \left(-\frac{1}{4}\right) \cdot \cos t + 5\,e^{-\frac{1}{4}t} \cdot (-\sin t)$$

$$h'(t) = -5e^{-\frac{1}{4}t} \cdot \left(\frac{1}{4}\cos t + \sin t\right)$$

$$h'(t) = 0,\quad \frac{1}{4}\cos t + \sin t = 0,\quad \text{da } -5e^{-\frac{1}{4}t} \neq 0$$

$$\frac{1}{4}\cos t = -\sin t$$

$$\frac{\sin t}{\cos t} = -\frac{1}{4}$$

$$\tan t = -\frac{1}{4} \quad \text{im Intervall } 0 \leq t \leq 4\pi$$

$t_0 \approx 2{,}9$

$t_1 \approx 6{,}04$

$t_2 \approx 9{,}18$

$t_3 \approx 12{,}32$

allgemein: $t_n \approx 2{,}9 + n \cdot \pi,\ n = 0,1,2,3$

Charakterisieren der Stellen:

$\frac{dh}{dt} = h'(t) \rightarrow$ Momentangeschwindigkeit des Schwingers, soll diese extremal werden, ist die Ableitung zu bilden,

also $h''(t)$

Die lokalen Extremstellen der Funktion h' sind die Wendestellen der Funktion h.

d) **Berechnen des konstanten Faktors:**

Eine geometrische Folge liegt vor, wenn der Quotient aufeinanderfolgender Glieder stets dieselbe Zahl $q \neq 0$ ergibt, also

$$q = \frac{y_{n+1}}{y_n}, \quad n \in \mathbb{N}$$

$y_n = h(t_0 + n \cdot \pi) \quad n \in \mathbb{N}, n \geq 0$

$y_{n+1} = h(t_0 + (n+1) \cdot \pi)$, also

$y_n = 5 \cdot e^{-0,25(t_0 + n\pi)} \cdot \cos(t_0 + n\pi)$

$y_{n+1} = 5 \cdot e^{-0,25(t_0 + (n+1)\pi)} \cdot \cos(t_0 + (n+1)\pi)$

$$q = \frac{y_{n+1}}{y_n} = \frac{5 \cdot e^{-0,25(t_0 + (n+1)\pi)} \cdot \cos(t_0 + (n+1)\pi)}{5 \cdot e^{-0,25(t_0 + n\pi)} \cdot \cos(t_0 + n\pi)}$$

setze $t_0 + n\pi = r$, also

$$q = \frac{\cancel{5} \cdot e^{-0,25(r+\pi)} \cdot \cos(r+\pi)}{\cancel{5} \cdot e^{-0,25 r} \cdot \cos r}$$

$q = e^{-0,25\pi} \frac{\cos(r+\pi)}{\cos r}$ mit $\cos(r+\pi) = -\cos r$ und $r \neq \frac{1}{2}\pi$ folgt

$q = -e^{-0,25\pi}$ ist eine konstante Zahl

Anmerkung zur Aussage $\cos(r+\pi) = -\cos r$:

Nach dem Additionstheorem $\cos(\alpha + \beta) = \cos\alpha \cdot \cos\beta - \sin\alpha \cdot \sin\beta$ folgt

$\cos(r + \pi) = \cos r \cdot \cos\pi - \sin r \cdot \sin\pi$

$ = \cos r \cdot (-1) - \sin r \cdot 0$

$ = -\cos r$

Leistungskurs Mathematik (Sachsen-Anhalt): Abiturprüfung (Modellversuch) 2002
Gebiet K-L1 – Aufgabe 1.2: Analysis

Die Funktionen f_a mit dem Definitionsbereich D_f: $x \in \mathbb{R}$, $x > 0$, und $a \in \mathbb{N}$, $a > 0$, haben die Ableitungen f'_a mit

$$f'_a(x) = \frac{ax-1}{x^2}.$$

Die Graphen der Funktionen f_a seien mit G_a bezeichnet.
Jeder Graph G_a verläuft durch jeweils einen Punkt $P_a\left(e \mid 1+a+\frac{1}{e}\right)$.

a) Stellen Sie eine Gleichung für die Funktionen f_a auf.

[Mögliches Ergebnis zur Kontrolle: $f_a(x) = a \ln x + \frac{1}{x} + 1$]

Ermitteln Sie die Koordinaten und die Art der lokalen Extrempunkte sowie die Koordinaten der Wendepunkte der Graphen G_a.
Ein Graph G_a ist im nebenstehenden Koordinatensystem im Intervall $0 < x \leq 8$ dargestellt. Ermitteln Sie den Wert des Parameters a.
Zeichnen Sie den Graphen G_4 im Intervall $0 < x \leq 8$ im nebenstehenden Koordinatensystem.

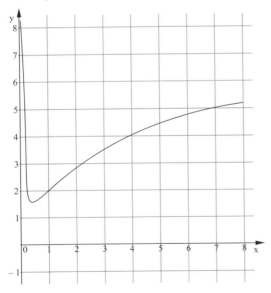

(21 BE)

b) Weisen Sie nach, dass alle Graphen G_a genau einen Punkt gemeinsam haben.

Für genau zwei Graphen G_a gilt: Die Koordinaten des lokalen Extrempunktes des einen Graphen stimmen mit den Koordinaten des Wendepunktes des anderen Graphen überein. Berechnen Sie dafür die beiden Werte des Parameters a. (12 BE)

c) Weisen Sie durch partielle Integration nach, dass gilt:

$$\int \ln x \, dx = x \ln x - x + c, \quad x, c \in \mathbb{R}, x > 0.$$

Die Graphen G_2 und G_4 und die Gerade mit der Gleichung $x = t$, $t > 1$, schließen eine Fläche vollständig ein.

Berechnen Sie den Wert des Parameters t für den Fall, dass die Maßzahl des Inhalts der Fläche 2 beträgt. (12 BE)

(45 BE)

Lösungen

$f_a'(x) = \dfrac{ax-1}{x^2}$, $x \in 0$, $x > 0$, $a \in \mathbb{N}$, $a > 0$

$f_a(x) = a \ln x + \dfrac{1}{x} + 1$

$f_a''(x) = -\dfrac{a}{x^2} + \dfrac{2}{x^3} = \dfrac{-ax+2}{x^3}$

$f_a'''(x) = \dfrac{2a}{x^3} - \dfrac{6}{x^4} = \dfrac{2ax-6}{x^4}$

a) **Aufstellen der Funktionsgleichung für die Funktionen f_a:**

$\int \dfrac{ax-1}{x^2}\,dx = \int \left(\dfrac{a}{x} - \dfrac{1}{x^2}\right) dx = \int (ax^{-1} - x^{-2})\,dx = a \ln x + \dfrac{1}{x} + c,$

mit P_a folgt

$1 + a + \dfrac{1}{e} = a \ln e + \dfrac{1}{e} + c$, $c = 1$, also

$f_a(x) = a \ln x + \dfrac{1}{x} + 1,$

Ermitteln der Lage und der Art der Extrempunkte:

$f_a'(x) = 0$, $ax - 1 = 0$, $x = \dfrac{1}{a}$

$f_a''\left(\dfrac{1}{a}\right) = -\dfrac{a}{\left(\frac{1}{a}\right)^2} + \dfrac{2}{\left(\frac{1}{a}\right)^3} = -a^3 + 2a^3 = a^3 > 0,$

da $a > 0$, also $T\left(\dfrac{1}{a} \,\middle|\, a \ln \dfrac{1}{a} + a + 1\right)$

Ermitteln der Koordinaten der Wendepunkte:

$f_a''(x) = 0$, $\dfrac{-ax+2}{x^3} = 0$, $-ax + 2 = 0$,

$x = +\dfrac{2}{a}$

$f_a'''\left(\dfrac{2}{a}\right) = \dfrac{2a}{\left(\frac{2}{a}\right)^3} - \dfrac{6}{\left(\frac{2}{a}\right)^4} = \dfrac{1}{4}a^4 - \dfrac{3}{8}a^4 = -\dfrac{1}{8}a^4 \neq 0,$

da $a > 0$, also $W\left(\dfrac{2}{a} \,\middle|\, a \ln \dfrac{2}{a} + \dfrac{1}{2}a + 1\right)$

Ermitteln des Wertes des Parameters a:

$a = 2$, da $T\left(\dfrac{1}{a} \middle| f\left(\dfrac{1}{a}\right)\right)$ abgelesen aus dem Koordinatensystem $\dfrac{1}{a} \approx \dfrac{1}{2}$ oder $P(4|4) \in G_a$,

also $4 = a \ln 4 + \dfrac{1}{4} + 1$, $a \approx 1{,}98$ und $a \in \mathbb{N}$ folgt

$a = 2$

Zeichnen des Graphen G_4: $f_4(x) = 4 \ln x + \dfrac{1}{x} + 1$

x	0,1	0,25	0,5	1	2	3	4	5	6	7	8
$f_4(x)$	1,8	−0,5	0,2	2	4,3	5,7	6,8	7,6	8,3	8,9	9,4

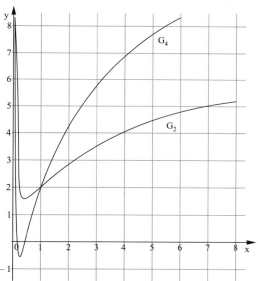

b) **Nachweisen, dass alle Graphen genau einen Punkt gemeinsam haben:**

$f_{a_1}(x) = f_{a_2}(x)$ mit $a_1 \neq a_2$

$a_1 \ln x + \dfrac{1}{x} + 1 = a_2 \ln x + \dfrac{1}{x} + 1$

$a_1 \ln x - a_2 \ln x = 0$

$(a_1 - a_2) \ln x = 0$

$\ln x = 0$

$x = 1$

Die Koordinaten des gemeinsamen Punktes lauten $P(1 | 2)$

Berechnen der Werte des Parameters a:

Koordinaten der Extrempunkte $T\left(\dfrac{1}{a} \,\Big|\, a \ln \dfrac{1}{a} + a + 1\right)$

Koordinaten der Wendepunkte $W\left(\dfrac{2}{a} \,\Big|\, a \ln \dfrac{2}{a} + \dfrac{a}{2} + 1\right)$

Stimmen die Koordinaten überein gilt:

I. $\quad \dfrac{1}{a_1} = \dfrac{2}{a_2}$

II: $\quad a_1 \ln \dfrac{1}{a_1} + a_1 + 1 = a_2 \ln \dfrac{2}{a_2} + \dfrac{a_2}{2} + 1$

aus I. $a_2 = 2 a_1$ in II.

$$a_1 \ln \dfrac{1}{a_1} + a_1 + 1 = 2a_1 \ln \dfrac{2}{2a_2} + \dfrac{2a_1}{2} + 1$$

$$a_1 \ln \dfrac{1}{a_1} = 2a_1 \ln \dfrac{1}{a_1}$$

$$a_1 \ln \dfrac{1}{a_1} = 0$$

$$-a_1 \ln a_1 = 0 \qquad |:(-a_1), \text{ da } a_1 > 0$$

$$\ln a_1 = 0$$

$$a_1 = e^0$$

$$a_1 = 1 \text{ und } a_2 = 2$$

c) **Nachweisen durch partielle Integration:**

$$\int \ln x \, dx = \int 1 \cdot \ln x \, dx \quad \text{setze}$$

$u' = 1 \qquad u = x$

$v = \ln x \qquad v' = \dfrac{1}{x}$, also

$$\int 1 \cdot \ln x \, dx = x \cdot \ln x - \int x \cdot \dfrac{1}{x} \, dx$$

$$= x \cdot \ln x - \int 1 \, dx$$

$$= x \cdot \ln x - x + c$$

Berechnen des Wertes des Parameters t:

$$A = \int_1^t (f_4(x) - f_2(x))\, dx \quad \text{mit } A = 2 \text{ folgt}$$

$$2 = \int_1^t \left(\left(4\ln x + \frac{1}{x} + 1\right) - \left(2\ln x + \frac{1}{x} + 1\right)\right) dx$$

$$2 = \int_1^t 2\ln x\, dx$$

$$1 = \int_1^t \ln x\, dx$$

$$1 = [x \ln x - x]_1^t$$

$$1 = t \cdot \ln t - t - (-1)$$

$$0 = t(\ln t - 1)$$

$t_0 = 0$ entfällt, da $t_0 > 1$

$t_1 = e$, denn $\ln t - 1 = 0$

Der Wert des Parameters ist $t = e$.

Leistungskurs Mathematik (Sachsen-Anhalt): Abiturprüfung (Modellversuch) 2002
Gebiet K-L2 – Aufgabe 2.1: Analytische Geometrie

Für die Bauplanung eines Panoramakinos wird für bestimmte Objekte eine analytische Beschreibung in einem kartesischen Koordinatensystem vorgenommen. Eine Einheit entspricht dabei einem Meter. Die xy-Ebene charakterisiert dabei die Lage der (horizontalen) Grundfläche des Zuschauerraumes.

In den kugelförmigen Teil des Zuschauerraumes soll eine ebene Projektionsfläche eingebaut werden, deren Eckpunkte die Punkte der Kugel
A(−8|−10|0); B(−8|10|0);
C(−4|10|12); D(−4|−10|12) sind.
Die Lage dieser Projektionsfläche wird durch die Ebene E_1 beschrieben.

Die Lage der Zuschauertribüne wird durch die Ebene E_2 mit der Gleichung
x − z + 2 = 0 beschrieben.

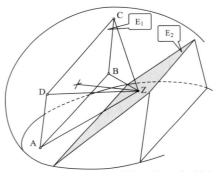

Skizze nicht maßstäblich

a) Zeigen Sie, dass die Projektionsfläche die Form eines Rechtecks besitzt und berechnen Sie deren Flächeninhalt.
   Stellen Sie eine Koordinatengleichung der Ebene E_1 auf.
   Berechnen Sie das Gradmaß des Neigungswinkels der Projektionsfläche zur (horizontalen) Grundfläche des Zuschauerraumes. (13 BE)

b) Eine Gerade g verlaufe durch den Diagonalenschnittpunkt des Rechtecks ABCD und senkrecht zur Rechteckfläche. Sie durchstoße die Ebene E_2 im Punkt Z. Der Punkt Z beschreibe die Lage des Projektionszentrums bei Filmvorführungen. Ermitteln Sie eine Gleichung der Geraden g.
   Berechnen Sie die Koordinaten des Punktes Z. (7 BE)

c) Der kugelförmige Bereich des Zuschauerraumes wird durch einen Teil einer Kugel mit der Maßzahl des Radius $r = 6\sqrt{5}$ beschrieben, deren Mittelpunkt auf der Geraden g (aus Aufgabe b) liegt.
   Ermitteln Sie eine Gleichung dieser Kugel.
   [Teilergebnis zur Kontrolle: M(0|0|4)]

   Bei Filmvorführungen soll die Projektion entweder auf die ebene Projektionsfläche ABCD oder auf die dahinter liegende kugelförmige Fläche erfolgen. Für die optische Ausstattung ist der maximale Abstand von hinter der ebenen Projektionsfläche liegenden Kugelpunkten zu dieser ebenen Fläche zu berücksichtigen.
   Berechnen Sie diesen maximalen Abstand. (10 BE)
   (30 BE)

Lösungen

a) **Zeigen, dass die Projektionsfläche die Form eines Rechtecks besitzt:**

$$\vec{AB} = \begin{pmatrix} 0 \\ 20 \\ 0 \end{pmatrix}, \quad \vec{BC} = \begin{pmatrix} 4 \\ 0 \\ 12 \end{pmatrix}, \quad \vec{CD} = \begin{pmatrix} 0 \\ -20 \\ 0 \end{pmatrix}, \quad \vec{AD} = \begin{pmatrix} 4 \\ 0 \\ 12 \end{pmatrix}$$

also gilt

$|\vec{AB}| = |\vec{CD}|$ bzw. $|\vec{BC}| = |\vec{AD}|$ und

$|\vec{AB}| \circ |\vec{BC}| = 0$, $\begin{pmatrix} 0 \\ 20 \\ 0 \end{pmatrix} \circ \begin{pmatrix} 4 \\ 0 \\ 12 \end{pmatrix} = 0$, also gilt

$\vec{AB} \perp \vec{BC}$

Die Projektionsfläche ist rechteckig.

Berechnen des Flächeninhalts:

$A = a \cdot b = |\vec{AB}| \cdot |\vec{BC}|$

$A = 20 \cdot \sqrt{4^2 + 12^2} = 80 \cdot \sqrt{10} \approx 253$

Da eine Einheit einem Meter entspricht, beträgt der Flächeninhalt 253 m².

Aufstellen einer Koordinatengleichung der Ebene E_1:

Parametergleichung der Ebene E_1

$E_1: \vec{x} = \vec{OA} + t_1 \vec{AB} + s_1 \vec{AC}$

$\vec{x} = \begin{pmatrix} -8 \\ -10 \\ 0 \end{pmatrix} + t_1 \begin{pmatrix} 0 \\ 20 \\ 0 \end{pmatrix} + s_1 \begin{pmatrix} 4 \\ 20 \\ 12 \end{pmatrix}$

$\vec{x} = \begin{pmatrix} -8 \\ -10 \\ 0 \end{pmatrix} + t \begin{pmatrix} 0 \\ 1 \\ 0 \end{pmatrix} + s \begin{pmatrix} 1 \\ 5 \\ 3 \end{pmatrix}, \quad t, s \in \mathbb{R}$

Koordinatengleichung der Ebene E_1:

1. Möglichkeit:

Den Normalenvektor von E_1 berechnet man mit

$\begin{pmatrix} 0 \\ 1 \\ 0 \end{pmatrix} \times \begin{pmatrix} 1 \\ 5 \\ 3 \end{pmatrix} = \begin{pmatrix} 3 \\ 0 \\ -1 \end{pmatrix}$; also $\vec{n} = \begin{pmatrix} 3 \\ 0 \\ -1 \end{pmatrix}$

und mit dem Ansatz $3x - z = a$ und wegen $A(-8|-10|0) \in E_1$ ergibt sich $3 \cdot (-8) - 1 \cdot 0 = a$, $a = -24$, also

$E_1: 3x - z = -24$

2. Möglichkeit:
Der Normalenvektor $\vec{n}$ steht senkrecht auf den Spannvektoren der Ebene, also

$\vec{n} \perp \begin{pmatrix} 0 \\ 1 \\ 0 \end{pmatrix}$ und $\vec{n} \perp \begin{pmatrix} 1 \\ 5 \\ 3 \end{pmatrix}$, damit gilt

$\vec{n} \circ \begin{pmatrix} 0 \\ 1 \\ 0 \end{pmatrix} = 0$ und $\vec{n} \circ \begin{pmatrix} 1 \\ 5 \\ 3 \end{pmatrix} = 0$

$$\begin{array}{rl} n_2 = 0 & |\cdot(-5) \\ n_1 + 5n_2 + 3n_2 = 0 & \\ \hline n_1 \quad\quad + 3n_2 = 0 & \end{array}$$

$n_1 = 3;\ n_3 = -1;\ n_2 = 0$

$3x + 0y - 1z = a$
und wegen $A(-8|-10|0) \in E_1$ ergibt sich
E_1: $3x - z = -24$.

3. Möglichkeit:
Aus der Parametergleichung von E_1 folgt:
I. $x = -8 \quad\quad + s$
II. $y = -10 + t + 5s$
III. $z = \quad\quad\quad\quad 3s$

Berechnen von s aus I., dann einsetzen in III.:
I. $s = x + 8$, also
$\quad z = 3(x + 8)$
$\quad z = 3x + 24$
$3x - z + 24 = 0$ oder
E_1: $3x - z = -24$.

Berechnen des Gradmaßes des Neigungswinkels der Projektionsfläche zur Grundfläche des Zuschauerraumes:

Grundfläche ist x-y-Ebene, also $z = 1$

$$\cos\alpha = \left| \frac{\begin{pmatrix} 3 \\ 0 \\ -1 \end{pmatrix} \circ \begin{pmatrix} 0 \\ 0 \\ 1 \end{pmatrix}}{\left\|\begin{pmatrix} 3 \\ 0 \\ -1 \end{pmatrix}\right\| \cdot \left\|\begin{pmatrix} 0 \\ 0 \\ 1 \end{pmatrix}\right\|} \right| = \left| \frac{-1}{\sqrt{10}} \right|$$

$\alpha \approx 71{,}6°$

Der Neigungswinkel beträgt 71,6°.

b) **Ermitteln einer Gleichung der Geraden g:**
g (Diagonalenschnittpunkt M_D; senkrecht zur Rechteckfläche)

$$\overrightarrow{OM} = \overrightarrow{OA} + \frac{1}{2}\overrightarrow{AC} = \begin{pmatrix} -8 \\ -10 \\ 0 \end{pmatrix} + \frac{1}{2}\begin{pmatrix} 4 \\ 20 \\ 12 \end{pmatrix}$$

$M_D(-6|0|6)$

g: $\vec{x} = \begin{pmatrix} -6 \\ 0 \\ 6 \end{pmatrix} + r\begin{pmatrix} 3 \\ 0 \\ -1 \end{pmatrix}, r \in \mathbb{R}$

Berechnen der Koordinaten des Punktes Z:
$g \cap E_2 = \{Z\}$, also g in E_2 einsetzen
E_2: $\qquad x - z + 2 = 0$
$\qquad (-6 + 3r) - (6 - r) + 2 = 0$
$\qquad\qquad r = \frac{5}{2}$, also

$Z(1,5 | 0 | 3,5)$

c) **Ermitteln einer Gleichung der Kugel:**
$|\overrightarrow{AM}| = r$ und $M \in g$

Da der Mittelpunkt auf der Geraden g liegt, hat er die Koordinaten $M(-6 + 3r | 0 | 6 - r)$, dann gilt

$$|\overrightarrow{AM}| = \left|\begin{pmatrix} -6 + 3r + 8 \\ 10 \\ 6 - r - 0 \end{pmatrix}\right| = 6\sqrt{5} = r$$

$$\left|\begin{pmatrix} 3r + 2 \\ 10 \\ 6 - r \end{pmatrix}\right| = 6\sqrt{5}$$

$(3r + 2)^2 + 10^2 + (6 - r)^2 = (6\sqrt{5})^2$

$9r^2 + 12r + 4 + 100 + 36 - 12r + r^2 = 180$

$\qquad\qquad 10r^2 = 40$

$r_1 = 2, r_2 = -2$ und damit

$M_1(0|0|4)$ und $M_2(-12|0|8)$ entfällt, da nicht innerhalb der gegebenen Kugel

K: $\left[\vec{x} - \begin{pmatrix} 0 \\ 0 \\ 4 \end{pmatrix}\right]^2 = 180$ oder

$\qquad x^2 + y^2 + (z - 4)^2 = 180$

Berechnen des Abstandes a:

$a = r - \overline{M_D M}$

$a = 6 \cdot \sqrt{5} - \left| \begin{pmatrix} 6 \\ 0 \\ -2 \end{pmatrix} \right|$

$a = 6\sqrt{5} - \sqrt{40} = 6\sqrt{5} - 2\sqrt{10}$

$a \approx 7{,}1$

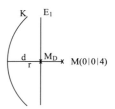

Der Abstand $\overline{M_D M}$ kann auch als Abstand des Punktes M von der Ebene E_1 berechnet werden:

$\overline{M_D M} = b(M; E_1)$

$E_1: 3x - z + 24 = 0 \quad M(0|0|4)$, also

$b = \dfrac{3 \cdot 0 - 1 \cdot 4 + 24}{\sqrt{3^2 + 1^2}} = \dfrac{20}{\sqrt{10}} = 2\sqrt{10}$ und damit

$a = r - b = 6\sqrt{5} - 2\sqrt{10} \approx 7{,}1$

Der Abstand beträgt 7,1 m.

Leistungskurs Mathematik (Sachsen-Anhalt): Abiturprüfung (Modellversuch) 2002
Gebiet K-L2 – Aufgabe 2.2: Analytische Geometrie

In einem kartesischen Koordinatensystem sind gegeben
die Punkte $P(3|0|6\sqrt{2})$ und $G(0|0|9\sqrt{2})$.

sowie die Gerade $g_1: \vec{x} = \overrightarrow{OQ} + k\vec{v}$, $k \in \mathbb{R}$ mit $\overrightarrow{OQ} = \begin{pmatrix} -3 \\ 0 \\ 3\sqrt{2} \end{pmatrix}$ und $\vec{v} = \begin{pmatrix} 0 \\ 1 \\ 0 \end{pmatrix}$.

a) Die Punkte P und G legen eine Gerade g_2 fest.
   Ermitteln Sie eine Gleichung dieser Geraden.
   Weisen Sie die windschiefe Lage der Geraden g_1 und g_2 nach und berechnen
   Sie das Gradmaß des Winkels unter dem diese Geraden zueinander verlaufen. (9 BE)

b) Das gemeinsame Lot der Geraden g_1 und g_2 verläuft durch den Punkt P.
   Zeigen Sie, dass dieses Lot auch durch den Punkt Q verläuft und berechnen Sie
   den Abstand der Geraden g_1 und g_2. (8 BE)

c) Mit den unter Aufgabe a) nachgewiesenen Eigenschaften gibt es genau einen
   Würfel, dessen Diagonalen zweier gegenüberliegender Seitenflächen auf den
   Geraden g_1 und g_2 liegen. Dieser Würfel sei gemäß Skizze bezeichnet. Geben
   Sie eine Gleichung für die Umkugel (die Kugel, der der Würfel einbeschrieben
   ist) an.

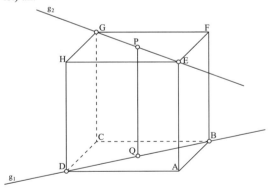

Skizze nicht maßstäblich

Zeigen Sie, dass die Raumdiagonale $\overline{AG}$ des Würfels auf der z-Achse des Koordinatensystems liegt und ein Eckpunkt des Würfels der Koordinatenursprung ist.
Weisen Sie nach, dass die Punkte B, D und E des Würfels in einer zur xy-Ebene des Koordinatensystems parallelen Ebene liegen. (13 BE)

(30 BE)

Lösungen

a) **Aufstellen einer Geradengleichung:**

$g_2: \vec{x} = \overrightarrow{OP} + t\,\overrightarrow{PG}$

$g_2: \vec{x} = \begin{pmatrix} 3 \\ 0 \\ 6\sqrt{2} \end{pmatrix} + t \begin{pmatrix} -3 \\ 0 \\ 3\sqrt{2} \end{pmatrix},\ t \in \mathbb{R}$

Nachweisen, dass die Geraden windschief zueinander liegen:
Richtungsvektoren von g_1 und g_2

$\begin{pmatrix} 0 \\ 1 \\ 0 \end{pmatrix} = l \begin{pmatrix} -3 \\ 0 \\ 3\sqrt{2} \end{pmatrix}$ für kein $l \in \mathbb{R}$ erfüllt, also sind die Richtungsvektoren linear unabhängig

voneinander, damit schneiden sich die beiden Geraden oder verlaufen windschief.

Zeigen, dass keine gemeinsamen Punkte existieren, also $g_1 \cap g_2 = \phi$:

$\begin{pmatrix} -3 \\ 0 \\ 3\sqrt{2} \end{pmatrix} + k \begin{pmatrix} 0 \\ 1 \\ 0 \end{pmatrix} = \begin{pmatrix} 3 \\ 0 \\ 6\sqrt{2} \end{pmatrix} + t \begin{pmatrix} -3 \\ 0 \\ 3\sqrt{2} \end{pmatrix}$

I. $-3 \quad = \quad 3 \quad -3t$
II. $k \quad = \quad 0$
III. $3\sqrt{2} \quad = \quad 6\sqrt{2} + 3\sqrt{2} \cdot t$

aus I. folgt $t = 2$ und aus II. $k = 0$; eingesetzt in III. $3\sqrt{2} = 6\sqrt{2} + 3\sqrt{2} \cdot 2$ falsche Aussage, also existiert kein Schnittpunkt. Damit ist gezeigt, dass die Geraden g_1 und g_2 windschief zueinander liegen.

Berechnen des Gradmaßes des Winkels:

$\cos \sphericalangle (g_1, g_2) = \cos \dfrac{\begin{pmatrix} 0 \\ 1 \\ 0 \end{pmatrix} \begin{pmatrix} -3 \\ 0 \\ 3\sqrt{2} \end{pmatrix}}{\left| \begin{pmatrix} 0 \\ 1 \\ 0 \end{pmatrix} \right| \cdot \left| \begin{pmatrix} -3 \\ 0 \\ 3\sqrt{2} \end{pmatrix} \right|} = 0$, also beträgt der Winkel 90°.

b) **Zeigen, dass das gemeinsame Lot l durch den Punkt Q verläuft:**

$\vec{\ell} \perp g_1$ und $\vec{\ell} \perp g_2$, also

$\begin{pmatrix} \ell_1 \\ \ell_2 \\ \ell_3 \end{pmatrix} \circ \begin{pmatrix} 0 \\ 1 \\ 0 \end{pmatrix} = 0$ und $\begin{pmatrix} \ell_1 \\ \ell_2 \\ \ell_3 \end{pmatrix} \circ \begin{pmatrix} -3 \\ 0 \\ 3\sqrt{2} \end{pmatrix}$

$$\begin{aligned}
\ell_1 \cdot 0 \;+\; \ell_2 \cdot 1 \;+\; \ell_3 \cdot 0 &= 0 \\
-3\ell_1 \;+\; \ell_2 \cdot 0 \;+\; 3\sqrt{2} \cdot \ell_3 &= 0 \\
\hline
\ell_2 &= 0 \\
-3\ell_1 \;+\; 3\sqrt{2} \cdot \ell_3 &= 0, \quad \ell_1 = \sqrt{2},\, \ell_3 = 1, \text{ also}
\end{aligned}$$

$\vec{\ell} = \begin{pmatrix} \sqrt{2} \\ 0 \\ 1 \end{pmatrix}$ Lotrichtungsvektor

Es muss auch noch gelten: $h(\vec{\ell}; P) \cap g_1 = \{Q\}$

h: $\vec{x} = \begin{pmatrix} 3 \\ 0 \\ 6\sqrt{2} \end{pmatrix} + s \begin{pmatrix} \sqrt{2} \\ 0 \\ 1 \end{pmatrix}$, und

$\begin{pmatrix} 3 \\ 0 \\ 6\sqrt{2} \end{pmatrix} + s \begin{pmatrix} \sqrt{2} \\ 0 \\ 1 \end{pmatrix} = \begin{pmatrix} -3 \\ 0 \\ 3\sqrt{2} \end{pmatrix} + r \begin{pmatrix} 0 \\ 1 \\ 0 \end{pmatrix}$

I. $\quad 3 + \sqrt{2} \cdot s = -3$
II. $\quad 0 = r$
III. $\quad 6\sqrt{2} + s = 3\sqrt{2}$

aus I. und III. folgt jeweils $s = -3\sqrt{2}$, eingesetzt in $h: Q(-3 \mid 0 \mid 3\sqrt{2})$ oder $r = 0$ eingesetzt in $g_1: Q(-3 \mid 0 \mid 3\sqrt{2})$.

Berechnen der Maßzahl des Abstandes der Geraden g_1 und g_2:

$d(g_1; g_2) = d(P, Q) = \left| \begin{pmatrix} -6 \\ 0 \\ -3\sqrt{2} \end{pmatrix} \right| = \sqrt{54} = 3\sqrt{6}.$

Die Maßzahl des Abstands zwischen den Geraden g_1 und g_2 beträgt $3\sqrt{6}$.

c) **Ermitteln einer Kugelgleichung:**

Mittelpunkt M der Kugel

$\overrightarrow{OM} = \overrightarrow{OP} + \dfrac{1}{2}\overrightarrow{PQ}$

$\overrightarrow{OM} = \begin{pmatrix} 3 \\ 0 \\ 6\sqrt{2} \end{pmatrix} + \dfrac{1}{2}\begin{pmatrix} -6 \\ 0 \\ -3\sqrt{2} \end{pmatrix}, \quad M\left(0 \mid 0 \mid \dfrac{9}{2}\sqrt{2}\right)$

Radius der Umkugel:

$r = |\overrightarrow{MG}| = \left| \begin{pmatrix} 0 \\ 0 \\ \frac{9}{2}\sqrt{2} \end{pmatrix} \right| = \sqrt{\dfrac{81}{2}} = \sqrt{40{,}5}$

Kugelgleichung:
$$K: \left[\vec{x} - \begin{pmatrix} 0 \\ 0 \\ 4{,}5\sqrt{2} \end{pmatrix}\right]^2 = \frac{81}{2}$$

Zeigen, dass die Raumdiagonale $\overline{AG}$ des Würfels auf der z-Achse liegt:
Der Punkt G mit $G(0 \mid 0 \mid 9\sqrt{2})$ liegt auf der z-Achse.
Der Richtungsvektor $\overrightarrow{GA}$ und damit auch $\overrightarrow{GM}$ muss ein Vielfaches des Richtungsvektors $\begin{pmatrix} 0 \\ 0 \\ 1 \end{pmatrix}$ (z-Achse) sein, also

$$\begin{pmatrix} 0 \\ 0 \\ -\frac{9}{2}\sqrt{2} \end{pmatrix} = k \cdot \begin{pmatrix} 0 \\ 0 \\ 1 \end{pmatrix}, k = -\frac{9}{2}\sqrt{2} \text{ wahre Aussage.}$$

Aus beiden Eigenschaften folgt, dass die Raumdiagonale $\overline{AG}$ auf der z-Achse liegt.

Zeigen, dass ein Eckpunkt der Koordinatenursprung ist:
$$\overrightarrow{OA} = \overrightarrow{OG} + 2\overrightarrow{GM} = \begin{pmatrix} 0 \\ 0 \\ 9\sqrt{2} \end{pmatrix} + 2\begin{pmatrix} 0 \\ 0 \\ -\frac{9}{2}\sqrt{2} \end{pmatrix} = \begin{pmatrix} 0 \\ 0 \\ 0 \end{pmatrix}$$

also ist der Eckpunkt A der Koordinatenursprung.

Nachweisen, dass die gegebenen Punkte des Würfels in einer zur xy-Ebene parallelen Ebene liegen:
xy-Ebene: z = 0
dazu parallele Ebene: z = a, a ≠ 0

Berechnen der Koordinaten der Punkte B, D und E:
$$\overrightarrow{OE} = \overrightarrow{OG} + 2\overrightarrow{GP} = \begin{pmatrix} 0 \\ 0 \\ 9\sqrt{2} \end{pmatrix} + 2\begin{pmatrix} 3 \\ 0 \\ -3\sqrt{2} \end{pmatrix}$$

$E(6 \mid 0 \mid 3\sqrt{2})$;
da $B \in g_1$ folgt $B(-3 \mid k \mid 3\sqrt{2})$ und
$$|\overrightarrow{MB}| = r,$$
$$\left|\begin{pmatrix} -3 \\ k \\ -1{,}5\sqrt{2} \end{pmatrix}\right| = \sqrt{40{,}5}$$
$$(-3)^2 + k^2 + (-1{,}5\sqrt{2})^2 = 40{,}5$$
$$k^2 = 27$$
$$k_1 = \sqrt{27} = 3\sqrt{3}$$
$$k_2 = -3\sqrt{3}, \text{ also}$$

$B_1(-3\,|\,3\sqrt{3}\,|\,3\sqrt{2})$ oder

$B_2(-3\,|\,-3\sqrt{3}\,|\,3\sqrt{2})$ und

$\overrightarrow{OD_1} = \overrightarrow{OB_1} + 2\overrightarrow{B_1Q}$

$\overrightarrow{OD_1} = \begin{pmatrix} -3 \\ 3\sqrt{3} \\ 3\sqrt{2} \end{pmatrix} + 2\begin{pmatrix} 0 \\ -3\sqrt{3} \\ 0 \end{pmatrix}, D_1(-3\,|\,-3\sqrt{3}\,|\,3\sqrt{2})$

$\overrightarrow{OD_2} = \overrightarrow{OB_2} + 2\overrightarrow{B_2Q}; \qquad D_2(-3\,|\,3\sqrt{3}\,|\,3\sqrt{2})$

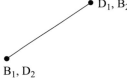

Ebenengleichung $E(E;\,B_1;\,D_1) = E(E;\,B_2;\,D_2)$

$E:\ \vec{x} = \begin{pmatrix} 6 \\ 0 \\ 3\sqrt{2} \end{pmatrix} + r\begin{pmatrix} -9 \\ 3\sqrt{3} \\ 0 \end{pmatrix} + s\begin{pmatrix} -9 \\ -3\sqrt{3} \\ 0 \end{pmatrix}$

$\vec{n} = \begin{pmatrix} 0 \\ 0 \\ 54\sqrt{3} \end{pmatrix};$

$54\sqrt{3} \cdot z = d$ mit $E(6\,|\,0\,|\,3\sqrt{2})$

$z = 3\sqrt{2}$

Die Ebenengleichung hat die Form $z = a$ mit $a \neq 0$, also liegen die Punkte B, D und E in einer zur xy-Ebene parallelen Ebene.

Andere Möglichkeit:

$\overrightarrow{OE} = \overrightarrow{OP} + \overrightarrow{GP} = \begin{pmatrix} 6 \\ 0 \\ 3\sqrt{2} \end{pmatrix};\ E(6\,|\,0\,|\,3\sqrt{2})$

und $\overrightarrow{QE}\begin{pmatrix} 9 \\ 0 \\ 0 \end{pmatrix};$

$\overrightarrow{BD} \parallel \vec{v}$ und $Q \in \overrightarrow{BD}$, also

$\overrightarrow{BD}$ und $\vec{v}$ sind sowohl Richtungsvektoren der Ebene BDE, als auch Richtungsvektoren der xy-Ebene.

Leistungskurs Mathematik (Sachsen-Anhalt): Abiturprüfung (Modellversuch) 2002
Gebiet K-L3 – Aufgabe 3.1: Stochastik

Eine Elektronikfirma liefert an eine Kaufhauskette Sender S und Empfänger E, die z. B. von Hobbybastlern für die Fernsteuerung von Flugmodellen verwendet werden können. Es ist bekannt, dass 5 % der Sender S und 10 % der Empfänger E defekt sind.
Die Zufallsgröße X beschreibe in einer Stichprobe die Anzahl der funktionsfähigen bzw. defekten Sender oder der funktionsfähigen bzw. defekten Empfänger und soll als binomialverteilt angenommen werden.

a) Erläutern Sie Bedingungen, unter denen eine Zufallsgröße als binomialverteilt angenommen werden darf. (2 BE)

b) Ermitteln Sie die Wahrscheinlichkeit dafür, dass
   – von 100 Sendern S mehr als 90 funktionsfähig
   – von 100 Empfängern E höchstens fünf defekt
   sind. (6 BE)

c) Eine Fernsteuerung für ein Flugmodell bestehe aus genau einem Sender S und genau einem Empfänger E, die unabhängig voneinander arbeiten. Sie sei funktionsfähig, wenn der Sender S und der Empfänger E funktionsfähig sind.
   Berechnen Sie die Wahrscheinlichkeiten für die folgenden Ereignisse.
   A: Eine Fernsteuerung ist funktionsfähig.
   B: Eine Fernsteuerung ist defekt, weil entweder der Sender S oder der Empfänger E defekt ist.
   C: Der Sender S einer defekten Fernsteuerung ist defekt. (11 BE)

Die Elektronikfirma liefert neben den herkömmlichen Empfängern E verbesserte Empfänger EV, von denen nur noch 5 % defekt sind.
Bei einer Lieferung von 1 000 Empfängern ist nicht erkennbar, ob es sich um herkömmliche Empfänger E oder verbesserte Empfänger EV handelt. Zur Überprüfung wird der Lieferung eine Stichprobe von 100 Empfängern entnommen. Enthält die Stichprobe mindestens 96 funktionsfähige Empfänger, soll davon ausgegangen werden, dass verbesserte Empfänger EV geliefert worden sind.

d) Erläutern Sie bezogen auf die Nullhypothese „H_0: $p_0 = 0,1$", welche Arten von Fehlern bei einer Entscheidung begangen werden können.
   Berechnen Sie die Wahrscheinlichkeit für den Fehler 1. Art sowie die Wahrscheinlichkeit für den Fehler 2. Art.
   (6 BE)
   (25 BE)

Hinweis: Tabelle zur Binomialverteilung im Anhang (S. 2002-M-31)

Lösungen

a) **Erläutern von Bedingungen, unter denen eine Zufallsgröße als binomialverteilt angenommen werden darf:**
   - Bei dem Zufallsexperiment/Zufallsvorgang werden genau zwei Ereignisse (Ereignis und Gegenereignis) unterschieden **und**
   - die Wahrscheinlichkeiten der beiden Ereignisse bleiben auf jeder Stufe/bei jeder Wiederholung des Experiments bzw. Vorgangs unverändert.

   Im vorliegenden Fall werden die beiden Ereignisse „funktionsfähig" und „defekt" unterschieden. Das Zufallsexperiment/der Zufallsvorgang lässt sich beschreiben durch das Urnenmodell *Ziehen mit Zurücklegen* (bei Binomialverteilung der Zufallsgröße). Praktisch liegt *Ziehen mit Zurücklegen* stets dann als hinreichend genaue Näherung des *Ziehens ohne Zurücklegen* vor, wenn eine verhältnismäßig kleine Stichprobe aus einer verhältnismäßig großen Grundgesamtheit entnommen wird.

b) **Ermitteln der Wahrscheinlichkeiten:**
   Ereignis S: **Sender S funktionsfähig**
   Wahrscheinlichkeit P(S), dass ein Sender S funktionsfähig ist: $P(S) = 1 - 0,05 = 0,95$

   Ereignis $\overline{E}$: **Empfänger E defekt**
   Wahrscheinlichkeit $P(\overline{E})$, dass ein Empfänger E defekt ist: $P(\overline{E}) = 0,1$

   Die Zufallsgröße X_S beschreibe die Anzahl der funktionsfähigen Sender S in der Stichprobe. X_S ist binomialverteilt mit n = 100 und p = 0,95; $X_S \sim B_{100;\ 0,95}$.
   $P(X_s > 90) = 1 - P(X_s \le 90) = 1 - B_{100;\ 0,95}(\{0;\ 1;\ ...;\ 90\}) = 1 - 0,02819 = 0,97181$;
   $P(X_s > 90) \approx 97\ \%$

   Die Zufallsgröße $X_{\overline{E}}$ beschreibe die Anzahl der defekten Empfänger E in der Stichprobe. $X_{\overline{E}}$ ist binomialverteilt mit n = 100 und p = 0,1; $X_{\overline{E}} \sim B_{100;\ 0,1}$.
   $P(X_{\overline{E}} \le 5) = B_{100;\ 0,1}(\{0;\ 1;\ ...;\ 5\}) = 0,05758$;
   $P(X_{\overline{E}} \le 5) \approx 6\ \%$

   Hinweis:
   Die Werte $B_{100;\ 0,95}(\{0;\ 1;\ ...;\ 90\}) = 0,02819$ und $B_{100;\ 0,1}(\{0;\ 1;\ ...;\ 5\}) = 0,05758$ können der beigefügten Tabelle der summierten Binomialverteilung (oder einem anderen geeigneten Tabellenwerk) entnommen werden.

c) **Berechnen der Wahrscheinlichkeiten für die Ereignisse A, B und C:**
   Ereignis $\overline{S}$: **Sender S defekt**
   Wahrscheinlichkeit $P(\overline{S})$, dass ein Sender S defekt ist: $P(\overline{S}) = 0,05$

   Ereignis S: **Sender S funktionsfähig**
   Wahrscheinlichkeit P(S), dass ein Sender S funktionsfähig ist: $P(S) = 1 - 0,05 = 0,95$

   Ereignis $\overline{E}$: **Empfänger E defekt**
   Wahrscheinlichkeit $P(\overline{E})$, dass ein Empfänger E defekt ist: $P(\overline{E}) = 0,1$

Ereignis E: **Empfänger E funktionsfähig**
Wahrscheinlichkeit P(E), dass ein Empfänger E funktionsfähig ist: $P(E) = 1 - P(\overline{E}) = 0{,}9$

Da die Ereignisse S und E (laut Voraussetzung) voneinander stochastisch unabhängig sind, gilt der spezielle Multiplikationssatz; man erhält:
$P(A) = P(S \cap E) = P(S) \cdot P(E) = 0{,}95 \cdot 0{,}9 = 0{,}855$;   **P(A) ≈ 86 %**

Wegen der Unvereinbarkeit der Ereignisse S und $\overline{S}$ ($S \cap \overline{S} = \emptyset$) sowie E und $\overline{E}$ ($E \cap \overline{E} = \emptyset$) gilt (neben dem speziellen Multiplikationssatz) auch der spezielle Additionssatz; man erhält:
$P(B) = P((S \cap \overline{E}) \cup (\overline{S} \cap E)) = P(S) \cdot P(\overline{E}) + P(\overline{S}) \cdot P(E) = 0{,}95 \cdot 0{,}1 + 0{,}05 \cdot 0{,}9 =$
$= 0{,}140$;   **P(B) ≈ 14 %**

Ereignis $\overline{A}$: Fernsteuerung ist defekt

Ereignis $\overline{S}$: Sender S (einer Fernsteuerung) ist defekt

Mit P(C) ist somit die bedingte Wahrscheinlichkeit $P(C) = P_{\overline{A}}(\overline{S})$ gesucht.

Aus der Umformung des allgemeinen Multiplikationssatzes

$P(\overline{S} \cap \overline{A}) = P(\overline{A}) \cdot P_{\overline{A}}(\overline{S})$ folgt $P(C) = P_{\overline{A}}(\overline{S}) = \dfrac{P(\overline{S} \cap \overline{A})}{P(\overline{A})}$.

Da von den defekten Fernsteuerungen diejenigen interessieren, bei denen der Sender S defekt ist (unabhängig davon, ob der Empfänger E funktionsfähig oder defekt ist), gilt $P(\overline{S} \cap \overline{A}) = P(\overline{S})$ und somit (wegen $P(\overline{A}) = 1 - P(A) = 1 - 0{,}855 = 0{,}145$)

$P(C) = \dfrac{P(\overline{S})}{P(\overline{A})} = \dfrac{0{,}05}{0{,}145} \approx 0{,}3448$;   **P(C) ≈ 34 %**

Die Beziehung $P(C) = \dfrac{P(\overline{S})}{P(\overline{A})}$ hätte auch unmittelbar durch die Überlegung „Gesucht ist der Anteil der defekten Fernsteuerungen mit defektem Sender unter allen defekten Fernsteuerungen" erschlossen werden können.

d) **Erläutern der möglichen Fehlentscheidungen bzw. Fehlerarten:**
Mit der gegebenen Nullhypothese H_0 wird die Annahme ausgedrückt, dass die Lieferung herkömmliche Empfänger enthält. Diese Empfänger E sind defekt mit der Wahrscheinlichkeit $P(\overline{E}) = 0{,}1$.

Man ist bestrebt, die Nullhypothese H_0 anhand der Stichprobenuntersuchung abzulehnen und somit die Gegenhypothese H_1 anzunehmen (H_1: $p_1 = 0{,}05$; verbesserte Empfänger EV sind defekt mit der Wahrscheinlichkeit $P(\overline{EV}) = 0{,}05$).
Enthält die Lieferung in Wirklichkeit Empfänger E und werden die Empfänger in der Lieferung *irrtümlich* nicht für Empfänger E gehalten, so wird die in Wirklichkeit wahre Nullhypothese (als falsch) abgelehnt. Man begeht einen **Fehler 1. Art**.

Enthält die Lieferung in Wirklichkeit verbesserte Empfänger EV und werden die Empfänger in der Lieferung *irrtümlich* für Empfänger E gehalten, so wird die in Wirklichkeit falsche Nullhypothese nicht (als falsch) abgelehnt. Man begeht einen **Fehler 2. Art**.

Berechnen der Fehlerwahrscheinlichkeiten:
Die Zufallsgröße X beschreibt die Anzahl der funktionsfähigen Empfänger in der Stichprobe. Die Zufallsgröße X ist binomialverteilt
- bei (in Wirklichkeit) wahrer Nullhypothese mit n = 100 und p = 1 − 0,1 = 0,9;
 $X \sim B_{100;\,0,9}$;
 Wahrscheinlichkeit für den Fehler 1. Art:
 $\alpha = P(X \geq 96) = 1 - P(X \leq 95) = 1 - B_{100;\,0,9}(\{0;\,1;\,...;\,95\}) = 1 - 0{,}97629 = 0{,}02371$;
 $\alpha \approx \mathbf{2{,}4\,\%}$
- bei (in Wirklichkeit) falscher Nullhypothese mit n = 100 und p = 1 − 0,05 = 0,95;
 $X \sim B_{100;\,0,95}$;
 Wahrscheinlichkeit für den Fehler 2. Art:
 $\beta = P(X \leq 95) = B_{100;\,0,95}(\{0;\,1;\,...;\,95\}) = 0{,}56402$;
 $\beta \approx \mathbf{56{,}4\,\%}$

Hinweis:
Die Werte $B_{100;\,0,9}(\{0;\,1;\,...;\,95\}) = 0{,}97629$ und $B_{100;\,0,95}(\{0;\,1;\,...;\,95\}) = 0{,}56402$ können der beigefügten Tabelle der summierten Binomialverteilung (oder einem anderen geeigneten Tabellenwerk) entnommen werden.

Leistungskurs Mathematik (Sachsen-Anhalt): Abiturprüfung (Modellversuch) 2002
Gebiet K-L3 – Aufgabe 3.2: Stochastik

Ein Händler hat einen großen Posten Taschenrechner zum Tiefstpreis erworben. Durch Störungen im Produktionsablauf sind diese Rechner teilweise nicht mit Batterien bestückt worden.

a) Von einer Kleinpackung mit vier Taschenrechnern sei bekannt, dass zwei Taschenrechner nicht mit Batterien bestückt worden sind. Dieser Packung sollen nacheinander blindlings zwei Taschenrechner entnommen und überprüft werden. Es interessieren die Ereignisse
A: Der erste entnommene Taschenrechner enthält keine Batterien.
B: Der zweite entnommene Taschenrechner enthält keine Batterien.
Weisen Sie nach, dass die beiden Ereignisse A und B für die Entnahme mit Zurücklegen voneinander (stochastisch) unabhängig und für die Entnahme ohne Zurücklegen voneinander (stochastisch) abhängig sind.
Formulieren Sie die Wahrscheinlichkeiten $P_A(B)$ sowie $P_{\overline{A}}(B)$ in Worten und geben Sie den Zusammenhang zwischen diesen beiden Wahrscheinlichkeiten für den Fall der stochastischen Unabhängigkeit der Ereignisse A und B an. (8 BE)

b) Von einer Großpackung mit 1 000 Taschenrechnern sei bekannt, dass 50 % dieser Taschenrechner nicht mit Batterien bestückt worden sind. Als Stichprobe werden vier Taschenrechner entnommen. Die Zufallsgröße X beschreibe die Anzahl der Taschenrechner ohne Batterien in dieser Stichprobe. Es interessiert das
Ereignis C: In allen vier Taschenrechnern fehlen die Batterien.
Erläutern Sie, unter welchen Bedingungen die Zufallsgröße X als binomialverteilt angenommen werden darf.
Berechnen Sie die Wahrscheinlichkeit für das Ereignis C (näherungsweise) unter Annahme der Binomialverteilung und genau, wenn die Entnahme der Taschenrechner ohne Zurücklegen erfolgt. (7 BE)

c) Von einer Großpackung mit 1 000 Taschenrechnern werde vermutet, dass entweder 50 % oder 75 % dieser Taschenrechner nicht mit Batterien bestückt worden sind. Zur Entscheidungsfindung wird eine Stichprobe von 20 Taschenrechnern entnommen. Die Zufallsgröße Y beschreibe die Anzahl der Taschenrechner ohne Batterien in dieser Stichprobe und werde als binomialverteilt angenommen.
Ermitteln Sie für $n = 20$ und $p = 0,5$ die Wahrscheinlichkeit $P(Y \geq 15)$ sowie für $n = 20$ und $p = 0,75$ die Wahrscheinlichkeit $P(Y \leq 14)$.
Ermitteln Sie für $n = 20$ und $p = 0,5$ alle Werte für k, für die $P(Y \geq k) \leq 0,75$ gilt sowie für $n = 20$ und $p = 0,75$ alle Werte k, für die $P(Y \leq k) \leq 0,05$ gilt.
Geben Sie an, für welche Wahl der Nullhypothese die Wahrscheinlichkeiten $P(Y \geq k)$ und $P(Y \leq k)$ für einen Fehler 1. Art stehen. (10 BE)
(25 BE)

Hinweis: Tabelle zur Binomialverteilung im Anhang (S. 2002-M-31)

Lösungen

a) **Nachweisen der (stochastischen) Unabhängigkeit bzw. Abhängigkeit der Ereignisse A und B:**
- Nachweisen der Unabhängigkeit bei Entnahme mit Zurücklegen:
Sind die Ereignisse (stochastisch) voneinander unabhängig, dann gilt der spezielle Multiplikationssatz; $P(A \cap B) = P(A) \cdot P(B)$.

$$P(A) = \frac{2}{4} = \frac{1}{2}; \quad P(B) = \frac{2}{4} \cdot \frac{2}{4} + \frac{2}{4} \cdot \frac{2}{4} = \frac{1}{2}; \quad P(A \cap B) = \frac{1}{4}; \quad P(A) \cdot P(B) = \frac{1}{2} \cdot \frac{1}{2} = \frac{1}{4}$$

Wegen $P(A \cap B) = \frac{1}{4}$ und $P(A) \cdot P(B) = \frac{1}{4}$ (Gültigkeit des speziellen Multiplikationssatzes) sind die Ereignisse A und B bei Entnahme *mit Zurücklegen* (stochastisch) unabhängig.

- Nachweisen der Abhängigkeit bei Entnahme ohne Zurücklegen:
Sind die Ereignisse (stochastisch) voneinander abhängig, dann gilt der spezielle Multiplikationssatz nicht; $P(A \cap B) \neq P(A) \cdot P(B)$.

$$P(A) = \frac{2}{4} = \frac{1}{2}; \quad P(B) = \frac{2}{4} \cdot \frac{1}{3} + \frac{2}{4} \cdot \frac{2}{3} = \frac{1}{2}; \quad P(A \cap B) = \frac{1}{6}; \quad P(A) \cdot P(B) = \frac{1}{2} \cdot \frac{1}{2} = \frac{1}{4}$$

Wegen $P(A \cap B) \neq P(A) \cdot P(B)$ sind die Ereignisse A und B bei Entnahme *ohne Zurücklegen* (stochastisch) abhängig.

Wortformulierungen und Angeben des gesuchten Zusammenhangs:

$P_A(B)$: bedingte Wahrscheinlichkeit;

Wahrscheinlichkeit für das Fehlen der Batterien im zweiten entnommenen Taschenrechner (Ereignis B) unter der Bedingung, dass (bereits) im ersten entnommenen Taschenrechner die Batterien gefehlt haben (Ereignis A).

$P_{\overline{A}}(B)$: bedingte Wahrscheinlichkeit;

Wahrscheinlichkeit für das Fehlen der Batterien im zweiten entnommenen Taschenrechner (Ereignis B) unter der Bedingung, dass im ersten entnommenen Taschenrechner die Batterien (noch) nicht gefehlt haben (Ereignis $\overline{A}$).

Im Falle stochastischer Unabhängigkeit unterscheiden sich die bedingten Wahrscheinlichkeiten $P_A(B)$ und $P_{\overline{A}}(B)$ nicht voneinander. Es gilt (beim Entnehmen mit Zurücklegen) $P_A(B) = P_{\overline{A}}(B) = P(B)$.

b) **Erläutern der Bedingungen, unter denen die Zufallsgröße X als binomialverteilt angenommen werden darf:**
- Es liegt ein Zufallsvorgang mit genau zwei Ereignissen („Batterien ja"/„Batterien nein") vor

und
- die Wahrscheinlichkeiten der beiden Ereignisse bleiben bei jeder Wiederholung des Zufallsvorgangs unverändert.

Der Zufallsvorgang lässt sich durch das Urnenmodell Ziehen mit Zurücklegen (bei Binomialverteilung der Zufallsgröße X) beschreiben. Im vorliegenden Fall darf das *Entnehmen/Ziehen ohne Zurücklegen* in hinreichend genauer Näherung als *Ziehen mit Zurücklegen* betrachtet werden, da eine verhältnismäßig kleine Stichprobe aus einer verhältnismäßig großen Grundgesamtheit entnommen wird.

Berechnen der Wahrscheinlichkeiten für das Ereignis C:
- Näherung durch Binomialverteilung:

$$P(C) \approx B_{4;\,0,5}(\{4\}) = \binom{4}{4} \cdot 0,5^4 \cdot 0,5^0 = 0,5^4 = 0,0625$$

- genaue Berechnung (hypergeometrische Verteilung):

$$P(C) = \frac{500 \cdot 499 \cdot 498 \cdot 497}{1\,000 \cdot 999 \cdot 998 \cdot 997} = 0,06212\ldots$$

c) **Ermitteln der Wahrscheinlichkeiten P(Y ≥ 15) sowie P(Y ≤ 14):**
- Die Zufallsgröße Y ist binomialverteilt mit n = 20 und p = 0,5; $Y \sim B_{20;\,0,5}$.
  $P(Y \geq 15) = B_{20;\,0,5}(\{15, 16, \ldots, 20\}) = 1 - B_{20;\,0,5}(\{0, 1, \ldots, 14\}) = 1 - 0,97931 =$
  $= \mathbf{0,02069}$
- Die Zufallsgröße Y ist binomialverteilt mit n = 20 und p = 0,75; $Y \sim B_{20;\,0,75}$.
  $P(Y \leq 14) = B_{20;\,0,75}(\{0, 1, \ldots, 14\}) = \mathbf{0,38283}$

Ermitteln der Werte k mit P(Y ≥ k) ≤ 0,75 bzw. P(Y ≤ k) ≤ 0,05:
- Die Zufallsgröße Y ist binomialverteilt mit n = 20 und p = 0,5; $Y \sim B_{20;\,0,5}$.
  $P(Y \geq k) = B_{20;\,0,5}(\{k, k+1, \ldots, 20\}) = 1 - B_{20;\,0,5}(\{0, 1, \ldots, k-1\}) \leq \mathbf{0,75}$
  Aus $1 - B_{20;\,0,5}(\{0, 1, \ldots, k-1\}) \leq 0,75$ erhält man $B_{20;\,0,5}(\{0, 1, \ldots, k-1\}) \geq 0,25$.
  Für k − 1 = 8 ist die Ungleichung erstmalig erfüllt.
  $B_{20;\,0,5}(\{0, 1, \ldots, 8\}) = 0,25172 \geq 0,25$. Somit folgt **k = 9; 10; …; 20**.
- Die Zufallsgröße Y ist binomialverteilt mit n = 20 und p = 0,75; $Y \sim B_{20;\,0,75}$.
  $P(Y \leq k) = B_{20;\,0,75}(\{0, 1, \ldots, k\}) \leq \mathbf{0,05}$
  Für k = 11 ist die Ungleichung letztmalig erfüllt;
  $B_{20;\,0,75}(\{0, 1, \ldots, 11\}) = 0,04093 \leq 0,05$. Somit folgt **k = 0; 1; …; 11**.

Angeben der Nullhypothesen, so dass P(Y ≥ k) und P(Y ≤ k) jeweils die Wahrscheinlichkeiten für einen Fehler 1. Art sind:

Die Wahrscheinlichkeiten $P(Y \geq k)$ und $P(Y \leq k)$ stehen dann für Wahrscheinlichkeiten eines Fehlers 1. Art, wenn sie jeweils den Ablehnungsbereich $\overline{A}$ der in Wirklichkeit wahren Nullhypothese H_0 kennzeichnen. Die Zufallsgröße Y ist dann binomialverteilt mit n und p_0.

Sprechen große Werte der Zufallsgröße Y gegen die Nullhypothese H_0, so gilt für den Ablehnungsbereich $\overline{A} = \{9, 10, \ldots, 20\}$, also steht $P(Y \geq k)$ **für die Nullhypothese** H_0: $p_0 = 0,5$ als Wahrscheinlichkeit für einen Fehler 1. Art.

Sprechen kleine Werte der Zufallsgröße Y gegen die Nullhypothese H_0, so gilt für den Ablehnungsbereich $\overline{A} = \{0, 1, \ldots, 11\}$, also steht $P(Y \leq k)$ **für die Nullhypothese** H_0: $p_0 = 0,75$ als Wahrscheinlichkeit für einen Fehler 1. Art.

Hinweis: Die Werte $B_{20;\,0,5}(\{0, 1, \ldots, 14\}) = 0,97931$, $B_{20;\,0,75}(\{0, 1, \ldots, 14\}) = 0,38283$; $B_{20;\,0,5}(\{0, 1, \ldots, 8\}) = 0,25172$ und $B_{20;\,0,75}(\{0, 1, \ldots, 11\}) = 0,04093$ können der beigefügten Tabelle der sunmmierten Binomialverteilung (oder einem anderen geeigneten Tabellenwerk) entnommen werden.

Anhang zu den Aufgaben der Stochastik
Tabelle: Summierte Binomialverteilung

n	k	p=0,1	p=0,25	p=0,5	p=0,75	p=0,9	p=0,95
20	0	0,12158	0,00317	0,00000	0,00000	0,00000	0,00000
	1	0,39175	0,02431	0,00002	0,00000	0,00000	0,00000
	2	0,67693	0,09126	0,00020	0,00000	0,00000	0,00000
	3	0,86705	0,22516	0,00129	0,00000	0,00000	0,00000
	4	0,95683	0,41484	0,00591	0,00000	0,00000	0,00000
	5	0,98875	0,61717	0,02069	0,00000	0,00000	0,00000
	6	0,99761	0,78578	0,05766	0,00003	0,00000	0,00000
	7	0,99958	0,89819	0,13159	0,00018	0,00000	0,00000
	8	0,99994	0,95907	0,25172	0,00094	0,00000	0,00000
	9	0,99999	0,98614	0,41190	0,00394	0,00000	0,00000
	10	1,00000	0,99606	0,58810	0,01386	0,00001	0,00000
	11	1,00000	0,99906	0,74828	0,04093	0,00006	0,00000
	12	1,00000	0,99982	0,86841	0,10181	0,00042	0,00000
	13	1,00000	0,99997	0,94234	0,21422	0,00239	0,00003
	14	1,00000	1,00000	0,97931	0,38283	0,01125	0,00033
	15	1,00000	1,00000	0,99409	0,58516	0,04317	0,00257
	16	1,00000	1,00000	0,99871	0,77484	0,13295	0,01590
	17	1,00000	1,00000	0,99980	0,90874	0,32307	0,07548
	18	1,00000	1,00000	0,99998	0,97569	0,60825	0,26416
	19	1,00000	1,00000	1,00000	0,99683	0,87842	0,64151
	20	1,00000	1,00000	1,00000	1,00000	1,00000	1,00000
100	0	0,00003	0,00000	0,00000	0,00000	0,00000	0,00000
	1	0,00032	0,00000	0,00000	0,00000	0,00000	0,00000
	2	0,00194	0,00000	0,00000	0,00000	0,00000	0,00000
	3	0,00784	0,00000	0,00000	0,00000	0,00000	0,00000
	4	0,02371	0,00000	0,00000	0,00000	0,00000	0,00000
	5	0,05758	0,00000	0,00000	0,00000	0,00000	0,00000
	6	0,11716	0,00000	0,00000	0,00000	0,00000	0,00000
	7	0,20605	0,00000	0,00000	0,00000	0,00000	0,00000
	8	0,32087	0,00001	0,00000	0,00000	0,00000	0,00000
	9	0,45129	0,00004	0,00000	0,00000	0,00000	0,00000
	10	0,58316	0,00014	0,00000	0,00000	0,00000	0,00000
	...						
	80	1,00000	1,00000	1,00000	0,90047	0,00198	0,00000
	81	1,00000	1,00000	1,00000	0,93699	0,00458	0,00000
	82	1,00000	1,00000	1,00000	0,96237	0,01001	0,00000
	83	1,00000	1,00000	1,00000	0,97889	0,02060	0,00001
	84	1,00000	1,00000	1,00000	0,98892	0,03989	0,00004
	85	1,00000	1,00000	1,00000	0,99458	0,07257	0,00014
	86	1,00000	1,00000	1,00000	0,99754	0,12388	0,00046
	87	1,00000	1,00000	1,00000	0,99897	0,19818	0,00146
	88	1,00000	1,00000	1,00000	0,99961	0,29697	0,00427
	89	1,00000	1,00000	1,00000	0,99986	0,41684	0,01147
	90	1,00000	1,00000	1,00000	0,99996	0,54871	0,02819
	91	1,00000	1,00000	1,00000	0,99999	0,67913	0,06309
	92	1,00000	1,00000	1,00000	1,00000	0,79395	0,12796
	93	1,00000	1,00000	1,00000	1,00000	0,88284	0,23399
	94	1,00000	1,00000	1,00000	1,00000	0,94242	0,38400
	95	1,00000	1,00000	1,00000	1,00000	0,97629	0,56402
	96	1,00000	1,00000	1,00000	1,00000	0,99216	0,74216
	97	1,00000	1,00000	1,00000	1,00000	0,99806	0,88174
	98	1,00000	1,00000	1,00000	1,00000	0,99968	0,96292
	99	1,00000	1,00000	1,00000	1,00000	0,99997	0,99408
	100	1,00000	1,00000	1,00000	1,00000	1,00000	1,00000

Leistungskurs Mathematik (Sachsen-Anhalt): Abiturprüfung 2002
Gebiet L1 – Aufgabe 1.1: Analysis

Gegeben sind die Funktionen f_a und g durch

$$y = f_a(x) = -\frac{1}{3}x^2 + ax, \quad a, x \in \mathbb{R}, \quad a > 0,$$

$$y = g(x) = \ln x, \quad x \in \mathbb{R}, \quad x > 0.$$

Die Graphen der Funktionen f_a seien mit F_a bezeichnet.

a) Berechnen Sie die Koordinaten der Schnittpunkte mit der x-Achse sowie der lokalen Extrempunkte der Graphen F_a und ermitteln Sie die Art der Extrempunkte.
Ermitteln Sie eine Gleichung der Ortskurve k der Extrempunkte.
Zeichnen Sie die Ortskurve k im Intervall $-4 \leq x \leq 4$ und den Graphen F_2 im Intervall $-2 \leq x \leq 8$.
Jeder Graph F_a schließt mit der x-Achse, wie auch mit der Ortskurve k, jeweils eine Fläche vollständig ein.
Berechnen Sie das Verhältnis der Maßzahlen dieser Flächeninhalte. (22 BE)

b) Durch Verketten der Funktionen f_2 und g entsteht eine Funktion v mit $y = g(f_2(x))$.
Ermitteln Sie den größtmöglichen Definitionsbereich der Funktion v.
Zeigen Sie, dass der Graph F_2 und der Graph der Funktion v an genau einer Stelle zur x-Achse parallele Tangenten besitzen, und ermitteln Sie jeweils eine Gleichung dieser Tangenten. (9 BE)

c) Untersuchen Sie die Betragsfunktion b mit $y = b(x) = |f_2(x)|$, $x \in \mathbb{R}$, an der Stelle $x_1 = 0$ auf Stetigkeit und Differenzierbarkeit. (7 BE)

d) Eine ebene Dachfläche hat die Form eines Fünfeckes ABCDE. Zur Bestückung mit Sonnenkollektoren soll eine rechteckige Fläche mit den Maßzahlen der Seitenlängen x und z (siehe nebenstehende Zeichnung) genutzt werden. Zeigen Sie, dass zur Berechnung der Maßzahlen der Inhalte dieser Fläche die Zuordnungsvorschrift der Funktion f_{11} geeignet ist. Berechnen Sie die Maßzahl der Seitenlänge x für den Fall, dass der Inhalt der Rechteckfläche maximal wird.

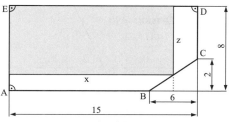

Eine Einheit entspricht einem Meter
(Zeichnung nicht maßstäblich)

(7 BE)
(45 BE)

Lösungen

$$y = f_a(x) = -\frac{1}{3}x^2 + ax, \quad a, x \in \mathbb{R}, \ a > 0$$

$$f_a'(x) = -\frac{2}{3}x + a$$

$$f_a''(x) = -\frac{2}{3}$$

$$y = g(x) = \ln x, \qquad x \in \mathbb{R}, \ x > 0$$

a) **Schnittpunkte mit der x-Achse:**

$$y = f_a(x) = 0; \quad 0 = -\frac{1}{3}x^2 + ax; \quad 0 = x\left(-\frac{1}{3}x + a\right)$$

$x_1 = 0, \ x_2 = 3a$, also $S_{x_1}(0\,|\,0)$, $S_{x_2}(3a\,|\,0)$

Extrempunkte:

$$f_a'(x) = 0; \quad -\frac{2}{3}x + a = 0; \quad x = \frac{3}{2}a$$

$$f_a''\left(\frac{3}{2}a\right) = -\frac{2}{3} < 0; \quad \text{Maximum } H_a\left(\frac{3}{2}a \,\bigg|\, \frac{3}{4}a^2\right)$$

Gleichung der Ortskurve k der Extrempunkte:

$$x = \frac{3}{2}a \quad \text{und} \quad y = \frac{3}{4}a^2;$$

$$a = \frac{2}{3}x \quad \text{eingesetzt ergibt sich} \quad y = \frac{3}{4}\cdot\left(\frac{2}{3}x\right)^2$$

$$k: \ y = \frac{1}{3}x^2, \quad x \in \mathbb{R}$$

Graph F_2 und Ortskurve k:

Wertetabelle für $f_2(x)$:

x	−2	−1	0	1	2	3	4	5	6	7	8
$f_2(x)$	$-\frac{16}{3}$	$-\frac{7}{3}$	0	$\frac{5}{3}$	$\frac{8}{3}$	3	$\frac{8}{3}$	$\frac{5}{3}$	0	$-\frac{7}{3}$	$-\frac{16}{3}$

Wertetabelle für Ortskurve:

x	−4	−3	−2	−1	0	1	2	3	4
y	$\frac{16}{3}$	3	$\frac{4}{3}$	$\frac{1}{3}$	0	$\frac{1}{3}$	$\frac{4}{3}$	3	$\frac{16}{3}$

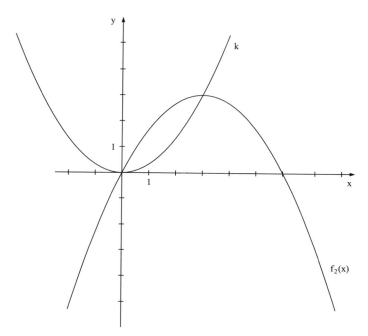

Berechnen des Verhältnisses der Maßzahlen der Flächeninhalte:

Fläche, die durch den jeweiligen Graphen F_a und der x-Achse begrenzt wird:

$$A_1 = \int_0^{3a} f_a(x)\,dx = \int_0^{3a} (-\frac{1}{3}x^2 + ax)\,dx$$

$$A_1 = \left[-\frac{1}{9}x^3 + \frac{1}{2}ax^2\right]_0^{3a} = -\frac{1}{9}(3a)^3 + \frac{1}{2}a(3a)^2 - 0$$

$$A_1 = \frac{3}{2}a^3$$

Fläche, die durch den jeweiligen Graphen F_a und der Ortskurve k begrenzt wird:

$$A_2 = \int_0^{\frac{3}{2}a} (f_a(x) - \frac{1}{3}x^2)\,dx = \int_0^{\frac{3}{2}a} (-\frac{1}{3}x^2 + ax - \frac{1}{3}x^2)\,dx$$

$$A_2 = \int_0^{\frac{3}{2}a} (-\frac{2}{3}x^2 + ax)\,dx = \left[-\frac{2}{9}x^3 + \frac{1}{2}ax^2\right]_0^{\frac{3}{2}a}$$

$$A_2 = -\frac{2}{9}\left(\frac{3}{2}a\right)^3 + \frac{1}{2}a\left(\frac{3}{2}a\right)^2 - 0 = \frac{3}{8}a^3$$

Verhältnis $A_1 : A_2 = \frac{3}{2}a^3 : \frac{3}{8}a^3 = 4$

b) **Verketten der Funktion f_2 und g:**
$$y = g(f_2(x)) = \ln\left(-\frac{1}{3}x^2 + 2x\right)$$
Definitionsbereich:
da $\ln x$ mit $x > 0$ folgt für
$y = \ln\left(-\frac{1}{3}x^2 + 2x\right)$, dass dann auch
$-\frac{1}{3}x^2 + 2x > 0$ gilt;
$x(-\frac{1}{3}x + 2) > 0$, also
$x > 0; \quad -\frac{1}{3}x + 2 > 0, \quad x < 6$
Definitionsbereich: $0 < x < 6$

Zeigen, dass die Tangenten nur an einer Stelle x_1 parallel zur x-Achse verlaufen:
$f_2'(x_1) = 0, \quad -\frac{2}{3}x_1 + 2 = 0, \quad x_1 = 3$
$v'(x_1) = 0$, da $\quad v(x) = \ln\left(-\frac{1}{3}x^2 + 2x\right)$ gilt, ist
$$v'(x) = \frac{1}{-\frac{1}{3}x^2 + 2x} \cdot \left(-\frac{2}{3}x + 2\right)$$
$$v'(x) = \frac{-\frac{2}{3}x + 2}{-\frac{1}{3}x^2 + 2x}, \text{ also}$$
$\frac{-\frac{2}{3}x_1 + 2}{-\frac{1}{3}x_1^2 + 2x_1} = 0; \quad -\frac{2}{3}x_1 + 2 = 0; \quad x_1 = 3$

Beide Graphen besitzen an der Stelle $x_1 = 3$ eine zur x-Achse parallele Tangente.

Gleichungen der Tangenten dazu:
Da die Tangenten parallel zur x-Achse verlaufen, ergibt die Gleichung $y = 0 \cdot x + n$, wobei n der jeweilige Funktionswert an der Stelle $x_1 = 3$ ist, also $y = 3$ und $y = \ln 3$.

c) **Untersuchen der Betragsfunktion b auf Stetigkeit und Differenzierbarkeit an der Stelle $x = 0$:**
$$y = b(x) = |f_2(x)| = \left|-\frac{1}{3}x^2 + 2x\right| = \begin{cases} -\frac{1}{3}x^2 + 2x & \text{für } x \geq 0 \\ \frac{1}{3}x^2 - 2x & \text{für } x < 0 \end{cases}$$

Stetigkeit an der Stelle x = 0:

(1) $b(0)$ existiert, also $b(0) = \left| -\frac{1}{3} \cdot 0^2 + 2 \cdot 0 \right| = 0$

(2) $\lim\limits_{x \to 0} b(x)$ existiert, also

$$\lim\limits_{\substack{x \to 0 \\ x > 0}} \left| -\frac{1}{3}x^2 + 2x \right| = \lim\limits_{\substack{x \to 0 \\ x > 0}} \left(-\frac{1}{3}x^2 + 2x \right) = 0;$$

$$\lim\limits_{\substack{x \to 0 \\ x < 0}} \left| -\frac{1}{3}x^2 + 2x \right| = \lim\limits_{\substack{x \to 0 \\ x < 0}} \left[-\left(-\frac{1}{3}x^2 + 2x \right) \right] = 0$$

und damit gilt:
$$\lim\limits_{\substack{x \to 0 \\ x > 0}} f_2(x) = \lim\limits_{\substack{x \to 0 \\ x < 0}} (-f_2(x)) = 0$$

(3) $b(0) = \lim\limits_{x \to 0} b(x)$, also $0 = 0$ wahre Aussage;

damit ist gezeigt, dass die Funktion b an der Stelle x = 0 stetig ist.

Differenzierbarkeit an der Stelle $x_1 = 0$:

Zu zeigen ist, dass $\lim\limits_{h \to 0} \dfrac{b(x_1 + h) - b(x_1)}{h}$ existiert, also

$$\lim\limits_{\substack{h \to 0 \\ h > 0}} \frac{f_2(0+h) - f_2(0)}{h} = \lim\limits_{\substack{h \to 0 \\ h > 0}} \frac{\left(-\frac{1}{3}(0+h)^2 + 2(0+h) \right) - \left(-\frac{1}{3} \cdot 0^2 + 2 \cdot 0 \right)}{h}$$

$$= \lim\limits_{\substack{h \to 0 \\ h > 0}} \frac{-\frac{1}{3}h^2 + 2h}{h} = \lim\limits_{\substack{h \to 0 \\ h > 0}} (-\frac{1}{3}h + 2) = 2 \text{ und}$$

$$\lim\limits_{\substack{h \to 0 \\ h < 0}} \frac{-f_2(0+h) + f_2(0)}{h} = \lim\limits_{\substack{h \to 0 \\ h < 0}} \frac{-\left(-\frac{1}{3}(0+h)^2 + 2(0+h) \right) + \left(-\frac{1}{3} \cdot 0^2 + 2 \cdot 0 \right)}{h}$$

$$= \lim\limits_{\substack{h \to 0 \\ h < 0}} \frac{\frac{1}{3}h^2 - 2h}{h} = \lim\limits_{\substack{h \to 0 \\ h < 0}} (\frac{1}{3}h - 2) = -2;$$

der rechts- und der linksseitige Grenzwert stimmen nicht überein, also ist die Funktion b an der Stelle $x_1 = 0$ nicht differenzierbar.

Andere Möglichkeit zur Veranschaulichung:

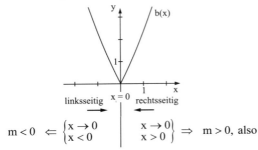

$$m < 0 \Leftarrow \begin{cases} x \to 0 \\ x < 0 \end{cases} \quad \begin{matrix} x \to 0 \\ x > 0 \end{matrix} \Rightarrow m > 0, \text{ also}$$

Funktion b ist an der Stelle x = 0 nicht differenzierbar.

d) **Zeigen, dass die Zuordnungsvorschrift zur Flächenberechnung geeignet ist, z. B.:**
Dazu stellt man das Fünfeck in einem Koordinatensystem dar:

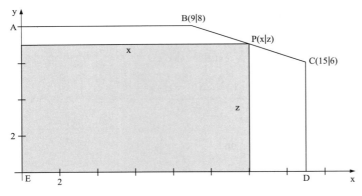

A = x · z; P(x | z) liegt auf der Geraden g durch die Punkte B und C, also

$$g(B,C): \quad y = mx + n, \quad m = \frac{\Delta y}{\Delta x} = \frac{8-6}{9-15} = -\frac{1}{3}$$

$$y = -\frac{1}{3}x + n \quad \text{mit } B(9|8)$$

$$8 = -\frac{1}{3} \cdot 9 + n, \quad n = 11$$

$$y = -\frac{1}{3}x + 11;$$

da P(x | z) ∈ g folgt $P\left(x \mid -\frac{1}{3}x + 11\right)$, also

$$A = x \cdot \left(-\frac{1}{3}x + 11\right)$$

$$A(x) = -\frac{1}{3}x^2 + 11x,$$

dies ist die Zuordnungsvorschrift der Funktion f_{11}.

Berechnen der Maßzahl der Seitenlänge:

$$A'(x) = -\frac{2}{3}x + 11$$

$$0 = -\frac{2}{3}x + 11; \quad x = \frac{33}{2} = 16,5$$

Der Wert liegt nicht im Intervall $9 \leq x \leq 15$.
Damit besitzt die Funktion keinen lokalen Extremwert; der globale Extremwert ist dann $x_1 = 9$ oder $x_2 = 15$.
Berechnet man für die Randwerte die dazugehörige Fläche, ergibt sich
$A_1 = 9 \cdot 8 = 72$ bzw.
$A_2 = 15 \cdot 6 = 90$.
Da der Inhalt der Rechteckfläche maximal sein soll, ist $x_{max} = 15$.

Andere Möglichkeit zum Nachweis der Zuordnungsvorschrift:
(1) $A = x \cdot z$
(2) Anwenden des Strahlensatzes
$\overline{BG} : \overline{GC} = \overline{BF} : \overline{FP}$
$6 : 2 = (6 - (15 - x)) : (8 - z)$

mit
$\overline{FG} = 15 - x$ und $\overline{BF} = \overline{BG} - \overline{FG} = 6 - (15 - x)$;

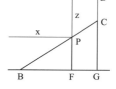

umgestellt nach z:

$$\frac{6}{2} = \frac{6 - (15 - x)}{8 - z}$$

$$3(8 - z) = -9 + x$$

$$z = -\frac{1}{3}x + 11$$

aus (1) und (2) folgt:

$$A = x \cdot \left(-\frac{1}{3}x + 11\right) = -\frac{1}{3}x^2 + 11x = f_{11}(x).$$

Leistungskurs Mathematik (Sachsen-Anhalt): Abiturprüfung 2002
Gebiet L1 – Aufgabe 1.2: Analysis

Gegeben sind die Funktionen f und g durch
$$y = f(x) = (x^2 - 1)^3, \quad x \in \mathbb{R},$$
$$y = g(x) = e^{-3x^2}, \quad x \in \mathbb{R}.$$
Ihre Graphen seien F bzw. G.

a) Untersuchen Sie den Graphen F auf Symmetrie; ermitteln Sie die Lage sowie die Art des lokalen Extrempunktes und die Koordinaten der Wendepunkte.
Begründen Sie, dass in nebenstehender Zeichnung der an der x-Achse gespiegelte Graph F in einem Intervall abgebildet ist und geben Sie eine Gleichung der durch diesen Graphen F_1 dargestellten Funktion f_1 an.

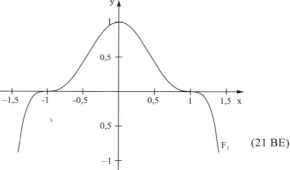

(21 BE)

b) Der Graph G besitzt genau zwei Wendepunkte: $W_{1;2}\left(\pm\dfrac{\sqrt{6}}{6} \,\bigg|\, \dfrac{1}{\sqrt{e}}\right)$.

Zeichnen Sie den Graphen G im Intervall $-2 \leq x \leq 2$ in das oben gegebene Koordinatensystem; untersuchen Sie dazu diesen Graphen auf Symmetrie und ermitteln Sie die Koordinaten des lokalen Extrempunktes sowie dessen Art. (13 BE)

c) Der Graph G, die Geraden mit den Gleichungen $x = -1$ bzw. $x = 1$ sowie die x-Achse begrenzen eine Fläche A vollständig.
Der Graph F_1 und die x-Achse begrenzen eine Fläche A_1 vollständig.
Begründen Sie mit Hilfe von Merkmalen der betreffenden Funktionen, dass die Inhalte der Flächen A und A_1 näherungsweise übereinstimmen.
Berechnen Sie einen Näherungswert für die Maßzahl des Inhaltes der Fläche A. (8 BE)

d) Gegeben sind Funktionen $g_{a;b;c}$ durch
$y = g_{a;b;c}(x) = ae^{-(bx+c)^2}$, $a, b, c, x \in \mathbb{R}$, $a, b > 0$.
Zu diesen Funktionen gehört die Funktion g mit den Parameterwerten $a = 1$, $b = \sqrt{3}$ und $c = 0$. Die Funktion f_1 (siehe Aufgabe a) kann für weitere Funktionen $g_{a;b;c}$ eine Näherungsfunktion sein. Den Wert genau eines der Parameter a, b oder c kann man verändern, so dass die Graphen von $g_{a;b;c}$ und der Graph F_1 (siehe Aufgabe a) den gleichen Extrempunkt haben.
Begründen Sie (ohne Rechnung), welcher dieser drei Parameter verändert werden kann.

(3 BE)
(45 BE)

Lösungen

$y = f(x) = (x^2 - 1)^3$, $x \in \mathbb{R}$
$f'(x) = 6x(x^2 - 1)^2 = 6x^5 - 12x^3 + 6x$
$f''(x) = (x^2 - 1) \cdot (30x^2 - 6) = 30x^4 - 36x^2 + 6$
$f'''(x) = 120x^3 - 72x$
$y = g(x) = e^{-3x^2}$
$g'(x) = -6x \cdot e^{-3x^2}$
$g''(x) = (36x^2 - 6) e^{-3x^2}$

a) **Symmetrie (Graph F):**
   Bei Symmetrie zur y-Achse gilt
   $f(-x) = ((-x)^2 - 1)^3 = (x^2 - 1)^3 = f(x)$ wahre Aussage.

   Bei Symmetrie zum Koordinatenursprung gilt
   $-f(-x) = -[((-x)^2 - 1)^3] = -(x^2 - 1)^3 = f(x)$ falsche Aussage,
   also ist der Graph F axialsymmetrisch.

   Extrempunkte:
   $f'(x) = 0$; $6x(x^2 - 1)^2 = 0$; $x_1 = 0$; $x_2 = 1$; $x_3 = -1$
   $f''(0) = 6 > 0$ Minimum $T(0 \mid -1)$
   $f''(1) = 0$, kein Extremwert
   $f''(-1) = 0$, kein Extremwert

   Wendepunkte:
   $f''(x) = 0$; $(x^2 - 1) \cdot (30x^2 - 6) = 0$; $x_1 = 1$; $x_2 = -1$; $x_3 = \sqrt{\frac{1}{5}}$; $x_4 = -\sqrt{\frac{1}{5}}$

   $W_{1,2}(\pm 1 \mid 0)$, $W_{3,4}\left(\pm\sqrt{\frac{1}{5}} \mid -\frac{64}{125}\right)$

   $f'''(\pm 1) = 120 \cdot (\pm 1)^3 - 72 \cdot (\pm 1) = \pm 48 \neq 0$

   $f'''\left(\pm\sqrt{\frac{1}{5}}\right) = 120 \cdot \left(\pm\sqrt{\frac{1}{5}}\right)^3 - 72 \cdot \left(\pm\sqrt{\frac{1}{5}}\right) = \mp 48 \cdot \sqrt{\frac{1}{5}} \neq 0$

   Begründung der Spiegelung des Graphen F an der x-Achse:
   Die Ordinaten gleicher Abszissen unterscheiden sich nur im Vorzeichen.
   Zuordnungsvorschrift: $y = f_1(x) = -(x^2 - 1)^3$, $x \in \mathbb{R}$.

b) **Symmetrie (Graph G):**
   Bei Symmetrie zur y-Achse gilt
   $g(-x) = e^{-3(-x)^2} = e^{-3x^2} = g(x)$ wahre Aussage.

   Bei Symmetrie zum Koordinatenursprung gilt
   $-g(-x) = -e^{-3(-x)^2} = -e^{-3x^2} = g(x)$ falsche Aussage,
   also ist der Graph G axialsymmetrisch.

Extrempunkte:
$g'(x) = 0$; $-6x \cdot e^{-3x^2} = 0$; $x_1 = 0$
$g''(0) = (36 \cdot 0^2 - 6) \cdot e^{-3 \cdot 0^2} = -6 < 0$ Maximum $H(0\,|\,1)$

Wertetabelle für g(x):

x	-2	-1	0	1	2
g(x)	0,000006	0,05	1	0,05	0,000006

c) **Begründen, dass die Flächeninhalte näherungsweise übereinstimmen, z. B.:**
Die Graphen stimmen annähernd in ihrer Lage und Form überein:
- Es sind Graphen stetiger Funktionen.
- Die Graphen liegen jeweils symmetrisch zur y-Achse.
- Die Graphen stimmen im Hochpunkt überein, da G: $H(0\,|\,1)$ und F_1: $H(0\,|\,1)$ gilt.
- Die Graphen stimmen annähernd in den im Inneren des Intervalls liegenden Wendepunkten überein, da

    G: $W_{1,2}\left(\pm\dfrac{\sqrt{6}}{6}\,\Big|\,\dfrac{1}{\sqrt{e}}\right)$ und F_1: $W_{1,2}\left(\pm\sqrt{\dfrac{1}{5}}\,\Big|\,\dfrac{64}{125}\right)$ gilt.

    $W_{1,2}(\pm 0,41\,|\,0,61)$ $W_{1,2}(\pm 0,45\,|\,0,51)$

- Die Graphen stimmen annähernd in den zwei Endpunkten (Intervallenden) überein, da
  G: $P_{1,2}(\pm 1\,|\,0,05)$ und F_1: $P_{1,2}(\pm 1\,|\,0)$ gilt.

Berechnen der Maßzahl der Fläche A:
Da die Graphen annähernd übereinstimmen, berechnet man die Maßzahl des Inhalts der Fläche unter dem Graphen F_1, also:

$A = 2 \cdot \int_0^1 (-f_1(x))\,dx = 2 \cdot \int_0^1 [-(x^2-1)^3]\,dx$

$A = 2 \cdot \int_0^1 (-x^6 + 3x^4 - 3x^2 + 1)\,dx$

$A = 2 \cdot \left[-\dfrac{1}{7}x^7 + \dfrac{3}{5}x^5 - x^3 + x\right]_0^1$

$A = 2 \cdot \left[-\dfrac{1}{7} + \dfrac{3}{5} - 1 + 1 - 0\right] = \dfrac{32}{35} \approx 0,9$

d) **Begründen, welcher Parameter verändert werden kann, z. B.:**
1. Parameter a bewirkt für $a > 0$, $a \neq 1$ eine Streckung oder Stauchung des Graphen G und somit eine Veränderung der Ordinate des Hochpunktes.
2. Parameter c bewirkt für $c \neq 0$ eine Verschiebung des Graphen G in Richtung der x-Achse und somit eine Veränderung der Abzisse des Hochpunkts, also kann nur der Wert des Parameters b verändert werden.

Leistungskurs Mathematik (Sachsen-Anhalt): Abiturprüfung 2002
Gebiet L2 – Aufgabe 2.1: Analytische Geometrie

Ein geologisch untersuchtes Gebiet wird in einem kartesischen Koordinatensystem beschrieben. Eine Einheit im Koordinatensystem entspricht 5 Meter im Gelände.
Nach Bohrungen in einem ebenen, der Horizontalebene entsprechenden Gelände, dessen Lage durch die xy-Ebene beschrieben wird, stößt man in folgenden Punkten auf ein Braunkohleflöz:

$A(0|0|-2)$, $B(-30|0|-4)$, $C(-30|60|-8)$, $D(0|60|-6)$, $E(-10|5|-3)$.

a) Zeigen Sie, dass die Punkte A, B, C, D und E in einer Ebene liegen, und geben Sie eine Gleichung dieser Ebene an. Diese Ebene sei mit K bezeichnet.
Es wird angenommen, dass durch die Ebene K die obere Begrenzung eines Kohleflözes beschrieben werden kann.
Berechnen Sie das Gradmaß des Winkels unter dem das Kohleflöz zur Horizontalebene verläuft. (9 BE)

b) Zeigen Sie, dass die Punkte A, B, C und D Eckpunkte eines Parallelogramms sind, und weisen Sie nach, dass der Punkt E im Inneren dieses Parallelogramms liegt.
Dieses Parallelogramm kennzeichnet die obere Begrenzung eines zu erschließenden Kohleflözes, von dem zunächst der darüber liegende Abraum parallel zur Horizontalebene bis zur Tiefe des Punktes A abgetragen werden soll.
Berechnen Sie das Volumen dieses Abraumes. (Dabei ist das Abraumvolumen für praktisch erforderliche Böschungen nicht zu berücksichtigen.) (12 BE)

c) Auf einer Höhenlinie der Ebene K liegen Punkte mit gleicher Höhe. Durch den Punkt A sei die Höhenlinie a bestimmt.
Ermitteln Sie die Koordinaten eines vom Punkt A verschiedenen Punktes der Höhenlinie a und stellen Sie eine Gleichung dieser Höhenlinie auf.
Auf der durch das Parallelogramm ABCD gekennzeichneten Begrenzungsfläche des Kohleflözes sollen senkrecht zu den Höhenlinien Rohre verlegt werden.
Berechnen Sie die Koordinaten eines Vektors, der die Richtung der Rohrverlegung beschreibt. (9 BE)
(30 BE)

Lösungen

a) **Zeigen, dass die Punkte in einer Ebene liegen:**
Aus drei Punkten stellt man eine Ebenengleichung auf und führt dann Punktproben durch, also

$K(A,B,C): \vec{x} = \begin{pmatrix} 0 \\ 0 \\ -2 \end{pmatrix} + t_1 \begin{pmatrix} -30 \\ 0 \\ -2 \end{pmatrix} + s_1 \begin{pmatrix} -30 \\ 60 \\ -6 \end{pmatrix}$

$\vec{x} = \begin{pmatrix} 0 \\ 0 \\ -2 \end{pmatrix} + t \begin{pmatrix} 15 \\ 0 \\ 1 \end{pmatrix} + s \begin{pmatrix} 5 \\ -10 \\ 1 \end{pmatrix}$, $t, s \in \mathbb{R}$

und die Spannvektoren sind linear unabhängig, da $\begin{pmatrix} 15 \\ 0 \\ 1 \end{pmatrix} = k \begin{pmatrix} 5 \\ -10 \\ 1 \end{pmatrix}$ für kein $k \in \mathbb{R}$ erfüllt ist. Damit bestimmen die Punkte A, B und C eine Ebene K.

Punktprobe:
D in K einsetzen:

$\begin{pmatrix} 0 \\ 60 \\ -6 \end{pmatrix} = \begin{pmatrix} 0 \\ 0 \\ -2 \end{pmatrix} + t \begin{pmatrix} 15 \\ 0 \\ 1 \end{pmatrix} + s \begin{pmatrix} 5 \\ -10 \\ 1 \end{pmatrix}$

I. $0 = 15t + 5s$
II. $60 = -10s$
III. $-6 = -2 + t + s$

aus II. folgt $\quad s = -6 \quad$ eingesetzt
in I. folgt $\quad 0 = 15t + 5 \cdot (-6), \quad t = 2 \quad$ und
in III. folgt $\quad -6 = -2 + t - 6, \quad t = 2,$ also $D \in K$.

E in K einsetzen:

$\begin{pmatrix} -10 \\ 5 \\ -3 \end{pmatrix} = \begin{pmatrix} 0 \\ 0 \\ -2 \end{pmatrix} + t \begin{pmatrix} 15 \\ 0 \\ 1 \end{pmatrix} + s \begin{pmatrix} 5 \\ -10 \\ 1 \end{pmatrix}$

I. $-10 = 15t + 5s$
II. $5 = -10s$
III. $-3 = -2 + t + s$

aus II. folgt $\quad s = -\dfrac{1}{2} \quad$ eingesetzt

in I. folgt $-10 = 15t - \dfrac{5}{2}, \qquad t = -\dfrac{1}{2}$ und

in III. folgt $-3 = -2 + t - \dfrac{1}{2}, \qquad t = -\dfrac{1}{2}$, also $E \in K$.

Die Punkte A, B, C, D und E liegen in der Ebene K.

Andere Möglichkeit:
Die vektorielle Form der Ebenengleichung K wird in die Koordinatenform umgewandelt und dann die Punktproben durchgeführt.

$$K: \vec{x} = \begin{pmatrix} 0 \\ 0 \\ -2 \end{pmatrix} + t\begin{pmatrix} 15 \\ 0 \\ 1 \end{pmatrix} + s\begin{pmatrix} 5 \\ -10 \\ 1 \end{pmatrix}$$

Den Normalenvektor von K berechnet man mit $\begin{pmatrix} 15 \\ 0 \\ 1 \end{pmatrix} \times \begin{pmatrix} 5 \\ -10 \\ 1 \end{pmatrix} = \begin{pmatrix} 10 \\ -10 \\ -150 \end{pmatrix}$; also $\vec{n} = \begin{pmatrix} 1 \\ -1 \\ -15 \end{pmatrix}$

und mit Ansatz $x - y - 15z = a$ und wegen $A(0|0|-2) \in K$ ergibt sich $-15 \cdot (-2) = a$, $a = 30$, also K: $x - y - 15z = 30$.

Punktprobe:
D in K einsetzen: $0 - 60 - 15 \cdot (-6) = 30$ und
E in K einsetzen: $-10 - 5 - 15 \cdot (-3) = 30$.

Berechnen des Winkels des Kohleflözes zur Horizontalebene:

$$\cos\alpha = \frac{\left|\begin{pmatrix} 1 \\ -1 \\ -15 \end{pmatrix} \circ \begin{pmatrix} 0 \\ 0 \\ 1 \end{pmatrix}\right|}{\left\|\begin{pmatrix} 1 \\ -1 \\ -15 \end{pmatrix}\right\| \cdot \left\|\begin{pmatrix} 0 \\ 0 \\ 1 \end{pmatrix}\right\|} = \left|\frac{-15}{\sqrt{227}}\right|, \quad \alpha \approx 5{,}39°$$

b) Zeigen, dass die Punkte A, B, C und D Eckpunkte eines Parallelogramms sind:

$\overrightarrow{AB} = \overrightarrow{DC}$, also

$\begin{pmatrix} -30 \\ 0 \\ -2 \end{pmatrix} = \begin{pmatrix} -30 \\ 0 \\ -2 \end{pmatrix}$ wahre Aussage und

$\overrightarrow{AB} \parallel \overrightarrow{AD}$,

$\begin{pmatrix} -30 \\ 0 \\ -2 \end{pmatrix} = k \cdot \begin{pmatrix} 0 \\ 60 \\ -4 \end{pmatrix}$ für kein $k \in \mathbb{R}$ erfüllt; die Vektoren sind linear unabhängig voneinander.

Nachweisen, dass der Punkt E im Inneren des Parallelogramms liegt:

$\overrightarrow{OR} = \overrightarrow{OA} + s\overrightarrow{AB}$ und
$\overrightarrow{OR} = \overrightarrow{OE} + t\overrightarrow{DA}$ mit
$0 < s < 1$ und $0 < t < 1$ (im Inneren), also
$\overrightarrow{OA} + s\overrightarrow{AB} = \overrightarrow{OE} + t\overrightarrow{DA}$

$\begin{pmatrix} 0 \\ 0 \\ -2 \end{pmatrix} + s\begin{pmatrix} -30 \\ 0 \\ -2 \end{pmatrix} = \begin{pmatrix} -10 \\ 5 \\ -3 \end{pmatrix} + t\begin{pmatrix} 0 \\ -60 \\ 4 \end{pmatrix}$

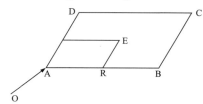

I. $0 - 30s = -10 + 0t$
II. $0 + 0s = 5 - 60t$
III. $-2 - 2s = -3 + 4t$

aus II. folgt $t = \frac{1}{12}$ eingesetzt

in I. folgt $-30s = -10$, $s = \frac{1}{3}$ und

in III. folgt $-2 - 2s = -3 + 4 \cdot \frac{1}{12}$ $s = \frac{1}{3}$.

Damit liegt E im Inneren des Parallelogramms.

Andere Möglichkeit:
$\overrightarrow{OE} = \overrightarrow{OA} + s\overrightarrow{AB} + t\overrightarrow{AD}$
$\begin{pmatrix} -10 \\ 5 \\ -3 \end{pmatrix} = \begin{pmatrix} 0 \\ 0 \\ -2 \end{pmatrix} + s\begin{pmatrix} -30 \\ 0 \\ -2 \end{pmatrix} + t\begin{pmatrix} 0 \\ 60 \\ -4 \end{pmatrix}$

I. $-10 = -30s$
II. $5 = 40t$
III. $-3 = -2 - 2s - 4t$

aus I. folgt $s = \frac{1}{3}$, aus II. folgt $t = \frac{1}{12}$,

eingesetzt in III. $-3 = -2 - 2 \cdot \frac{1}{3} - 4 \cdot \frac{1}{12}$ wahre Aussage.

Es gilt also $0 < s < 1$ und $0 < t < 1$, also liegt E im Inneren des Parallelogramms.

Berechnen des Volumens des Abraums:
$V = A_{AB'C'D'} \cdot 2 \cdot 5^3 m^3$, wobei $A_{AB'C'D'}$
die Fläche ist, die durch die senkrechte
Parallelprojektion der Eckpunkte B, C
und D in die Ebene $z = -2$ entsteht.
Die Punkte B', C' und D' erhält man
durch
$g_1(B, \vec{n}_{x, y-Ebene}) \cap z = \{B'\}$

$g_1: \vec{x} = \begin{pmatrix} -30 \\ 0 \\ -4 \end{pmatrix} + s\begin{pmatrix} 0 \\ 0 \\ 1 \end{pmatrix}$

eingesetzt $-4 + s = -2$, $s = 2$
und damit $B'(-30|0|-2)$.

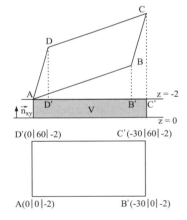

Analog für C':
$g_2(C, \vec{n}_{x, y-Ebene}) \cap z = \{C'\}$

$g_2: \vec{x} = \begin{pmatrix} -30 \\ 60 \\ -8 \end{pmatrix} + t\begin{pmatrix} 0 \\ 0 \\ 1 \end{pmatrix}$

eingesetzt $-8 + t = -2$, $t = 6$ und damit $C'(-30|60|-2)$.

Analog für D':
$g_3(C, \vec{n}_{x,y\text{-Ebene}}) \cap z = -2 = \{D'\}$

$g_3: \vec{x} = \begin{pmatrix} 0 \\ 60 \\ -6 \end{pmatrix} + r \begin{pmatrix} 0 \\ 0 \\ 1 \end{pmatrix}$

eingesetzt $-6 + r = -2$, $r = 4$ und damit D'(0|60|−2).
Die Fläche AB'C'D' ist damit ein Rechteck, also Fläche $A_{AB'C'D'}$:

$A = |\overrightarrow{AB'} \times \overrightarrow{AD'}| = \left|\begin{pmatrix} -30 \\ 0 \\ 0 \end{pmatrix} \times \begin{pmatrix} 0 \\ 60 \\ 0 \end{pmatrix}\right| = \left|\begin{pmatrix} 0 \\ 0 \\ -1800 \end{pmatrix}\right|$

A = 1 800 und damit ergibt sich für das Volumen V = 1 800 · 2 · $5^3 m^3$ = 450 000 m^3.
Es sind 450 000 m^3 Abraum abzutragen.

c) **Ermitteln der Koordinaten eines Punktes:**
P(x|y|−2), da Höhenlinie und P ∈ K,
also P in K einsetzen
$x - y - 15 \cdot (-2) = 30$
$x = y$
z. B. x = 1, y = 1, also P(1|1|−2).

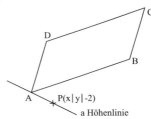

Gleichung der Höhenlinie a:
a: $\vec{x} = \overrightarrow{OA} + t\overrightarrow{AP}$
$\vec{x} = \begin{pmatrix} 0 \\ 0 \\ -2 \end{pmatrix} + t \begin{pmatrix} 1 \\ 1 \\ 0 \end{pmatrix}$, $t \in \mathbb{R}$.

Berechnen der Koordinaten eines Vektors $\vec{r}$, der die Richtung der Rohrverlegung beschreibt:
Es muss gelten:
$\vec{r} \perp \vec{n}_K$ und $\vec{r} \perp \overrightarrow{AP}$, also

$\vec{r} \circ \begin{pmatrix} 1 \\ -1 \\ -15 \end{pmatrix} = 0$ und $\vec{r} \circ \begin{pmatrix} 1 \\ 1 \\ 0 \end{pmatrix} = 0$

$\begin{array}{l} \text{I.} \quad r_1 - r_2 - 15r_3 = 0 \\ \text{II.} \quad r_1 + r_2 = 0 \end{array} \Big| +$

$\overline{2r_1 - 15r_3 = 0}$, $r_1 = 15$; $r_3 = 2$ und damit $r_2 = -15$ also

$\vec{r} = \begin{pmatrix} 15 \\ -15 \\ 2 \end{pmatrix}$.

Leistungskurs Mathematik (Sachsen-Anhalt): Abiturprüfung 2002
Gebiet L2 – Aufgabe 2.2: Analytische Geometrie

In einem kartesischen Koordinatensystem sind gegeben
die Ebenen $E_1: 3x + 4y - 5z - 13 = 0$,
$\quad\quad\quad\quad E_2: 7x + y + 5z - 47 = 0$,

die Gerade $g: \vec{x} = \begin{pmatrix} 2 \\ 3 \\ 1 \end{pmatrix} + r \begin{pmatrix} 3 \\ 4 \\ 5 \end{pmatrix}$, $r \in \mathbb{R}$

sowie der Punkt $A(-2 \mid 1 \mid -5)$.

a) Zeigen Sie, dass durch den Punkt A und die Gerade g eine Ebene E_3 festgelegt wird und ermitteln Sie eine Koordinatengleichung dieser Ebene.
   [Ergebnis zur Kontrolle: $E_3: 7x + y - 5z - 12 = 0$] (7 BE)

b) Berechnen Sie das Gradmaß des Schnittwinkels der Ebenen E_2 und E_3. (3 BE)

c) Weisen Sie nach, dass die Normalenvektoren der Ebenen E_1, E_2 und E_3 linear unabhängig voneinander sind; schlussfolgern Sie, in welcher der nachfolgenden Abbildungen die Lage dieser Ebenen zueinander charakterisiert wird (keine maßstäbliche Darstellung).

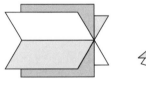
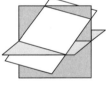
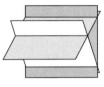

Abbildung 1   Abbildung 2   Abbildung 3

Ermitteln Sie den Durchschnitt der drei Ebenen E_1, E_2 und E_3. (11 BE)

d) Ermitteln Sie eine Gleichung der Schnittgeraden der beiden Ebenen E_2 und E_3.

Zeigen Sie, dass es genau eine Ebene gibt, die mit der Ebene E_2 und E_3 die Schnittgerade gemein hat und parallel zur xy-Ebene liegt; geben Sie eine Koordinatengleichung dieser Ebene an.

Zeigen Sie, dass es keine Ebene gibt, die mit der Ebene E_2 und E_3 die Schnittgerade gemein hat und parallel zur xz-Ebene liegt. (9 BE)
(30 BE)

Lösungen

a) Zeigen, dass eine Ebene festgelegt wird:
Punktprobe, also A in g einsetzen:

$$\begin{pmatrix} -2 \\ 1 \\ -5 \end{pmatrix} = \begin{pmatrix} 2 \\ 3 \\ 1 \end{pmatrix} + r \begin{pmatrix} 3 \\ 4 \\ 5 \end{pmatrix},$$

$-2 = 2 + 3r, \quad r = -\dfrac{4}{3}$

$1 = 3 + 4r, \quad r = -\dfrac{1}{2}$

$-5 = 1 + 5r, \quad r = -\dfrac{6}{5}$, also für kein $r \in \mathbb{R}$ erfüllt,

damit gilt $A \notin g$; A und g bestimmen eine Ebene.

Aufstellen einer Koordinatengleichung der Ebene E_3:
Eine Parametergleichung der Ebene $E_3(A, g)$ ist:

$$E_3: \quad \vec{x} = \begin{pmatrix} 2 \\ 3 \\ 1 \end{pmatrix} + r \begin{pmatrix} 3 \\ 4 \\ 5 \end{pmatrix} + s_1 \begin{pmatrix} -4 \\ -2 \\ -6 \end{pmatrix}$$

$$\vec{x} = \begin{pmatrix} 2 \\ 3 \\ 1 \end{pmatrix} + r \begin{pmatrix} 3 \\ 4 \\ 5 \end{pmatrix} + s \begin{pmatrix} 2 \\ 1 \\ 3 \end{pmatrix}$$

Den Normalenvektor von E_3 berechnet man über das Kreuzprodukt

$$\begin{pmatrix} 3 \\ 4 \\ 5 \end{pmatrix} \times \begin{pmatrix} 2 \\ 1 \\ 3 \end{pmatrix} = \begin{pmatrix} 7 \\ 1 \\ -5 \end{pmatrix} = \vec{n}.$$

Mit dem Ansatz $7x + y - 5z = a$ und wegen $P(2\,|\,3\,|\,1) \in E_3$ ergibt sich die Koordinatengleichung E_3: $7x + y - 5z = 12$.

b) Berechnen des Gradmaßes des Schnittwinkels:

$$\cos \alpha = \frac{\vec{n}_2 \circ \vec{n}_3}{|\vec{n}_2| \cdot |\vec{n}_3|} = \frac{\begin{pmatrix} 7 \\ 1 \\ 5 \end{pmatrix} \circ \begin{pmatrix} 7 \\ 1 \\ -5 \end{pmatrix}}{\left|\begin{pmatrix} 7 \\ 1 \\ 5 \end{pmatrix}\right| \cdot \left|\begin{pmatrix} 7 \\ 1 \\ -5 \end{pmatrix}\right|} = \frac{25}{75} = \frac{1}{3},$$

$\alpha \approx 70{,}53°$

c) Nachweisen der linearen Unabhängigkeit der Normalenvektoren der Ebenen:

$k\vec{n}_1 + l\vec{n}_2 + m\vec{n}_3 = \vec{0}$

$$k \cdot \begin{pmatrix} 3 \\ 4 \\ -5 \end{pmatrix} + 1 \cdot \begin{pmatrix} 7 \\ 1 \\ 5 \end{pmatrix} + m \cdot \begin{pmatrix} 7 \\ 1 \\ -5 \end{pmatrix} = \begin{pmatrix} 0 \\ 0 \\ 0 \end{pmatrix}$$

$$
\begin{array}{ll}
\text{I.} & 3k + 7l + 7m = 0 \\
\text{II.} & 4k + l + m = 0 \\
\text{III.} & -5k + 5l - 5m = 0 \\
\hline
\text{I.} & 3k + 7l + 7m = 0 \\
\text{II}^*. & 25l + 25m = 0 \\
\text{III}^*. & 50l + 20m = 0 \\
\hline
\text{I.} & 3k + 7l + 7m = 0 \\
\text{II}^*. & 25l + 25m = 0 \\
\text{III}^*. & -30m = 0 \\
\end{array}
$$

$\quad |\ \cdot 4\ \ \cdot (-3)\ ]+\quad |\ \cdot 5\ \ \cdot 3\ ]+$

$\quad |\ \cdot (-2)\ ]+$

$$m = 0,\ l = 0,\ k = 0,$$

damit ist gezeigt (nach Definition der linearen Unabhängigkeit), dass die Normalenvektoren der drei Ebenen linear unabhängig sind.

Schlussfolgern der Lage:
Da nur in Abbildung 2 die Normalenvektoren linear unabhängig sind, wird hier die Lage der Ebenen zueinander charakterisiert.

Ermitteln des Durchschnitts der Ebenen:

$$
\begin{array}{ll}
\text{I.} & 3x + 4y - 5z = 13 \\
\text{II.} & 7x + y + 5z = 47 \\
\text{III.} & 7x + y - 5z = 12 \\
\hline
\text{I.} & 3x + 4y - 5z = 13 \\
\text{II}^*. & 25y - 50z = -50 \\
\text{III}^*. & 25y - 20z = 55 \\
\end{array}
$$

$\quad |\ \cdot 7\ \ \cdot (-3)\ ]+\quad |\ \cdot 7\ \ \cdot (-3)\ ]+$

$\quad |\ \cdot (-1)\ ]+$

$$30z = 105,\ z = \frac{21}{6} = 3{,}5$$

und $25y - 50 \cdot 3{,}5 = -50,\ y = 5$
und $3x + 4 \cdot 5 - 5 \cdot 3{,}5 = 13,\ x = 3{,}5$, also Durchschnitt $S(3{,}5\,|\,5\,|\,3{,}5)$.

Andere Möglichkeit:
Man berechnet die Schnittgerade zweier Ebenen und dann den Durchstoßpunkt der Schnittgeraden mit der dritten Ebene, z. B.:
$E_3 \cap E_2 = g$ und $g \cap E_1 = \{S\}$

(1) Parametergleichung von E_3 in E_2 einsetzen:
$$7(2 + 3r + 2s) + (3 + 4r + s) + 5(1 + 5r + 3s) = 47$$
$$14 + 21r + 14s + 3 + 4r + s + 5 + 25r + 15s = 47$$
$$50r + 30s = 25$$
$$r = \frac{1}{2} - \frac{3}{5}s \text{ in } E_3$$

$$\vec{x} = \begin{pmatrix} 2 \\ 3 \\ 1 \end{pmatrix} + \left(\frac{1}{2} - \frac{3}{5}s\right)\begin{pmatrix} 3 \\ 4 \\ 5 \end{pmatrix} + s\begin{pmatrix} 2 \\ 1 \\ 3 \end{pmatrix}$$

$$\vec{x} = \begin{pmatrix} 2 \\ 3 \\ 1 \end{pmatrix} + \begin{pmatrix} 1,5 \\ 2 \\ 2,5 \end{pmatrix} + s\begin{pmatrix} -1,8 \\ -2,4 \\ -3 \end{pmatrix} + s\begin{pmatrix} 2 \\ 1 \\ 3 \end{pmatrix}$$

$$\vec{x} = \begin{pmatrix} 3,5 \\ 5 \\ 3,5 \end{pmatrix} + s\begin{pmatrix} 0,2 \\ -1,4 \\ 0 \end{pmatrix} \text{ oder}$$

$$\vec{x} = \begin{pmatrix} 3,5 \\ 5 \\ 3,5 \end{pmatrix} + t\begin{pmatrix} 1 \\ -7 \\ 0 \end{pmatrix} \text{ eingesetzt in } E_1:$$

(2) $\quad 3(3,5 + t) + 4(5 - 7t) - 5(3,5 + 0t) = 13$
$\qquad 10,5 + 3t + 20 - 28t - 17,5 = 13$
$\qquad\qquad\qquad\qquad - 25t = 0$
$\qquad\qquad\qquad\qquad\quad\; t = 0, \quad$ also $S(3,5 \mid 5 \mid 3,5)$.

d) **Ermitteln einer Gleichung der Schnittgeraden der Ebenen E_2 und E_3:**
Parametergleichung von E_3 in E_2 einsetzen (siehe c)(1)), also

Schnittgerade g: 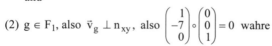, $t \in \mathbb{R}$.

Zeigen, dass genau eine Ebene F_1 existiert:
(1) Eine Ebene F_1 parallel zur xy-Ebene hat die Form $z = a$ und

(2) $g \in F_1$, also $\vec{v}_g \perp n_{xy}$, also $\begin{pmatrix} 1 \\ -7 \\ 0 \end{pmatrix} \circ \begin{pmatrix} 0 \\ 0 \\ 1 \end{pmatrix} = 0$ wahre

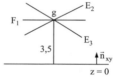

Aussage; es existiert eine solche Ebene F_1.
Gleichung der Ebene F_1: $z = 3,5$.

Zeigen, dass keine Ebene existiert:
(1) Eine Ebene parallel zur xz-Ebene hat die Form $y = b$ und

(2) $g \in F_2$, also $\vec{v}_g \perp n_{xz}$, also $\begin{pmatrix} 1 \\ -7 \\ 0 \end{pmatrix} \circ \begin{pmatrix} 0 \\ 1 \\ 0 \end{pmatrix} = 0$,

falsche Aussage; also gibt es keine Ebene mit diesen Eigenschaften.

Leistungskurs Mathematik (Sachsen-Anhalt): Abiturprüfung 2002
Gebiet L3 – Aufgabe 3.1: Stochastik

Ein Unternehmen fertigt in großer Serie elektronisch gesteuerte Pumpen. Die beiden mechanischen Hauptbauteile Kolben und Zylinder werden von verschiedenen Subunternehmen geliefert. Als jeweilige Defektwahrscheinlichkeit wird angenommen, dass 5 % der Kolben und 10 % der Zylinder defekt sind.
Die Zufallsgröße, die die Anzahl der defekten Hauptbauteile in einer Stichprobe angibt, wird als binomialverteilt angenommen.

a) Ermitteln Sie die Wahrscheinlichkeit dafür, dass
  – von 50 gelieferten Zylindern mehr als 45 fehlerfrei,
  – von 50 gelieferten Kolben höchstens drei defekt sind. (4 BE)

b) Die Annahme, dass höchstens 5 % der Kolben defekt sind, soll in einem rechtsseitigen Signifikanztest (Signifikanzniveau $\alpha = 0{,}05$) überprüft werden.

  Entwickeln Sie einen geeigneten Test und ermitteln Sie den Ablehnungsbereich für den Fall einer Stichprobe vom Umfang n = 100.

  Ermitteln Sie die Wahrscheinlichkeit für den Fehler 1. Art unter der Annahme, dass für die Nullhypothese $p_0 = 0{,}05$ gilt.

  Ermitteln Sie die Wahrscheinlichkeit für den Fehler 2. Art unter der Annahme, dass $p_1 = 0{,}1$ gilt. (11 BE)

c) Eine elektronische Pumpe besteht im Wesentlichen aus dem elektronischen Steuerteil sowie genau einem Kolben und genau einem Zylinder. Sie gilt als mechanisch fehlerfrei, wenn der Kolben und der Zylinder fehlerfrei sind.

  Betrachtet werden die folgenden Ereignisse:

  A: Eine Pumpe ist mechanisch fehlerfrei.

  B: Eine Pumpe ist mechanisch defekt, weil genau eines der beide mechanischen Hauptbauteile defekt ist.

  C: An allen mechanisch defekten Pumpen ist genau eines der beiden mechanischen Hauptbauteile defekt.

  Berechnen Sie die Wahrscheinlichkeiten für diese Ereignisse.

  Bei einem Probelauf wird eine Pumpe als mechanisch defekt festgestellt. Berechnen Sie, mit welcher Wahrscheinlichkeit ein defekter Kolben zu erwarten ist. (10 BE)

  (25 BE)

Hinweis:
Tabelle zur Binomialverteilung im Anhang (S. 2002-31)

Lösungen

a) **Ermitteln der Wahrscheinlichkeiten:**
Ereignis Z: Zylinder Z fehlerfrei; $P(Z) = 1 - 0,1 = 0,9$
Ereignis $\overline{K}$: Kolben K defekt; $P(\overline{K}) = 0,05$

Die Zufallsgröße X_Z beschreibe die Anzahl der fehlerfreien Zylinder in der Stichprobe.
X_Z ist binomialverteilt mit n = 50 und p = 0,9; $X_Z \sim B_{50;\, 0,9}$.
$P(X_Z > 45) = 1 - P(X_Z \leq 45) = 1 - B_{50;\, 0,9}(\{0;\, 1;\, \ldots;\, 45\}) = 1 - 0,56880 = 0,43120$;
(Tabellenwert)
$P(X_Z > 45) \approx \mathbf{43\,\%}$

Die Zufallsgröße $X_{\overline{K}}$ beschreibe die Anzahl der defekten Kolben in der Stichprobe.
$X_{\overline{K}}$ ist binomialverteilt mit n = 50 und p = 0,05; $X_{\overline{K}} \sim B_{50;\, 0,05}$.
$P(X_{\overline{K}} \leq 3) = B_{50;\, 0,05}(\{0;\, 1;\, 2;\, 3\}) = 0,76041$ (Tabellenwert)
$P(X_{\overline{K}} \leq 45) \approx \mathbf{76\,\%}$

b) **Entwickeln eines rechtsseitigen Signifikanztests und Ermitteln des zugehörigen Ablehnungsbereichs:**
Die Zufallsgröße $X_{\overline{K}}$ beschreibe die Anzahl der defekten Kolben in der Stichprobe. Ein einseitiger, rechtsseitiger Signifikanztest wird gewählt, da große Werte der Zufallsgröße gegen die Nullhypothese sprechen.
(1) Nullhypothese H_0: $p_0 \leq 0,05$ [Gegenhypothese H_1: $p_1 > 0,05$]
(2) Stichprobenumfang n: n = 100; Signifikanzniveau α: $\alpha = 0,05$
(3) Ermitteln des (rechtsseitigen) Ablehnungsbereichs $\overline{A}$; $\overline{A} = \{k;\, k+1;\, \ldots;\, 100\}$:

Die Zufallsgröße $X_{\overline{K}}$ ist (bei wahrer Nullhypothese) binomialverteilt mit n = 100 und p = 0,05; $X_{\overline{K}} \sim B_{100;\, 0,05}$.
Wegen $P(X_{\overline{K}} \geq k) \leq 0,05 \iff P(X_{\overline{K}} \leq k-1) \geq 0,95$ erhält man aus
$P(X_{\overline{K}} \leq k-1) = B_{100;\, 0,05}(0;\, 1;\, \ldots;\, 9\}) \geq 0,95$ den Wert $k - 1 = 9$
[Tabellenwert $B_{100;\, 0,05}(0;\, 1;\, \ldots;\, 9\}) = 0,97181 \geq 0,95$] bzw. k = 10.
Für den Ablehnungsbereich $\overline{A}$ folgt somit $\overline{A} = \mathbf{\{10;\, 11;\, \ldots;\, 100\}}$.

Ermitteln der Fehlerwahrscheinlichkeiten:
Die Zufallsgröße $X_{\overline{K}}$ ist binomialverteilt
– bei (in Wirklichkeit) wahrer Nullhypothese mit n = 100 und $p_0 = 0,05$; $X_{\overline{K}} \sim B_{100;\, 0,05}$.

Wahrscheinlichkeit für den Fehler 1. Art:
$\alpha = P(X_{\overline{K}} \geq 10) = 1 - P(X_{\overline{K}} \leq 9) = 1 - B_{100;\, 0,05}(\{0;\, 1;\, \ldots;\, 9\}) = 1 - 0,97181 = 0,02819$;
(Tabellenwert)
$\alpha \approx \mathbf{2,8\,\%}$
– bei (in Wirklichkeit) falscher Nullhypothese mit n = 100 und $p_1 = 0,1$; $X_{\overline{K}} \sim B_{100;\, 0,1}$.

Wahrscheinlichkeit für den Fehler 2. Art:
$\beta = P(X_{\overline{K}} \leq 9) = B_{100;\,0,1}(\{0;\,1;\,\ldots;\,9\}) = 0,45129$ (Tabellenwert);
$\beta \approx 45,1\,\%$

c) **Berechnen der Wahrscheinlichkeiten der Ereignisse A, B und C:**
Ereignis K: Kolben K fehlerfrei; $P(K) = 1 - 0,05 = 0,95$
Ereignis Z: Zylinder Z fehlerfrei; $P(Z) = 1 - 0,1 = 0,9$
Ereignis $\overline{K}$:   Kolben K defekt; $P(\overline{K}) = 0,05$
Ereignis $\overline{Z}$:   Zylinder Z defekt; $P(\overline{Z}) = 0,1$

Die Ereignisse K und Z (und somit auch die zugehörigen Gegenereignisse $\overline{K}$ und $\overline{Z}$) sind als stochastisch unabhängig anzusehen; es gilt der spezielle Multiplikationssatz. Wegen der Unvereinbarkeit der Ereignisse K und $\overline{K}$ ($K \cap \overline{K} = \varnothing$) sowie Z und $\overline{Z}$ ($Z \cap \overline{Z} = \varnothing$) gilt auch der spezielle Additionssatz.

$P(A) = P(K \cap Z) = P(K) \cdot P(Z) = 0,95 \cdot 0,9 = 0,855;$
P(A) = 85,5 %
$P(B) = P((K \cap \overline{Z}) \cup (\overline{K} \cap Z)) = P(K) \cdot P(\overline{Z}) + P(\overline{K}) \cdot P(Z)$
$= 0,95 \cdot 0,1 + 0,05 \cdot 0,9 = 0,14;$
P(B) = 14 %;

Das Ereignis C lässt sich unmittelbar durch die Überlegung „Gesucht ist der Anteil der defekten Pumpen mit genau einem defekten Hauptbauteil (Ereignis B) unter allen defekten Pumpen (Ereignis $\overline{A}$)" erschließen.

$P(C) = \dfrac{P(B)}{P(\overline{A})} = \dfrac{P(B)}{1 - P(A)} = \dfrac{0,14}{0,145} \approx 0,9655;$ **P(C) ≈ 96,6 %**

Berechnen der Wahrscheinlichkeit, mit der ein defekter Kolben zu erwarten ist:
Die Berechnung kann unmittelbar durch die Überlegung „Gesucht ist der Anteil der defekten Pumpen mit defektem Kolben (Ereignis $\overline{K}$) unter allen defekten Pumpen (Ereignis $\overline{A}$)" erschlossen werden. Es ist die bedingte Wahrscheinlichkeit $P_{\overline{A}}(\overline{K})$ zu berechnen. Da von den defekten Pumpen nur diejenigen interessieren, bei denen der Kolben K defekt ist (unabhängig davon, ob der Zylinder Z fehlerfrei oder defekt ist), gilt $P(\overline{K} \cap \overline{A}) = P(\overline{K})$.

$P_{\overline{A}}(\overline{K}) = \dfrac{P(\overline{K} \cap \overline{A})}{P(\overline{A})} = \dfrac{P(\overline{K})}{P(\overline{A})} = \dfrac{0,05}{0,145} \approx 0,3448;$ $P_{\overline{A}}(\overline{K}) \approx 34,5\,\%$

Hinweis:
Die Tabellenwerte in den Teilaufgaben a und b können der beigefügten Tabelle der summierten Binomialverteilung (oder einem anderen Tabellenwerk) entnommen werden.

Leistungskurs Mathematik (Sachsen-Anhalt): Abiturprüfung 2002
Gebiet L3 – Aufgabe 3.2: Stochastik

Bei einer Tierpopulation sind durchschnittlich 3 % der Tiere mit dem Erreger einer Krankheit K infiziert. Die Zufallsgröße, die die Anzahl der infizierten Tiere in einer Stichprobe angibt, wird als binomialverteilt angenommen.

a) Berechnen Sie die Wahrscheinlichkeit, dass
   – in einer Herde von 50 Tieren mindestens vier Tiere;
   – in einem Bestand von 420 Tieren höchstens 10 Tiere
   infiziert sind. (5 BE)

b) Berechnen Sie die Mindestgröße einer Herde, bei der mit mindestens 95 % Wahrscheinlichkeit mindestens ein Tier infiziert ist. (5 BE)

c) Bei einem Blutschnelltest werden 85 % der infizierten Tiere als solche erkannt. Irrtümlich werden aber auch 20 % der nicht infizierten Tiere durch den Test als infiziert eingestuft.
   Nach dem Schnelltest wird ein Tier als nicht infiziert eingestuft.
   Weisen Sie nach, dass dann das Tier mit weniger als 1 % Wahrscheinlichkeit tatsächlich infiziert ist. (7 BE)

d) Das verstärkte Auftreten der Krankheit K lässt Experten vermuten, dass die Infizierungsrate auf mindestens 10 % gestiegen ist. In einer Studie soll diese Vermutung an 500 Tieren getestet werden.
   Entwickeln Sie einen Test und berechnen Sie auf dem Signifikanzniveau von 1 % den Ablehnungsbereich.
   Aus Kostengründen wird überlegt, die Stichprobe zu verkleinern.
   Stellen Sie dar, welche Auswirkungen dies haben könnte. (8 BE)
   (25 BE)

Hinweis:
Tabelle zur Binomialverteilung im Anhang (S. 2002-31)

Lösungen

a) **Berechnen der Wahrscheinlichkeiten:**
Die Zufallsgröße X_n gibt die Anzahl der infizierten Tiere in einer Stichprobe vom Umfang n an. X_n ist binomialverteilt mit n und p = 0,03; $X_n \sim B_{n;\,0,03}$.
Stichprobenumfang n = 50
$P(X_{50} \geq 4) = 1 - P(X_{50} \leq 3) = 1 - B_{50;\,0,03}(\{0;\,1;\,2;\,3\}) = 1 - 0{,}93724 = 0{,}06276$;
(Tabellenwert)
$P(X_{50} \geq 4) \approx \mathbf{6{,}3\,\%}$

Hinweis:
Der Wert $B_{50;\,0,03}(\{0;\,1;\,2;\,3\}) = 0{,}93724$ kann der beigefügten Tabelle der summierten Binomialverteilung (oder einem anderen Tabellenwerk) entnommen werden.

Stichprobenumfang n = 420
Da die Binomialverteilung $B_{420;\,0,03}(\{0;\,1;\,\ldots;\,10\})$ nicht tabelliert ist, wird mit der durch Stetigkeitskorrektur (Korrektursummand 0,5) verbesserten Näherungsformel nach dem Grenzwertsatz von DE MOIVRE-LAPLACE gearbeitet.

$$P(X \leq k) = B_{n;\,p}(\{0;\,1;\,\ldots;\,k\}) \approx \Phi\left(\frac{k - \mu + 0{,}5}{\sigma}\right)$$

Erwartungswert:
$\mu = E(X) = n \cdot p = 420 \cdot 0{,}03 = 12{,}6$

Standardabweichung:
$\sigma = \sqrt{V(X)} = \sqrt{n \cdot p \cdot (1-p)} = \sqrt{420 \cdot 0{,}03 \cdot 0{,}97} = \sqrt{12{,}222}$

$P(X_{420} \leq 10) \approx \Phi\left(\dfrac{10 - 12{,}6 + 0{,}5}{\sqrt{12{,}222}}\right) \approx \Phi(-0{,}6)$

Unter Nutzung der Symmetriebeziehung $\Phi(-X) = 1 - \Phi(X)$ erhält man aus der Tabelle der Funktionswerte $\Phi(X)$ der Normalverteilung
$1 - \Phi(0{,}6) = 1 - 0{,}7258 = 0{,}2742$; $\quad \mathbf{P(X_{420} \leq 10) \approx 27{,}4\,\%}$.

Anmerkung:
Im vorliegenden Fall ist die Approximation der Binomialverteilung durch Standard-Normalverteilung hinreichend genau, da das empirische Kriterium $V(X) > 9$ bzw.

$V(X) \geq \dfrac{1}{2}\sqrt{n}$ erfüllt ist; $V(X) \approx 12 > 9$ bzw. $V(X) \approx 12 \geq \dfrac{1}{2}\sqrt{420} \approx 10$.

An Stelle der Näherung könnte auch die BERNOULLI-Formel wiederholt angewandt werden, was jedoch – mit dem im Abitur zugelassenen Taschenrechner – einen erheblich größeren Rechenaufwand bedeuten würde.

b) **Berechnen der Mindestgröße n einer Herde (Mindestlänge einer BERNOULLI-Kette):**
Die Zufallsgröße X_n gibt die Anzahl der infizierten Tiere in der Herde (Stichprobe) an.
X_n ist binomialverteilt mit unbekanntem n und p = 0,03; $X_n \sim B_{n;\,0,03}$.
Es wird die Bedingung $P(X_n \geq 1) \geq 0{,}95$ gefordert.
Wegen $P(X_n \geq 1) = 1 - P(X_n = 0)$ ist diese Bedingung äquivalent mit $P(X_n = 0) \leq 0{,}05$.

Mit $P(X_n = 0) = \binom{n}{0} \cdot 0{,}03^0 \cdot 0{,}97^n = 0{,}97^n$ (Anwenden der BERNOULLI-Formel) folgt

$0{,}97^n \le 0{,}05$.

$n \cdot \ln 0{,}97 \le \ln 0{,}05$ (Logarithmieren; Logarithmengesetz)

$n \ge \dfrac{\ln 0{,}05}{\ln 0{,}97}$ (Umkehrung des Relationszeichens wegen $\ln 0{,}97 < 0$)

$n \ge 98{,}35...$

Mindestens 99 Tiere müssen zur Herde gehören.

c) **Nachweisen der gegebenen Wahrscheinlichkeit:**
Ereignis A: Ein Tier ist (tatsächlich) infiziert. $P(A) = 0{,}03$
Ereignis B: Ein Tier wird nach dem Test als infiziert eingestuft.
Es ist nachzuweisen, dass $P_{\overline{B}}(A) < 0{,}01$ gilt. $P_{\overline{B}}(A)$ ist die bedingte Wahrscheinlichkeit dafür, dass ein Tier (tatsächlich) infiziert ist, obwohl es (irrtümlich) nicht als infiziert eingestuft wurde.

Bedingte Wahrscheinlichkeiten:
$P_A(B) = 0{,}85$
Wahrscheinlichkeit dafür, dass ein Tier als infiziert eingestuft wird, das infiziert ist.

$P_A(\overline{B}) = 1 - 0{,}85 = 0{,}15$
Wahrscheinlichkeit dafür, dass ein Tier nicht als infiziert eingestuft wird, obwohl es infiziert ist.

$P_{\overline{A}}(B) = 0{,}2$
Wahrscheinlichkeit dafür, dass ein Tier als infiziert eingestuft wird, obwohl es nicht infiziert ist.

$P_{\overline{A}}(\overline{B}) = 0{,}8$
Wahrscheinlichkeit dafür, dass ein nicht infiziertes Tier nicht als infiziert eingestuft wird.

Nach dem Satz von BAYES (für zwei Ereignisse gilt):

$P_{\overline{B}}(A) = \dfrac{P(A \cap \overline{B})}{P(\overline{B})} = \dfrac{P(A) \cdot P_A(\overline{B})}{P(A) \cdot P_A(\overline{B}) + P(\overline{A}) \cdot P_{\overline{A}}(\overline{B})} = \dfrac{0{,}03 \cdot 0{,}15}{0{,}03 \cdot 0{,}15 + 0{,}97 \cdot 0{,}8} \approx 0{,}0058;$

$P_{\overline{B}}(A) \approx 0{,}006 < 0{,}01$

Unter **Verwendung eines Baumdiagramms** kann der Lösungsweg leicht nachvollzogen werden:

$P(A) = 0{,}03$ $\qquad\qquad\qquad\qquad\qquad\qquad$ $P(\overline{A}) = 0{,}97$

$P_A(B) = 0{,}85$ $\qquad\qquad\qquad\qquad\qquad\qquad$ $P_{\overline{A}}(B) = 0{,}2$

$P_A(\overline{B}) = 0{,}15$ $\qquad\qquad\qquad\qquad\qquad\qquad$ $P_{\overline{A}}(\overline{B}) = 0{,}8$

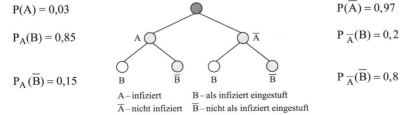

A – infiziert $\qquad$ B – als infiziert eingestuft
$\overline{A}$ – nicht infiziert $\qquad$ $\overline{B}$ – nicht als infiziert eingestuft

Die verwendete Beziehung $P_{\overline{B}}(A) = \dfrac{P(A \cap \overline{B})}{P(\overline{B})}$ lässt sich unmittelbar erschließen durch die Überlegung „Gesucht ist der Anteil der (tatsächlich) infizierten und (irrtümlich) nicht als infiziert eingestuften Tiere (Ereignis $A \cap \overline{B}$) unter allen nicht als infiziert eingestuften Tieren (Ereignis $\overline{B}$)".

d) **Entwickeln eines Tests und Ermitteln des zugehörigen Ablehnungsbereichs:**
Die Zufallsgröße Z beschreibt die Anzahl der (nunmehr) infizierten Tiere in einer Herde (Stichprobe). (Sehr) kleine Werte von Z würden gegen die begründete Vermutung (Hypothese) sprechen; es wird ein **einseitiger, linksseitiger Signifikanztest** entwickelt.
(1) Nullhypothese H_0: $p_0 \geq 0{,}1$ [Gegenhypothese H_1: $p_1 < 0{,}1$]
(2) Stichprobenumfang n: n = 500; Signifikanzniveau α: $\alpha = 0{,}01$
(3) Ermitteln des (linksseitigen) Ablehnungsbereichs $\overline{A}$; $\overline{A} = \{0; 1; ...; k\}$:

Die Zufallsgröße Z ist (bei wahrer Nullhypothese) binomialverteilt mit n = 500 und $p_0 = 0{,}1$; $Z \sim B_{500;\, 0{,}1}$.
Da das empirische Kriterium $V(X) > 9$ bzw. $V(X) \geq \dfrac{1}{2}\sqrt{n}$ erfüllt ist ($V(X) = 45 > 9$ bzw.
$V(X) = 45 \geq \dfrac{1}{2}\sqrt{500} \approx 11$), gewährleistet die Verwendung der Näherungsformel von DE MOIVRE-LAPLACE eine hinreichend genaue Näherung der Binomialverteilung (vgl. auch Teilaufgabe a).
Mit $\mu = 50$ und $\sigma = \sqrt{45}$ erhält man $P(Z \leq k) = \Phi\left(\dfrac{k - 49{,}5}{\sqrt{45}}\right) \leq 0{,}01$.

Zum Ablesen aus der Tabelle der Funktionswerte $\Phi(x)$ der Normalverteilung wird mithilfe der Symmetriebeziehung $\Phi(-X) = 1 - \Phi(X)$ umgeformt zu
$\Phi\left(-\dfrac{k - 0{,}49}{\sqrt{45}}\right) \geq 1 - 0{,}01 = 0{,}99$ und der Tabellenwert $\Phi(2{,}33) \approx 0{,}99$ ermittelt.
Es folgt aus $-\dfrac{k - 0{,}49}{\sqrt{45}} \geq 2{,}33$ nach Umformung $k \leq 49{,}5 - 2{,}33 \cdot \sqrt{45} = 33{,}86...$, also
k = 33 und damit der Ablehnungsbereich $\overline{A}$: $\overline{A} = \{0; 1; ...; 33\}$.

Darstellen möglicher Auswirkungen einer Verkleinerung einer Stichprobe:
Wird der Stichprobenumfang verkleinert, so wächst i. A. die Unsicherheit eines Tests (da sich die Summe der Wahrscheinlichkeiten für die Fehler 1. und 2. Art vergrößert). Dies bedeutet, dass u. U. eine deutlich höhere als die tatsächliche Infizierungsrate angenommen wird. Solche Annahme kann zu unnötigen finanziellen Aufwendungen (durch z. B. zusätzliche Impfungen) führen. Es ist daher abzuwägen zwischen einer gewissen Mindestsicherheit des Tests und dem dafür notwendigen Stichprobenumfang, der aus Zeit- und Kostengründen nicht unnötig groß sein sollte.

Leistungskurs Mathematik (Sachsen-Anhalt): Abiturprüfung 2002
Anhang zu den Aufgaben der Stochastik

Tabelle: Summierte Binomialverteilung

	k	\multicolumn{4}{c}{p}					
		0,03	0,05	0,1	0,15	...	0,85	0,9	0,95	0,97
50	0	0,21807	0,07694	0,00515	0,00030		0,00000	0,00000	0,00000	0,00000
	1	0,55528	0,27943	0,03379	0,00291		0,00000	0,00000	0,00000	0,00000
	2	0,81080	0,54053	0,11173	0,01419		0,00000	0,00000	0,00000	0,00000
	3	0,93724	0,76041	0,25029	0,04605		0,00000	0,00000	0,00000	0,00000
	4	0,98319	0,89638	0,43120	0,11211		0,00000	0,00000	0,00000	0,00000
	5	0,99626	0,96222	0,61612	0,21935		0,00000	0,00000	0,00000	0,00000
	6	0,99930	0,98821	0,77023	0,36130		0,00000	0,00000	0,00000	0,00000
	7	0,99989	0,99681	0,87785	0,51875		0,00000	0,00000	0,00000	0,00000
	8	0,99998	0,99924	0,94213	0,66810		0,00000	0,00000	0,00000	0,00000
	9	1,00000	0,99984	0,97546	0,79109		0,00000	0,00000	0,00000	0,00000
	10	1,00000	0,99997	0,99065	0,88008		0,00000	0,00000	0,00000	0,00000
	11	1,00000	1,00000	0,99678	0,93719		0,00000	0,00000	0,00000	0,00000
	12	1,00000	1,00000	0,99900	0,96994		0,00000	0,00000	0,00000	0,00000
	13	1,00000	1,00000	0,99971	0,98683		0,00000	0,00000	0,00000	0,00000
	14	1,00000	1,00000	0,99993	0,99471		0,00000	0,00000	0,00000	0,00000
	15	1,00000	1,00000	0,99998	0,99805		0,00000	0,00000	0,00000	0,00000
	16	1,00000	1,00000	1,00000	0,99934		0,00000	0,00000	0,00000	0,00000
	17	1,00000	1,00000	1,00000	0,99979		0,00000	0,00000	0,00000	0,00000
	18	1,00000	1,00000	1,00000	0,99994		0,00000	0,00000	0,00000	0,00000
	19	1,00000	1,00000	1,00000	0,99998		0,00000	0,00000	0,00000	0,00000
	20	1,00000	1,00000	1,00000	1,00000		0,00000	0,00000	0,00000	0,00000
	...									
	40	1,00000	1,00000	1,00000	1,00000		0,20891	0,02454	0,00016	0,00000
	41	1,00000	1,00000	1,00000	1,00000		0,33190	0,05787	0,00076	0,00002
	42	1,00000	1,00000	1,00000	1,00000		0,48125	0,12215	0,00319	0,00011
	43	1,00000	1,00000	1,00000	1,00000		0,63870	0,22977	0,01179	0,00070
	44	1,00000	1,00000	1,00000	1,00000		0,78065	0,38388	0,03778	0,00374
	45	1,00000	1,00000	1,00000	1,00000		0,88789	0,56880	0,10362	0,01681
	46	1,00000	1,00000	1,00000	1,00000		0,95395	0,74971	0,23959	0,06276
	47	1,00000	1,00000	1,00000	1,00000		0,98581	0,88827	0,45947	0,18920
	48	1,00000	1,00000	1,00000	1,00000		0,99709	0,96621	0,72057	0,44472
	49	1,00000	1,00000	1,00000	1,00000		0,99970	0,99485	0,92306	0,78193
	50	1,00000	1,00000	1,00000	1,00000		1,00000	1,00000	1,00000	1,00000
100	0	0,04755	0,00592	0,00003	0,00000		0,00000	0,00000	0,00000	0,00000
	1	0,19462	0,03708	0,00032	0,00000		0,00000	0,00000	0,00000	0,00000
	2	0,41978	0,11826	0,00194	0,00002		0,00000	0,00000	0,00000	0,00000
	3	0,64725	0,25784	0,00784	0,00009		0,00000	0,00000	0,00000	0,00000
	4	0,81785	0,43598	0,02371	0,00043		0,00000	0,00000	0,00000	0,00000
	5	0,91916	0,61600	0,05758	0,00155		0,00000	0,00000	0,00000	0,00000
	6	0,96877	0,76601	0,11716	0,00470		0,00000	0,00000	0,00000	0,00000
	7	0,98938	0,87204	0,20605	0,01217		0,00000	0,00000	0,00000	0,00000
	8	0,99678	0,93691	0,32087	0,02748		0,00000	0,00000	0,00000	0,00000
	9	0,99913	0,97181	0,45129	0,05509		0,00000	0,00000	0,00000	0,00000
	10	0,99979	0,98853	0,58316	0,09945		0,00000	0,00000	0,00000	0,00000
	11	0,99995	0,99573	0,70303	0,16349		0,00000	0,00000	0,00000	0,00000
	12	0,99999	0,99854	0,80182	0,24730		0,00000	0,00000	0,00000	0,00000
	13	1,00000	0,99954	0,87612	0,34743		0,00000	0,00000	0,00000	0,00000
	14	1,00000	0,99986	0,92743	0,45722		0,00000	0,00000	0,00000	0,00000
	15	1,00000	0,99996	0,96011	0,56832		0,00000	0,00000	0,00000	0,00000

Leistungskurs Mathematik (Sachsen-Anhalt): Abiturprüfung (Modellversuch) 2003
Gebiet K-L1 – Aufgabe 1.1: Analysis

Gegeben sind Funktionen f_a durch

$$f_a(x) = e^{2x} - 2ae^x + \frac{3}{4}a^2; \quad x \in \mathbb{R}, \ a \in \mathbb{R}.$$

Ihre Graphen werden mit G_a bezeichnet.

a) Untersuchen Sie die Funktion f_2 auf Monotonie sowie ihr Verhalten für $x \to \pm\infty$ und geben Sie eine Gleichung der Asymptote an.
Ermitteln Sie vom Graphen G_2 die Koordinaten der Schnittpunkte mit der x-Achse, die Art und Lage der lokalen Extrempunkte und geben Sie die Koordinaten der Wendepunkte an.
Zeichnen Sie den Graphen G_2 im Intervall $-4 \leq x \leq 1{,}5$. (20 BE)

b) Begründen Sie, dass die Funktionen f_a für $a < 0$ keine Nullstellen besitzen.
Weisen Sie nach, dass in Abhängigkeit vom Wert des Parameters a für $a > 0$ jede reelle Zahl Nullstelle einer Funktion f_a sein kann.
Ermitteln Sie eine Gleichung der Kurve, auf der die lokalen Extrempunkte der Graphen G_a liegen (Ortskurve). (14 BE)

c) Die Graphen G_2 und G_{-2}, die y-Achse sowie die Gerade mit der Gleichung $x = u$ ($u < 0$) begrenzen eine Fläche A_u vollständig.
Berechnen Sie die Maßzahl des Inhalts der Fläche A_u in Abhängigkeit von u sowie deren Grenzwert für $u \to -\infty$. (5 BE)

d) Der Graph G_2 beschreibe im Intervall $0 \leq x \leq \ln 3$ modellhaft den Querschnitt eines Flusstales. Dabei entspricht eine Einheit im Koordinatensystem 50 m im Gelände.
Berechnen Sie das Fassungsvermögen (in m³) für einen 45 m langen, geradlinigen Flussabschnitt. (6 BE)
(45 BE)

Lösungen

$f_a(x) = e^{2x} - 2ae^x + \frac{3}{4}a^2, \quad x \in \mathbb{R}, \ a \in \mathbb{R}$

$f_a'(x) = 2e^{2x} - 2ae^x = 2e^x(e^x - a)$

$f_a''(x) = 4e^{2x} - 2ae^x = 2e^x(2e^x - a)$

$f_a'''(x) = 8e^{2x} - 2ae^x = 2e^x(4e^x - a)$

a) **Untersuchen der Funktion f_2 auf Monotonie:**
$f_2'(x) = 2e^x(e^x - 2)$
$f_2'(x) > 0:\quad 2e^x > 0;\, e^x - 2 > 0,\, e^x > 2,\, x > \ln 2,$ also
$\qquad\qquad$ für $x > \ln 2$ Funktion f_2 monoton steigend,
$f_2'(x) < 0:\quad 2e^x > 0;\, e^x - 2 < 0,\, e^x < 2,\, x < \ln 2,$ also
$\qquad\qquad$ für $x < \ln 2$ Funktion f_2 monoton fallend

Verhalten im Unendlichen:
$$\lim_{x \to \infty} f_2(x) = \lim_{x \to \infty} (e^{2x} - 4e^x + 3) = \lim_{x \to \infty}\left[e^{2x}\left(1 - \frac{4}{e^x} + \frac{3}{e^{2x}}\right)\right]$$
$$= \lim_{x \to \infty} e^{2x} \cdot \lim_{x \to \infty}\left(1 - \frac{4}{e^x} + \frac{3}{e^{2x}}\right) = \infty \cdot 1 = \infty$$
und
$$\lim_{x \to -\infty} f_2(x) = \lim_{x \to -\infty}(e^{2x} - 4e^x + 3) = \lim_{x \to +\infty}(e^{-2x} - 4e^{-x} + 3)$$
$$= \lim_{x \to +\infty}\left(\frac{1}{e^{2x}} - \frac{4}{e^x} + 3\right) = 3;$$

Gleichung der Asymptoten:
$y = 3$

Schnittpunkte mit der x-Achse:
$f_2(x) = 0;\; 0 = e^{2x} - 4e^x + 3,$
Substitution: setze $e^x = t$
$0 = t^2 - 4t + 3,\; 0 = (t-1)\cdot(t-3),\; t_1 = 1,\; t_2 = 3,$
also
$e^{x_1} = 1,\; x_1 = 0$
und
$e^{x_2} = 3,\; x_2 = \ln 3$
und damit
$S_{x_1}(0\,|\,0),\; S_{x_2}(\ln 3\,|\,0)$

Extrempunkte:
$f_2'(x) = 0;\; 0 = 2e^x \cdot (e^x - 2);\; x = \ln 2$
$f_2''(\ln 2) = 4e^{2\cdot\ln 2} - 4e^{\ln 2} = 16 - 8 = 8 > 0$
Minimum $T(\ln 2\,|\,-1)$

Wendepunkte:
$f_2''(x) = 0;\; 2e^x(2e^x - 2 = 0);\; x = 0$
$f_2'''(0) = 8e^{2\cdot 0} - 4e^0 = 8 - 4 = 4 \neq 0;\; W(0\,|\,0)$

Graph G_2:

x	f(x)
−4	2,9
−3	2,8
−2	2,5
−1	1,9
0	0
1	−0,5
1,5	5,2

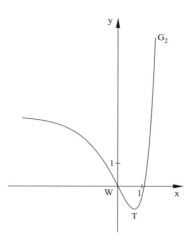

b) Begründen, dass die Funktionen f_a für $a < 0$ keine Nullstellen besitzen:

$f_a(x) = 0;\ e^{2x} - 2ae^x + \dfrac{3}{4}a^2 = 0,$

setze $e^x = t$

$t^2 - 2at + \dfrac{3}{4}a^2 = 0;$

$t_{1,2} = +a \pm \sqrt{(+a)^2 - \dfrac{3}{4}a^2},\ t_{1,2} = +a \pm \dfrac{1}{2}a$

$t_1 = +\dfrac{1}{2}a;\ t_2 = +\dfrac{3}{2}a,$

also

$e^{x_1} = +\dfrac{1}{2}a;\ e^{x_2} = +\dfrac{3}{2}a\ \text{mit}\ a < 0$

Gleichungen nicht lösbar, damit keine Nullstellen.

Nachweis, dass für $a > 0$ jede reelle Zahl Nullstelle einer Funktion f_a sein kann:

$e^{x_1} = +\dfrac{1}{2}a;\ e^{x_2} = +\dfrac{3}{2}a$

mit $a > 0$ rechte Seite der Gleichung jeweils positiv und damit

$e^{x_1} = \dfrac{1}{2}a;\ e^{x_2} = \dfrac{3}{2}a,$

also

$x_1 = \ln\left(\dfrac{1}{2}a\right);\ x_2 = \ln\left(\dfrac{3}{2}a\right)$

Gleichung der Ortskurve der Extrempunkte:
dazu müssen die Extrempunkte berechnet werden, also
$f_a'(x) = 0$; $e^x(2e^x - 2a) = 0$; $e^x = a$; $x = \ln a$
$f_a''(\ln a) = e^{\ln a}(4e^{\ln a} - 2a) = a \cdot (4a - 2a) = 2a^2 > 0$

Minimum $T\left(\ln a \,\middle|\, -\dfrac{1}{4}a^2\right)$

Ortskurve:
$x = \ln a$ und $y = -\dfrac{1}{4}a^2$,

$a = e^x$ eingesetzt ergibt sich $y = -\dfrac{1}{4}(e^x)^2$

$y = -\dfrac{1}{4}e^{2x}$

c) **Berechnen der Maßzahl der Fläche:**

$$A = \int_u^0 (f_{-2}(x) - f_2(x))dx$$

$$A = \int_u^0 [(e^{2x} + 4e^x + 3) - (e^{2x} - 4e^x + 3)]dx$$

$$A = \int_u^0 8e^x dx = [8e^x]_u^0 = 8 - 8e^u$$

$$\lim_{u \to -\infty} = (8 - 8e^u) = \lim_{u \to \infty}(8 - 8e^{-u}) = 8$$

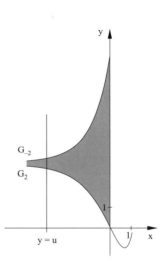

d) **Berechnen des Fassungsvermögens des Flussabschnitts:**
Querschnittsfläche im Intervall $0 \leq x \leq \ln 3$:

$$A_F = \left|\int_0^{\ln 3}(e^{2x} - 4e^x + 3)dx\right| = \left|\dfrac{1}{2}e^{2x} - 4e^x + 3x\right|_0^{\ln 3}$$

$$= \left|\dfrac{1}{2}e^{2\cdot\ln 3} - 4e^{\ln 3} + 3\cdot\ln 3 - \left(\dfrac{1}{2}e^{2\cdot 0} - 4e^0 + 3\cdot 0\right)\right|$$

$$= \left|\dfrac{9}{2} - 12 + 3\cdot\ln 3 - \dfrac{1}{2} + 4\right| = |3\cdot\ln 3 - 4| \approx 0{,}7042$$

$A_F = 0{,}7042 \cdot (50\text{ m})^2 = 1760{,}5\text{ m}^2$

Fassungsvermögen $V = 1760{,}5\text{ m}^2 \cdot 45\text{ m} = 79\,222{,}5\text{ m}^3$.

Leistungskurs Mathematik (Sachsen-Anhalt): Abiturprüfung (Modellversuch) 2003
Gebiet K-L1 – Aufgabe 1.2: Analysis

Gegeben sind die Funktionen f_a durch

$$y = f_a(x) = \frac{10x}{(x+a)^2} \quad \text{mit } x, a \in \mathbb{R} \text{ und } x \neq -a$$

Die zugehörigen Graphen werden mit F_a bezeichnet.

a) Ermitteln Sie die Nullstellen und die Polstellen der Funktionen f_a und untersuchen Sie das Verhalten der Funktionen f_a für $x \to \pm\infty$.
Ermitteln Sie die Art und die Lage der lokalen Extrempunkte der Graphen F_a für die Fälle $a < 0$, $a = 0$ und $a > 0$.
Begründen Sie, dass unabhängig vom Wert des Parameters a die Graphen F_a weder im II. noch im IV. Quadranten liegen können.
Zeichnen Sie den Graphen F_1 im Intervall $-8 \leq x \leq 8$.
Weisen Sie nach, dass $f_a(x) = -f_{-a}(-x)$ gilt und interpretieren Sie diese Gleichung mit Blick auf die Graphen der Funktionen f_a und f_{-a}. (25 BE)

b) Weisen Sie nach, dass die Funktion g mit $y = g(x) = 10 \cdot \ln(-x-1) + \frac{10}{x+1}$ eine Stammfunktion der Funktion f_1 für $x < -1$ ist.
Stellen Sie eine Gleichung für die Tangente t an den Graphen F_1 an der Stelle $x = 0$ auf.
Ermitteln Sie die Maßzahl des Inhalts der Fläche, die von der x-Achse, dem Graphen F_1, der Tangente t und der Geraden mit der Gleichung $x = -5$ eingeschlossen wird. (10 BE)

c) Es gilt folgender Satz:
„Ist f eine im Intervall $[x_1; x_2]$ differenzierbare Funktion, so gibt es zwischen x_1 und x_2 eine Stelle x_z, für die gilt: $f'(x_z) = \frac{f(x_2) - f(x_1)}{x_2 - x_1}$."
Erklären Sie diesen Satz am Beispiel der Funktion f_1 für $x_1 = 0$ und $x_2 = 4$.
Ermitteln Sie für dieses Beispiel eine Stelle x_z mithilfe eines Näherungsverfahrens (auf Hundertstel genau). (10 BE)

(45 BE)

Lösungen

$$y = f_a(x) = \frac{10x}{(x+a)^2} \qquad x, a \in \mathbb{R};\ x \neq -a$$

$$f_a'(x) = \frac{10(a-x)}{(x+a)^3}$$

$$f_a''(x) = \frac{20(x-2a)}{(x+a)^4}$$

a) **Nullstellen:**

$$f_a(x) = 0;\ 0 = \frac{10x}{(x+a)^2};\ 10x = 0;\ x = 0$$

Polstelle:

$(x+a)^2 = 0,\ x_P = -a$

Verhalten im Unendlichen:

$$\lim_{x \to \pm\infty} \frac{10x}{(x+a)^2} = \lim_{x \to \pm\infty} \frac{10x}{x^2 + 2ax + a^2} = \lim_{x \to \pm\infty} \frac{\frac{10}{x}}{1 + \frac{2a}{x} + \frac{a^2}{x^2}} = \frac{0}{1+0+0} = 0$$

Extrempunkte:

$$f_a'(x) = 0;\ 0 = \frac{10(a-x)}{(x+a)^3};\ 10(a-x) = 0;\ x = a$$

$$f_a''(a) = \frac{20 \cdot (a - 2a)}{(a+a)^4} = \frac{-20a}{16a^4} = -\frac{5}{4a^3}$$

Fallunterscheidung:

1. Fall: $a > 0$, dann $f_a''(a) < 0$ Maximum $H\left(a \mid \frac{5}{2a}\right)$

2. Fall: $a < 0$, dann $f_a''(a) > 0$ Minimum $T\left(a \mid \frac{5}{2a}\right)$

3. Fall: $a = 0$, dann   kein lokaler Extrempunkt, da $f_0(x) = \frac{10}{x}$

Begründen, dass F_a weder im II. noch im IV. Quadranten liegen kann, z. B.:

für $x > 0$ ist stets $f_a(x) > 0$, da Zähler und Nenner positiv, also I. Quadrant
für $x < 0$ ist stets $f_a(x) < 0$, da Zähler negativ und Nenner positiv, also III. Quadrant.

Zeichnen des Graphen F_1:

$f_1(x) = \dfrac{10x}{(x+1)^2}$

x	−8	−7	−6	−5	−4	−3	−2	−1	0	1
$f_1(x)$	−1,6	−1,9	−2,4	−3,1	−4,4	−7,5	−20	n. l.	0	2,5

x	2	3	4	5	6	7	8
$f_1(x)$	2,2	1,9	1,6	1,4	1,2	1,1	0,99

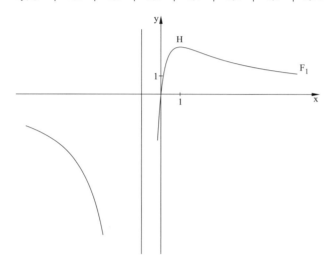

Nachweisen, dass $f_a(x) = -f_{-a}(-x)$ gilt:

$f_{-a}(-x) = \dfrac{10(-x)}{(-x-a)^2} = -\dfrac{10x}{(x+a)^2} = -f_a(x)$, also

$f_{-a}(-x) = -f_a(x)$ und $-f_{-a}(-x) = f_a(x)$ w. A.
damit gilt die angegebene Gleichung;
die Graphen von f_a und f_{-a} sind punktsymmetrisch zum Koordinatenursprung.

b) **Nachweisen der Stammfunktion:**

es gilt $g'(x) = f_1(x)$, also

$g'(x) = 10 \cdot \dfrac{1}{(-x-1)} \cdot (-1) + 10 \cdot (-1)(x+1)^{-2}$

$g'(x) = \dfrac{-10}{(-x-1)} - \dfrac{10}{(x+1)^2} = \dfrac{10}{x+1} - \dfrac{10}{(x+1)^2}$

$$g'(x) = \frac{10(x+1) - 10}{(x+1)^2} = \frac{10x}{(x+1)^2} \quad \text{und}$$

$f_1(x) = \dfrac{10x}{(x+1)^2}$ wahre Aussage

Aufstellen einer Tangentengleichung:

$$m = f_1'(0) = \frac{10 - 10 \cdot 0}{(0+1)^2} = 10, \text{ also}$$

t: $y = 10x$

Ermitteln der Maßzahl des Flächeninhalts, z. B.:

Schnittstellen der Tangente t mit F_1:

$10x = \dfrac{10x}{(x+1)^2}$; $10x \cdot (x+1)^2 = 10x$; $x_1 = 0$ entfällt;

$(x+1)^2 = 1$; $x^2 + 2x = 0$; $x(x+2) = 0$

$x_s = -2$

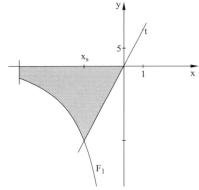

$$A = \left| \int_{-5}^{-2} \frac{10x}{(x+1)^2} dx \right| + \frac{1}{2} \cdot |-2| \cdot |f_1(-2)|$$

$A = |g(x)|_{-5}^{-2} + 20$

$A = \left| 10\ln(-x-1) + \dfrac{10}{x+1} \right|_{-5}^{-2} + 20$

$A = \left| 10 \cdot \ln 1 + \dfrac{10}{-1} - \left(10 \cdot \ln 4 + \dfrac{10}{-4} \right) \right| + 20$

$A = |-10 - 10 \cdot \ln 4 + 2,5| + 20$

$A = 7,5 + 10 \cdot \ln 4 + 20 = 27,5 + 10 \cdot \ln 4 \approx 41,36$

c) **Erklären des Satzes am Beispiel, z. B.:**

Der rechte Term der Gleichung gibt den Anstieg der Sekante m_s durch die Randpunkte des Graphen F_1 im gegebenen Intervall an, also

$$\frac{f_1(4)-f_1(0)}{4-0} = \frac{\frac{40}{5^2}-0}{4} = \frac{2}{5} = m_s.$$

Der linke Term der Gleichung gibt den Anstieg des Graphen F_1 an einer Stelle x_z im Innern des Intervalls an.

Es wird ausgesagt, dass es eine solche Stelle mit $f_1'(x_z) = \frac{2}{5}$ gibt.

Ermitteln einer Stelle x_z, z. B.:

Aus $f_1'(x_z) = \frac{2}{5}$ folgt

$$\frac{10-10x_z}{(x_z+1)^3} = \frac{2}{5}$$

umgeformt:

$$10 - 10x_z = \frac{2}{5}(x_z^3 + 3x_z^2 + 3x_z + 1)$$

$$x_z^3 + 3x_z^2 + 28x_z - 24 = 0$$

Newtonsches Näherungsverfahren

Startwert $x_0 = 1$ wegen $x = 0 \Rightarrow h(0) = -24$
$ x = 1 \Rightarrow h(1) = +8$ } Vorzeichenwechsel, also

$$x_{n+1} = x_n - \frac{h(x_n)}{h'(x_n)}$$

$$x_1 = 1 - \frac{1^3 + 3\cdot 1^2 + 28\cdot 1 - 24}{3\cdot 1^2 + 6\cdot 1 + 28} = 1 - \frac{8}{37} = \frac{29}{37}$$

$x_1 = 0{,}78378$

$x_2 = 0{,}77595$

$x_3 = 0{,}7759473$, also

$x_z = 0{,}78$

Leistungskurs Mathematik (Sachsen-Anhalt): Abiturprüfung (Modellversuch) 2003
Gebiet K-L2 – Aufgabe 2.1: Analytische Geometrie

Das Dach eines Ausstellungspavillons hat die Form einer dreiseitigen Pyramide mit den Eckpunkten A(16|−13|4), B(8|11|4), C(0|−5|2) und D(6|−3|12).

Eine Einheit im kartesischen Koordinatensystem entspricht einem Meter.

Die x-y-Ebene beschreibt die Horizontalebene, in der die Grundfläche des Pavillons liegt.

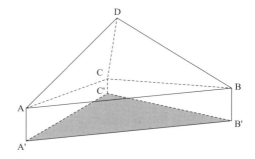

Abbildung nicht maßstäblich

a) Die Punkte A, B und D bestimmen eine Ebene E.
   Ermitteln Sie eine Koordinatengleichung dieser Ebene.
   Berechnen Sie das Gradmaß des Neigungswinkels der Dachfläche ABD zur Grundfläche. (8 BE)

b) Zeigen Sie, dass zwei Dachflächen zueinander symmetrisch bezüglich der Ebene F mit der Gleichung x − 3y − 15 = 0 liegen.
   Berechnen Sie den Inhalt der gesamten Dachfläche. (10 BE)

An einem im Punkt D befestigten, 5 Meter langen Seil soll an dessen Ende im Punkt L ein Beleuchtungskörper aufgehängt werden.

c) Ermitteln Sie die Koordinaten des Punktes L und berechnen Sie den Abstand dieses Punktes von der Dachfläche ABD. (5 BE)

d) Die Grundfläche des Pavillons hat die Form eines Dreiecks mit den Eckpunkten A', B' und C'. Diese Punkte können als Fußpunkte der Lote von den Punkten A, B, und C auf die x-y-Ebene betrachtet werden; der Punkt D' sei Fußpunkt des Lotes vom Punkt D auf die x-y-Ebene.
   Weisen Sie nach, dass der Punkt D' auf der Mittelsenkrechten der Seite $\overline{A'B'}$ des Dreiecks A'B'C' liegt.
   Aus technischen Gründen interessiert, ob der Punkt D' Schnittpunkt der Mittelsenkrechten des Dreiecks A'B'C' ist. Untersuchen Sie diesen Sachverhalt. (7 BE)
   (30 BE)

Lösungen

a) **Parametergleichung der Ebene E (A, B, D):**

$$E: \vec{x} = \begin{pmatrix} 16 \\ -13 \\ 4 \end{pmatrix} + r_1 \begin{pmatrix} -8 \\ 24 \\ 0 \end{pmatrix} + s_1 \begin{pmatrix} -10 \\ 10 \\ 8 \end{pmatrix}$$

$$\vec{x} = \begin{pmatrix} 16 \\ -13 \\ 4 \end{pmatrix} + r \begin{pmatrix} -1 \\ 3 \\ 0 \end{pmatrix} + s \begin{pmatrix} -5 \\ 5 \\ 4 \end{pmatrix}$$

Koordinatengleichung der Ebene E:

1. Möglichkeit:
Den Normalenvektor von E berechnet man mit

$$\begin{pmatrix} -1 \\ 3 \\ 0 \end{pmatrix} \times \begin{pmatrix} -5 \\ 5 \\ 4 \end{pmatrix} = \begin{pmatrix} 12 \\ 4 \\ 10 \end{pmatrix} = 2 \cdot \begin{pmatrix} 6 \\ 2 \\ 5 \end{pmatrix}; \quad \text{also } \vec{n} = \begin{pmatrix} 6 \\ 2 \\ 5 \end{pmatrix}$$

und mit dem Ansatz $6x + 2y + 5z = a$ und wegen $A \in E$ ergibt sich
$6 \cdot 16 + 2 \cdot (-13) + 5 \cdot 4 = 90$, also
E: $6x + 2y + 5z = 90$.

2. Möglichkeit:
Der Normalenvektor $\vec{n}$ steht senkrecht auf den Spannvektoren der Ebene, also

$$\vec{n} \perp \begin{pmatrix} -1 \\ 3 \\ 0 \end{pmatrix} \text{ und } \vec{n} \perp \begin{pmatrix} -5 \\ 5 \\ 4 \end{pmatrix}, \text{ damit gilt}$$

$$\vec{n} \circ \begin{pmatrix} -1 \\ 3 \\ 0 \end{pmatrix} = 0 \text{ und } \vec{n} \circ \begin{pmatrix} -5 \\ 5 \\ 4 \end{pmatrix} = 0.$$

$$\begin{array}{rl}
-n_1 + 3n_2 & = 0 \quad | \cdot (-5) \\
-5n_1 + 5n_2 + 4n_3 & = 0 \quad | \quad + \\
\hline
-10n_2 + 4n_3 & = 0
\end{array}$$

$n_2 = 2$; $n_3 = 5$; also $n_1 = 6$
$6x + 2y + 5z = a$ und wegen $A \in E$ ergibt sich
$6 \cdot 16 + 2 \cdot (-13) + 5 \cdot 4 = 90$, also
E: $6x + 2y + 5z = 90$.

3. Möglichkeit:
Aus der Parametergleichung von E folgt:
  I. $x = 16 - r - 5s$
  II. $y = -13 + 3r + 5s$
  III. $z = 4 \qquad + 4s$

$s = \dfrac{1}{4}z - 1$ eingesetzt in I. und II.

$$x = 16 - r - 5\left(\frac{1}{4}z - 1\right)$$
$$y = -13 + 3r + 5\left(\frac{1}{4}z - 1\right)$$

$$x = 16 - r - \frac{5}{4}z + 5 \quad |\cdot 3 \;\rceil$$
$$y = -13 + 3r + \frac{5}{4}z - 5 \quad\quad\;\;\; + $$

$$3x + y = 48 - 13 - \frac{15}{4}z + \frac{5}{4}z + 15 - 5$$
$$3x + y = 45 - \frac{5}{2}z \quad |\cdot 2$$
$$6x + 2y = 90 - 5z$$
$$E: 6x + 2y + 5z = 90.$$

Neigungswinkel der Dachfläche ABD zur Grundfläche:

$$\cos\alpha = \frac{\begin{pmatrix}6\\2\\5\end{pmatrix}\cdot\begin{pmatrix}0\\0\\1\end{pmatrix}}{\left|\begin{pmatrix}6\\2\\5\end{pmatrix}\right|\cdot\left|\begin{pmatrix}0\\0\\1\end{pmatrix}\right|} = \frac{5}{\sqrt{65}\cdot 1}, \quad \alpha \approx 51{,}67°$$

b) Zeigen der Symmetrie zweier Dachflächen, z. B.:

Die Dachflächen ADC und BDC liegen symmetrisch zur Ebene F; dann muss gelten:

(1) $\overrightarrow{AB} \perp F$, also

$$\overrightarrow{AB} = \begin{pmatrix}-8\\24\\0\end{pmatrix} = -8\cdot\begin{pmatrix}1\\-3\\0\end{pmatrix} = -8\vec{n}_F$$

(2) C, D und $M_{\overline{AB}} \in F$, also

Punktprobe:
C: $0 - 3\cdot(-5) - 15 = 0$ w. A.
D: $6 - 3\cdot(-3) - 15 = 0$ w.A.

$$M_{\overline{AB}}: \overrightarrow{OM}_{\overline{AB}} = \overrightarrow{OA} + \frac{1}{2}\overrightarrow{AB} = \begin{pmatrix}16\\-13\\4\end{pmatrix} + \frac{1}{2}\begin{pmatrix}-8\\24\\0\end{pmatrix},$$

$M_{\overline{AB}}(12|-1|4)$,
$12 - 3\cdot(-1) - 15 = 0$ w. A.

Aus (1) und (2) folgt die Symmetrie der beiden Dachflächen bez. der Ebene F.

Berechnen des Flächeninhalts des Daches, z. B.:

$$A = \frac{1}{2}|\overrightarrow{AB} \times \overrightarrow{AD}| + \frac{1}{2}|\overrightarrow{CA} \times \overrightarrow{CD}| + \frac{1}{2}|\overrightarrow{BC} \times \overrightarrow{BD}|$$

$$A = \frac{1}{2}\left[\left|\begin{pmatrix}-8\\24\\0\end{pmatrix} \times \begin{pmatrix}-10\\10\\8\end{pmatrix}\right| + \left|\begin{pmatrix}16\\-8\\2\end{pmatrix} \times \begin{pmatrix}6\\2\\10\end{pmatrix}\right| + \left|\begin{pmatrix}-8\\-16\\-2\end{pmatrix} \times \begin{pmatrix}-2\\-14\\8\end{pmatrix}\right|\right]$$

$$A = \frac{1}{2}\left[\left|\begin{pmatrix}192\\64\\160\end{pmatrix}\right| + \left|\begin{pmatrix}-84\\-148\\80\end{pmatrix}\right| + \left|\begin{pmatrix}-156\\68\\80\end{pmatrix}\right|\right]$$

$$A = \frac{1}{2}(\sqrt{66560} + \sqrt{35360} + \sqrt{35360})$$

$$A = 317{,}04$$

Der Inhalt der Dachfläche beträgt 317 m².

c) **Ermitteln der Koordinaten des Punktes L:**

L(6|−3|7)   × D(6|−3|12)

5 m

× L(6|−3|12−5)

Berechnen des Abstandes des Punktes L von der Dachfläche ABD:
Abstand d (L; Ebene ABD):
Einsetzen der Koordinaten des Punktes L in die Hesseform der Ebenengleichung, also

$$d = \left|\frac{6 \cdot 6 + 2 \cdot (-3) + 5 \cdot 7 - 90}{\sqrt{6^2 + 2^2 + 5^2}}\right| = \left|\frac{-25}{\sqrt{65}}\right| = 3{,}10$$

Der Abstand beträgt 3,10 m.

d) **Nachweisen der Lage des Fußpunktes D', z. B.:**

Punkt D' liegt auf der Mittelsenkrechten $\overline{A'B'}$, also

$$\overrightarrow{OF'} = \overrightarrow{OA'} + \frac{1}{2}\overrightarrow{A'B'}$$

$$\overrightarrow{OF'} = \begin{pmatrix}16\\-13\\0\end{pmatrix} + \frac{1}{2}\begin{pmatrix}-8\\24\\0\end{pmatrix}$$

F'(12|−1|0) und

$$\overrightarrow{F'D'} \circ \overrightarrow{F'B'} = 0; \begin{pmatrix}6\\2\\0\end{pmatrix} \circ \begin{pmatrix}-4\\12\\0\end{pmatrix} = 0;$$

$6 \cdot (-4) + 2 \cdot 12 = 0$ w. A.

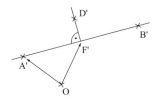

Untersuchen, ob der Punkt D' Schnittpunkt der Mittelsenkrechten ist, z. B.:

$\overrightarrow{OG'} = \overrightarrow{OB'} + \dfrac{1}{2}\overrightarrow{B'C'}$

$\overrightarrow{OG'} = \begin{pmatrix} 8 \\ 11 \\ 0 \end{pmatrix} + \dfrac{1}{2}\begin{pmatrix} -8 \\ -16 \\ 0 \end{pmatrix}$

$G'(4\,|\,3\,|\,0)$

$\overrightarrow{G'D'} \circ \overrightarrow{G'C'} = 0$

$\begin{pmatrix} 2 \\ -6 \\ 0 \end{pmatrix} \circ \begin{pmatrix} -4 \\ -8 \\ 0 \end{pmatrix} = -8 + 48 \neq 0$

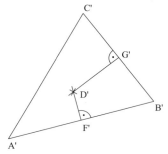

$\overrightarrow{G'D'}$ steht nicht senkrecht auf $\overrightarrow{B'C'}$, also D' ist kein Schnittpukt der Mittelsenkrechten.

Andere Möglichkeit:

Wenn Punkt D' Schnittpunkt der Mittelsenkrechten des Dreiecks A'B'C', dann ist der Punkt D' Mittelpunkt des Umkreises des Dreiecks A'B'C', also $\overrightarrow{A'D'} = \overrightarrow{C'D'} = r$;

$\left| \begin{pmatrix} -10 \\ 10 \\ 0 \end{pmatrix} \right| = \left| \begin{pmatrix} 6 \\ 2 \\ 0 \end{pmatrix} \right|$, $\sqrt{200} = \sqrt{40}$ falsche Aussage,

also ist der Punkt D' nicht Schnittpunkt der Mittelsenkrechten.

Leistungskurs Mathematik (Sachsen-Anhalt): Abiturprüfung (Modellversuch) 2003
Gebiet K-L2 – Aufgabe 2.2: Analytische Geometrie

Gegeben seien in einem kartesischen Koordinatensystem die Punkte
$A(-5|-4|44)$, $B(4|-4|47)$, $C(4|1|52)$, $D(-5|4|52)$ und $S(4|16|32)$.

a) Zeigen Sie, dass die Punkte A, B und C nicht auf ein und derselben Geraden liegen und ermitteln Sie eine Gleichung der durch diese Punkte aufgespannten Ebene E. (8 BE)

b) Weisen Sie nach, dass die Punkte A, B, C und D ein Sehnenviereck ABCD bilden. (6 BE)

Beleuchtet man die Punkte A, B, C und D aus einer im Punkt S befindlichen punktförmigen Lichtquelle, so entstehen in der x-y-Ebene Schattenbilder.

c) Ermitteln Sie das Gradmaß des Schnittwinkels der Ebene E mit der x-y-Ebene. Geben Sie eine begründete Vermutung an, ob das entstehende Schattenbild des Umkreises des Sehnenviereckes ABCD ein Kreis sein kann. (5 BE)

d) Die gegebenen fünf Punkte seien die Eckpunkte einer Pyramide P_1 mit der Spitze S.
Berechnen Sie die Maßzahl des Volumens der Pyramide P_1.
Die Seitenkanten der Pyramide P_1 liegen auf den Seitenkanten einer Pyramide P_2 mit der Spitze S, die zur gegebenen Pyramide ähnlich ist.

Geben Sie die Gleichung jener Ebene $\overline{E}$ an, auf der die Pyramide P_2 stehen muss, wenn das Volumen der Pyramide P_2 das Achtfache des Volumens der Pyramide P_1 betragen soll. (11 BE)

(30 BE)

Lösungen

a) **Zeigen der Nichtkollinearität der Punkte A, B und C:**
Der Nachweis, dass drei Punkte eine Ebene bestimmen, erfolgt über die Punktprobe:
$$A \notin g(B;C): \begin{pmatrix} -5 \\ -4 \\ 44 \end{pmatrix} = \begin{pmatrix} 4 \\ -4 \\ 47 \end{pmatrix} + t \begin{pmatrix} 0 \\ 5 \\ 5 \end{pmatrix}$$
$-5 = 4$ Widerspruch,
also liegt A nicht auf der Geraden g(B; C); also bestimmen die Punkte A, B und C eine Ebene.

Parametergleichung der Ebene E:
$$E: \vec{x} = \begin{pmatrix} -5 \\ -4 \\ 44 \end{pmatrix} + r_1 \begin{pmatrix} 9 \\ 0 \\ 3 \end{pmatrix} + s \begin{pmatrix} 9 \\ 5 \\ 8 \end{pmatrix}$$

$$E: \vec{x} = \begin{pmatrix} -5 \\ -4 \\ 44 \end{pmatrix} + r \begin{pmatrix} 3 \\ 0 \\ 1 \end{pmatrix} + s \begin{pmatrix} 9 \\ 5 \\ 8 \end{pmatrix}$$

Koordinatengleichung der Ebene E:
1. Möglichkeit:
Den Normalenvektor von E berechnet man mit
$$\begin{pmatrix} 3 \\ 0 \\ 1 \end{pmatrix} \times \begin{pmatrix} 9 \\ 5 \\ 8 \end{pmatrix} = \begin{pmatrix} -5 \\ -15 \\ 15 \end{pmatrix} = -5 \cdot \begin{pmatrix} 1 \\ 3 \\ -3 \end{pmatrix}; \quad \text{also } \vec{n} = \begin{pmatrix} 1 \\ 3 \\ -3 \end{pmatrix}$$

und mit Ansatz $x + 3y - 3z = a$ und wegen $A \in E$ ergibt sich
$1 \cdot (-5) + 3 \cdot (-4) - 3 \cdot 44 = -149$, also
E: $x + 3y - 3z = -149$.

2. Möglichkeit:
Der Normalenvektor $\vec{n}$ steht senkrecht auf den Spannvektoren der Ebene, also
$$\vec{n} \perp \begin{pmatrix} 3 \\ 0 \\ 1 \end{pmatrix} \text{ und } \vec{n} \perp \begin{pmatrix} 9 \\ 5 \\ 8 \end{pmatrix}, \text{ damit gilt}$$

$$\vec{n} \circ \begin{pmatrix} 3 \\ 0 \\ 1 \end{pmatrix} = 0 \text{ und } \vec{n} \circ \begin{pmatrix} 9 \\ 5 \\ 8 \end{pmatrix} = 0$$

$$\begin{array}{l} 3n_1 \quad\quad\, + n_3 = 0 \\ 9n_1 + 5n_2 + 8n_3 = 0 \\ \hline \quad\quad 5n_2 + 5n_3 = 0 \end{array} \quad \big| \cdot (-3) \,\big] +$$

$n_2 = 1; n_3 = -1; n_1 = \dfrac{1}{3}$, also

$\dfrac{1}{3} x + y - z = a$

und wegen $A \in E$ ergibt sich

$$\frac{1}{3} \cdot (-5) + (-4) - 44 = \frac{-149}{3}$$

E: $\frac{1}{3}x + y - z = -\frac{149}{3} \quad |\cdot 3$

E: $x + 3y - 3z = -149.$

3. Möglichkeit:
Aus der Parametergleichung der Ebene folgt
I. $x = -5 + 3r + 9s$
II. $y = -4 + 5s$
III. $z = 44 + r + 8s$

$s = \frac{1}{5}y + \frac{4}{5}$ eingesetzt in I. und III.

$x = -5 + 3r + 9\left(\frac{1}{5}y + \frac{4}{5}\right)$

$z = 44 + r + 8\left(\frac{1}{5}y + \frac{4}{5}\right)$

$x = -5 + 3r + \frac{9}{5}y + \frac{36}{5}$

$z = 44 + r + \frac{8}{5}y + \frac{32}{5} \quad |\cdot(-3) \quad \Big]+$

$x - 3z = -5 - 132 + \frac{9}{5}y - \frac{24}{5}y + \frac{36}{5} - \frac{96}{5}$

$x - 3z = -149 - 3y,$ also

E: $x + 3y - 3z = -149.$

Bemerkung: Für die gegebene Aufgabenstellung hätte es ausgereicht, eine Parametergleichung von E aufzustellen.

b) **Nachweisen, dass das Viereck ABCD ein Sehnenviereck ist, z. B.:**
   (1) $D \in E$
   Punktprobe:
   $1 \cdot (-5) + 3 \cdot 4 - 3 \cdot 52 = -149$ w. A.

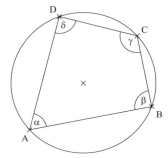

(2) Die Summe der gegenüberliegenden Winkel beträgt 180°, also
$\alpha + \gamma = 180°$ und $\beta + \delta = 180°$.

$$\cos\alpha = \frac{\overrightarrow{AB} \circ \overrightarrow{AD}}{|\overrightarrow{AB}| \cdot |\overrightarrow{AD}|} = \frac{\begin{pmatrix}9\\0\\3\end{pmatrix} \circ \begin{pmatrix}0\\8\\8\end{pmatrix}}{\left|\begin{pmatrix}9\\0\\3\end{pmatrix}\right| \cdot \left|\begin{pmatrix}0\\8\\8\end{pmatrix}\right|} = \frac{24}{\sqrt{90} \cdot \sqrt{128}} \Rightarrow \alpha = 77{,}08°$$

$$\cos\beta = \frac{\overrightarrow{BA} \circ \overrightarrow{BC}}{|\overrightarrow{BA}| \cdot |\overrightarrow{BC}|} = \frac{\begin{pmatrix}-9\\0\\-3\end{pmatrix} \circ \begin{pmatrix}0\\5\\5\end{pmatrix}}{\sqrt{90} \cdot \sqrt{50}} \Rightarrow \beta = 102{,}92°$$

$$\cos\gamma = \frac{\overrightarrow{CB} \circ \overrightarrow{CD}}{|\overrightarrow{CB}| \cdot |\overrightarrow{CD}|} = \frac{\begin{pmatrix}0\\-5\\-5\end{pmatrix} \circ \begin{pmatrix}-9\\3\\0\end{pmatrix}}{\sqrt{50} \cdot \sqrt{90}} \Rightarrow \gamma = 102{,}92°$$

$$\cos\delta = \frac{\overrightarrow{DA} \circ \overrightarrow{DC}}{|\overrightarrow{DA}| \cdot |\overrightarrow{DC}|} = \frac{\begin{pmatrix}0\\-8\\-8\end{pmatrix} \circ \begin{pmatrix}9\\-3\\0\end{pmatrix}}{\sqrt{128} \cdot \sqrt{90}} \Rightarrow \delta = 77{,}08°$$

$\alpha + \gamma = 77{,}08° + 102{,}92° = 180°$ und
$\beta + \delta = 102{,}92° + 77{,}08° = 180°$.

Aus (1) und (2) folgt, dass das Viereck ABCD ein Sehnenviereck ist.

c) **Ermitteln des Gradmaßes des Schnittwinkels:**

$$\cos\sphericalangle(E, E_{xy}) = \left|\frac{\begin{pmatrix}1\\3\\-3\end{pmatrix} \circ \begin{pmatrix}0\\0\\1\end{pmatrix}}{\left|\begin{pmatrix}1\\3\\-3\end{pmatrix}\right| \cdot \left|\begin{pmatrix}0\\0\\1\end{pmatrix}\right|}\right| = \left|\frac{-3}{\sqrt{19} \cdot 1}\right| = \frac{3}{\sqrt{19}}$$

$\sphericalangle(E, E_{xy}) \approx 46{,}5°$

Angeben einer begründeten Vermutung, z. B.:
Das Schattenbild kann kein Kreis sein, da die Ebenen, in denen Bild bzw. Original liegen, nicht parallel zueinander sind.

d) **Berechnen der Maßzahl des Volumens der Pyramide, z. B.:**
Die Pyramide setzt sich aus zwei Teilpyramiden mit dreieckiger Grundfläche zusammen, also
$V = V_{ABCS} + V_{CDAS}$

$$V_{ABCS} = \left|\frac{1}{3} \cdot \frac{1}{2} \cdot [(\overrightarrow{AB} \times \overrightarrow{AC}) \circ \overrightarrow{AS}]\right|$$

$$V_{ABCS} = \left|\frac{1}{6}\left[\begin{pmatrix}9\\0\\3\end{pmatrix} \times \begin{pmatrix}9\\5\\8\end{pmatrix}\right] \circ \begin{pmatrix}9\\20\\-12\end{pmatrix}\right| = \left|\frac{1}{6}\begin{pmatrix}-15\\-45\\45\end{pmatrix} \circ \begin{pmatrix}9\\20\\-12\end{pmatrix}\right|$$

$$V_{ABCS} = \frac{1}{6} \cdot |-1575| = 262{,}5$$

$$V_{CDAS} = \frac{1}{3} \cdot \frac{1}{2}[(\overrightarrow{CA} \times \overrightarrow{CD}) \circ \overrightarrow{CS}]$$

$$V_{CDAS} = \frac{1}{6}\left[\begin{pmatrix} -9 \\ -5 \\ -8 \end{pmatrix} \times \begin{pmatrix} -9 \\ 3 \\ 0 \end{pmatrix}\right] \circ \begin{pmatrix} 0 \\ 15 \\ -20 \end{pmatrix} = \frac{1}{6}\begin{pmatrix} 24 \\ 72 \\ -72 \end{pmatrix} \circ \begin{pmatrix} 0 \\ 15 \\ -20 \end{pmatrix}$$

$$V_{CDAS} = \frac{1}{6} \cdot 2520 = 420$$

$$V = 262,5 + 420 = 682,5$$

Ermitteln einer Gleichung der Ebene $\overline{E}$, z. B.:
$V_1 = 8 \cdot V = 8 \cdot 682,5 = 5460$

für ähnliche Pyramiden (Körper) gilt:
$V_1 = k^3 \cdot V$, also $k^3 = 8$; $k = 2$ und damit

$$\overrightarrow{OA'} = \overrightarrow{OS} + 2 \cdot \overrightarrow{SA} = \begin{pmatrix} 4 \\ 16 \\ 32 \end{pmatrix} + 2 \cdot \begin{pmatrix} -9 \\ -20 \\ 12 \end{pmatrix},$$

$A'(-14|-24|56)$.

Da die Ebene $\overline{E}$ parallel zu E liegt, gilt
$\overline{E}$: $x + 3y - 3z = ?$ und mit $A' \in \overline{E}$
  $1 \cdot (-14) + 3(-24) - 3 \cdot 56 = -254$
$\overline{E}$: $x + 3y - 3z = -254$

Kontrolle mit den Punkten A', B', C' und D':
$A'(-14|-24|56)$

$$\overrightarrow{OB'} = \overrightarrow{OS} + 2\,\overrightarrow{SB} = \begin{pmatrix} 4 \\ 16 \\ 32 \end{pmatrix} + 2 \cdot \begin{pmatrix} 0 \\ -20 \\ 15 \end{pmatrix}, B'(4|-24|62)$$

analog
$C'(4|-14|72)$ und $D'(-14|-8|72)$

$$V_{A'B'C'S} = \left|\frac{1}{6}\left[\begin{pmatrix} 18 \\ 0 \\ 6 \end{pmatrix} \times \begin{pmatrix} 18 \\ 10 \\ 16 \end{pmatrix}\right] \circ \begin{pmatrix} 18 \\ 40 \\ -24 \end{pmatrix}\right| = 2\,100$$

$$V_{C'D'A'S} = \frac{1}{6}\left[\begin{pmatrix} -18 \\ -10 \\ -16 \end{pmatrix} \times \begin{pmatrix} -18 \\ 6 \\ 0 \end{pmatrix}\right] \circ \begin{pmatrix} 0 \\ 30 \\ -40 \end{pmatrix} = 3\,360$$

$V_1 = 2\,100 + 3\,360 = 5\,460 = 8 \cdot V$ wahre Aussage.

Leistungskurs Mathematik (Sachsen-Anhalt): Abiturprüfung (Modellversuch) 2003
Gebiet K-L3 – Aufgabe 3.1: Stochastik

Eine Elektronikfirma stellt wiederbeschreibbare CD-ROM (CDR) her. Diese werden in Packungen zu je 10 Stück an Händler geliefert.

a) Ein Händler bestellt eine Lieferung mit 50 Packungen. Er entnimmt jeder Packung zufällig drei CDR zur Überprüfung. Der Händler will eine Packung nur dann annehmen, wenn keine der überprüften CDR fehlerhaft ist.
Berechnen Sie die Wahrscheinlichkeiten der Ereignisse:
A: Eine Packung wird angenommen, obwohl sie (genau) eine fehlerhafte CDR enthält.
B: Es werden alle Packungen angenommen, obwohl jede der Packungen (genau) eine fehlerhafte CDR enthält. (5 BE)

b) Eine CDR ist nach Herstellerangaben mit der Wahrscheinlichkeit von 10 % fehlerhaft. Es werden die Fehler F1 und F2 unterschieden. Der Fehler F1 tritt mit der Wahrscheinlichkeit 4 % auf. Gemeinsam kommen die beiden Fehler F1 und F2 mit der Wahrscheinlichkeit 0,25 % vor.
Berechnen Sie die Wahrscheinlichkeit für das Auftreten des Fehlers F2 und untersuchen Sie die beiden Fehler F1 und F2 auf stochastische Abhängigkeit bzw. Unabhängigkeit. (8 BE)

c) Die Elektronikfirma hat die Qualität der CDR verbessert; nach Herstellerangaben ist eine CDR nun noch mit der Wahrscheinlichkeit von 5 % fehlerhaft. Ein Händler will die 5 %-Angabe überprüfen. Er entnimmt dazu aus einer großen Lieferung zufällig 100 CDR.
Ermitteln Sie in einem rechtsseitigen Signifikanztest den Ablehnungsbereich $\overline{A}$ für die Nullhypothese „H_0: $p_0 = 0,05$" auf dem Signifikanzniveau $\alpha = 0,05$.
Im Folgenden wird die Funktion g mit $g(p) = B_{100;\,p}(\overline{A}) = 1 - B_{100;\,p}(A)$ betrachtet.
Berechnen Sie die in der Wertetabelle fehlenden Funktionswerte und zeichnen Sie den Graphen der Funktion g im Intervall $0 \leq p \leq 0,4$ ($p \in \mathbb{R}$) in ein kartesisches Koordinatensystem.

p	0	0,04	0,05	0,1	$\frac{1}{6}$	0,2	0,3	0,4
g(p)	0	0,00684	0,02819				1	1

Formulieren Sie eine Wortvorschrift für die durch die Funktion g beschriebene Zuordnung und – an Hand des Graphen – eine Aussage zur Güte dieses Signifikanztests. (12 BE)

(25 BE)

Hinweis: Tabelle zur Binomialverteilung im Anhang (S. 2003-K-26)

Lösungen

a) **Berechnen der Wahrscheinlichkeiten für die Ereignisse A und B:**
Das Zufallsexperiment/der Zufallsvorgang lässt sich beschreiben durch das Urnenmodell „Ziehen ohne Zurücklegen".
Die Berechnungen erfolgen nach der ersten Pfadregel (Produktregel).

$$P(A) = \frac{9}{10} \cdot \frac{8}{9} \cdot \frac{7}{8} = 0{,}7; \quad \mathbf{P(A) = 70\ \%}$$

Mit einer Wahrscheinlichkeit von p = 0,7 wird eine Packung angenommen, obwohl sie genau eine fehlerhafte CDR enthält; also gilt für Wahrscheinlichkeit der Annahme aller Packungen unter dieser Bedingung:

$$P(B) = 0{,}7^{50} = 1{,}8^{-8} \approx 0; \quad \mathbf{P(B) \approx 0\ \%}$$

b) **Berechnen der Wahrscheinlichkeit für das Auftreten des Fehlers F2:**
Es werden genau die Fehler F1 und F2 unterschieden, für die laut Aufgabenstellung gilt:
$P(F1 \cup F2) = 0{,}1$ (Additionssatz)
$P(F1) = 0{,}04$
$P(F1 \cap F2) = 0{,}0025$ (Multiplikationssatz)
Aus der Umformung des allgemeinen Additionssatzes
$P(F1 \cup F2) = P(F1) + P(F2) - P(F1 \cap F2)$ folgt
$P(F2) = P(F1 \cup F2) - P(F1) + P(F1 \cap F2)$, also
$P(F2) = 0{,}1 - 0{,}04 + 0{,}0025 = 0{,}0625;$
P(F2) = 6,25 %.

Untersuchen auf (stochastische) Abhängigkeit bzw. Unabhängigkeit:
Sind die Ereignisse (stochastisch) voneinander unabhängig, dann gilt der spezielle Multiplikationssatz, $P(F1 \cap F2) = P(F1) \cdot P(F2)$. Wegen $P(F1 \cap F2) = 0{,}0025$ *und* $P(F1) \cdot P(F2) = 0{,}04 \cdot 0{,}0625 = 0{,}0025$ (Gültigkeit des speziellen Multiplikationssatzes) sind die **Fehler F1 und F2 (stochastisch) unabhängig voneinander.**

c) **Entwickeln eines rechtsseitigen Signifikanztests und Ermitteln des zugehörigen Ablehnungsbereichs:**
  (1) Nullhypothese H_0: $p_0 = 0{,}05$ (bzw. $p_0 \leq 0{,}05$), [Gegenhypothese H_1: $p_1 > 0{,}05$]
  (2) Stichprobenumfang n: n = 100, Signifikanzniveau α: α = 0,05
    Die Zufallsgröße X beschreibe die Anzahl der fehlerhaften CDR (in der Stichprobe). Die Zufallsgröße X ist binomialverteilt mit n = 100 und $p_0 = 0{,}05$; $X \sim B_{100;\ 0{,}05}$ (bei wahrer Nullhypothese). Da der Test rechtsseitig erfolgen soll, sprechen allein große Werte der Zufallsgröße X gegen die Nullhypothese.
  (3) Ermitteln des rechtsseitigen Ablehnungsbereichs $\overline{A}$; $\overline{A} = \{k; k+1; \ldots; 100\}$:
    $P(X \geq k) = B_{100;\ 0{,}05}(\{k; k+1; \ldots; 100\}) \leq 0{,}05$
    Mit $B_{100;\ 0{,}05}(\{k; k+1; \ldots; 100\}) = 1 - B_{100;\ 0{,}05}(\{0; 1; \ldots; k-1\})$ erhält man
    $P(X \geq k) = B_{100;\ 0{,}05}(\{0; 1; \ldots; k-1\}) \geq 0{,}95$.
    Die Ungleichung ist erstmalig erfüllt für den Wert $k - 1 = 9$
    [Tabellenwert $B_{100;\ 0{,}05}(\{0; 1; \ldots; 9\}) = 0{,}97181 \geq 0{,}95$] bzw. k = 10.
    Für den Ablehnungsbereich $\overline{A}$ folgt somit $\overline{A} = \{10; 11; \ldots; 100\}$.

Berechnen der Funktionswerte und Zeichnen des Graphen:

$g(p) = B_{100;\,p}(\{10; 11; ...; 100\})$
$= 1 - B_{100;\,p}(\{0; 1; ...; 9\})$
(Tabellenwerte)

$g(0,1) = 1 - 0,45129 = 0,54871 \approx 0,55$

$g\left(\dfrac{1}{6}\right) = 1 - 0,02129 = 0,97871 \approx 0,98$

$g(0,2) = 1 - 0,00233 = 0,99767 \approx 1,00$

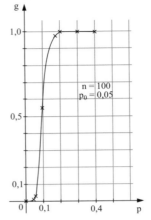

Wortvorschrift für die funktionale Zuordnung und Aussage zur Testgüte:
Durch die gegebene Funktion g wird jedem Wahrscheinlichkeitswert p (in der Umgebung des Wertes $p_0 = 0,05$) der Wahrscheinlichkeitswert g(p) für das Ablehnen der Nullhypothese H_0 zugeordnet. Der Graph dieser Funktion veranschaulicht die Güte des Tests; man spricht daher auch von der so genannten Gütefunktion.
Ein Test ist um so besser geeignet, je steiler der Graph seiner Gütefunktion in der Umgebung von p_0 verläuft. Durch eine große Steilheit werden schnell die Werte g(p) = 0 bzw. g(p) = 1 erreicht (hohe „Trennschärfe" bei Ablehnung bzw. Annahme der Nullhypothese). Da der Graph der gegebenen Funktion in der Umgebung von p_0 steil verläuft, ist der entwickelte (rechtsseitige) Signifikanztest von hoher Güte (gute Eignung des Tests zur Überprüfung durch den Händler.)

Leistungskurs Mathematik (Sachsen-Anhalt): Abiturprüfung (Modellversuch) 2003
Gebiet K-L3 – Aufgabe 3.2: Stochastik

Eine regionale Umfrage unter jugendlichen Handynutzern hat ergeben:
- 75 % dieser Jugendlichen nutzen ein Handy ohne vertragliche Bindung.
- 5 % dieser Jugendlichen nutzen ein Handy mit Tasche.
- 10 % dieser Jugendlichen wollen später eine Tasche für ihr Handy kaufen.

a) Ermitteln Sie die Wahrscheinlichkeit dafür, dass von 100 jugendlichen Kaufinteressenten
   - mehr als 75 ein Handy ohne vertragliche Bindung,
   - mindestens 90 ein Handy ohne Tasche,
   - höchstens 20 später eine Tasche für das Handy

   kaufen wollen. (7 BE)

b) Die Aktualität der Ergebnisse der Umfrage soll unter 200 jugendlichen Handynutzern anhand eines zweiseitigen Signifikanztests unter Annahme von Binomialverteilung überprüft werden.
   Begründen Sie, warum die Durchführung des Signifikanztests als zweiseitiger Test zweckmäßig ist.
   Entwickeln Sie einen zweiseitigen Signifikanztest zur Überprüfung der Nullhypothese „75 % der jugendlichen Handynutzer nutzen ein Handy ohne vertragliche Bindung" auf dem Signifikanzniveau $\alpha = 0{,}05$ und geben Sie den Ablehnungsbereich an. (9 BE)

Für Handys sind Lithium-Ionen-Akkus (A1) und Nickel-Metall-Hybrid-Akkus (A2) gebräuchlich. Ein Akkuhersteller bietet 200 Akkus A1 und 200 Akkus A2 sehr preisgünstig an. Bei den angebotenen Akkus muss unabhängig voneinander bei A1 mit 5 % und bei A2 mit 10 % Ausschuss-Akkus gerechnet werden.
Die Zufallsgröße X_1 beschreibe die Anzahl der Ausschuss-Akkus unter den Akkus A1, die Zufallsgröße X_2 deren Anzahl unter den Akkus A2.

c) Begründen Sie, dass die Zufallsgrößen X_1 und X_2 jeweils binomialverteilt sind und berechnen Sie den Erwartungswert und die Varianz der beiden Zufallsgrößen.
   Es gilt folgender Satz:
   Wenn Zufallsgrößen X_1, X_2 und $X_1 + X_2$ binomialverteilt sind, dann gilt für die Erwartungswerte $E(X_1 + X_2) = E(X_1) + E(X_2)$ und für die Varianzen $V(X_1 + X_2) = V(X_1) + V(X_2)$.
   Die Zufallsgröße $X = X_1 + X_2$ beschreibe die Anzahl der Ausschuss-Akkus unter den 400 Akkus insgesamt. Weisen Sie unter Verwendung des Satzes nach, dass die Zufallsgröße X nicht binomialverteilt sein kann. (9 BE)

(25 BE)

Hinweis: Tabelle zur Binomialverteilung im Anhang (S. 2003-K-26)

Lösungen

a) **Ermitteln der Wahrscheinlichkeiten:**
Die Zufallsgröße K_1 beschreibe die Anzahl der Kaufinteressenten für ein Handy ohne vertragliche Bindung; $K_1 \sim B_{100;\,0,75}$.
Ereignis $K_1 > 75$:
$P(A) = P(K_1 > 75) = B_{100;\,0,75}(\{76;\,77;\,\ldots;\,100\}) = 1 - B_{100;\,0,75}(\{0;\,1;\,\ldots;\,75\})$
$\qquad\qquad\qquad\qquad\qquad\qquad\qquad\qquad\qquad = 1 - 0{,}53833 = 0{,}46167$
$\qquad\qquad\qquad\qquad\qquad\qquad\qquad\qquad\qquad$ (Tabellenwert)

$P(K_1 > 75) \approx \mathbf{46{,}2\,\%}$

Die Zufallsgröße K_2 beschreibe die Anzahl der Kaufinteressenten für ein Handy ohne Tasche; $K_2 \sim B_{100;\,0,95}$. (Beachten Sie: $p = 1 - 0{,}05 = 0{,}95$.)
Ereignis $K_2 \geq 90$:
$P(K_2 \geq 90) = B_{100;\,0,95}(\{90;\,91;\,\ldots;\,100\}) = 1 - B_{100;\,0,95}(\{0;\,1;\,\ldots;\,89\})$
$\qquad\qquad\qquad\qquad\qquad\qquad\qquad\qquad\qquad = 1 - 0{,}01147 = 0{,}98853$
$\qquad\qquad\qquad\qquad\qquad\qquad\qquad\qquad\qquad$ (Tabellenwert)

$P(K_2 \geq 90) \approx \mathbf{98{,}9\,\%}$

Die Zufallsgröße K_3 beschreibe die Anzahl der Kaufinteressenten, die später eine Handy-Tasche kaufen wollen; $K_3 \sim B_{100;\,0,10}$.

Ereignis $K_3 \leq 20$:
$P(K_3 \leq 20) = B_{100;\,0,10}(\{0;\,1;\,\ldots;\,20\}) = 0{,}99919$ (Tabellenwert)
$P(K_3 \leq 20) \approx \mathbf{99{,}9\,\%}$

b) **Begründen der Zweckmäßigkeit eines zweiseitigen Signifikanztests:**
Bei einer erneuten Umfrage kann entweder eine Zunahme oder eine Abnahme oder keine Veränderung gegenüber den Angaben der ursprünglichen regionalen Umfrage auftreten. Da keine Informationen zur Tendenz von Veränderungen vorliegen, ist ein zweiseitiger Signifikanztest zweckmäßig (sowohl kleine als auch große Werte der Zufallsgröße sprechen gegen die Nullhypothese).

Entwickeln eines zweiseitigen Signifikanztests und Ermitteln des zugehörigen Ablehnungsbereichs:

(1) Nullhypothese H_0: $p_0 = 0{,}75$ $\qquad$ [Gegenhypothese H_1: $p_1 \neq 0{,}75$]

(2) Stichprobenumfang n: $n = 200$; Signifikanzniveau α: $\alpha = 0{,}05 \;\Rightarrow\; \dfrac{\alpha}{2} = 0{,}025$

(Beachten Sie: Bei einem zweiseitigen Signifikanztest ist das Signifikanzniveau zu halbieren.)
Die Zufallsgröße Y beschreibe die Anzahl der jugendlichen Handynutzer, die ein Handy ohne vertragliche Bindung nutzen; $Y \sim B_{200;\,0,75}$ (bei wahrer Nullhypothese).

(3) Ermitteln des zweiseitigen Ablehnungsbereichs $\overline{A}$:

$\overline{A} = \{0;\,1;\,\ldots;\,k_L\} \cup \{k_R;\,k_R+1;\,\ldots;\,200\}$:
$P(Y \leq k_L) = B_{200;\,0,75}(\{0;\,1;\,\ldots;\,k_L\}) \leq 0{,}025$
Die Ungleichung ist letztmalig erfüllt für den Wert $k_L = 137$
[Tabellenwert $B_{200;\,0,75}(\{0;\,1;\,\ldots;\,137\}) = 0{,}02255 \leq 0{,}025$].

$P(Y \geq k_R) = B_{200;\,0,75}(\{k_R; k_R + 1; \ldots; 200\}) \leq 0{,}025$

Mit $B_{200;\,0,75}(\{k_R; k_R + 1; \ldots; 200\}) = 1 - B_{200;\,0,75}(\{0; 1; \ldots; k_R - 1\})$ erhält man
$P(Y \geq k_R) = B_{200;\,0,75}(\{0; 1; \ldots; k_R - 1\}) \geq 0{,}975$.

Die Ungleichung ist erstmalig erfüllt für den Wert $k_R - 1 = 162$
[Tabellenwert $B_{200;\,0,75}(\{0; 1; \ldots; 162\}) = 0{,}98176 \geq 0{,}975$] bzw. $k_R = 163$.
Für den Ablehnungsbereich $\overline{A}$ folgt somit $\overline{A} = \{0; 1; \ldots; 137\} \cup \{163; 164; \ldots; 200\}$.

c) **Begründen, dass die Zufallsgrößen jeweils binomialverteilt sind:**
   - Es werden jeweils genau zwei Ereignisse, das Ereignis „Ausschuss" und das zugehörige Gegenereignis „kein Ausschuss" betrachtet.
   - Die Wahrscheinlichkeiten der beiden Ereignisse bleiben jeweils konstant.
   - Die beiden Ereignisse sind jeweils (stochastisch) unabhängig voneinander.

   Berechnen der Erwartungswerte und Varianzen:
   Die Zufallsgröße X_1 ist binomialverteilt mit den Parametern $n = 200$, $p = 0{,}05$ und $q = 1 - p = 0{,}95$; $X_1 \sim B_{200;\,0,05}$.
   Erwartungswert: $E(X_1) = n \cdot p = 200 \cdot 0{,}05 = 10$
   Varianz: $V(X_1) = n \cdot p \cdot q = 200 \cdot 0{,}05 \cdot 0{,}95 = 9{,}5$
   Die Zufallsgröße X_2 ist binomialverteilt mit den Parametern $n = 200$, $p = 0{,}10$ und $q = 1 - p = 0{,}90$; $X_2 \sim B_{200;\,0,10}$.
   Erwartungswert: $E(X_2) = n \cdot p = 200 \cdot 0{,}10 = 20$
   Varianz: $V(X_2) = n \cdot p \cdot q = 200 \cdot 0{,}10 \cdot 0{,}90 = 18$

   Nachweisen, dass die Zufallsgröße X nicht binomialverteilt sein kann:
   Gemäß gegebenem Satz gilt für den Erwartungswert und die Varianz der Zufallsgröße X
   $E(X) = E(X_1) + E(X_2) = 20 + 10 = 30$; $V(X) = V(X_1) + V(X_2) = 9{,}5 + 18 = 27{,}50$.
   Der geforderte Nachweis kann indirekt (Herbeiführung eines Widerspruchs) erbracht werden: Wenn die Zufallsgröße X binomialverteilt wäre, dann mit den Parametern $n = 400$ und dem aus E(X) bzw. V(X) eindeutig zu berechnenden Wert p, Annahme: $X \sim B_{400;\,p}$.
   Aus dem Erwartungswert $E(X) = 30 = 400 \cdot p$ folgt $p = 0{,}075$. Mit $p = 0{,}075$ berechnet man für die Varianz $V(X) = 400 \cdot 0{,}075 \cdot 0{,}925 = 27{,}75$. Da $27{,}75 \neq 27{,}50$ (Widerspruch wegen $V(X) = V(X_1) + V(X_2) = 27{,}50$) ist, kann die Zufallsgröße X nicht binomialverteilt sein.

Anhang zu den Aufgaben der Stochastik
Tabelle: Summierte Binomialverteilung

n	k	p						
		0,05	0,1	1/6	0,2	0,5	0,75	0,95
100	5	0,61600	0,05758	0,00038	0,00000	0,00000	0,00000	0,00000
	6	0,76601	0,11716	0,00131	0,00000	0,00000	0,00000	0,00000
	7	0,87204	0,20605	0,00378	0,00000	0,00000	0,00000	0,00000
	8	0,93691	0,32087	0,00953	0,00000	0,00000	0,00000	0,00000
	9	0,97181	0,45129	0,02129	0,00000	0,00000	0,00000	0,00000
	10	0,98853	0,58316	0,04270	0,00570	0,00000	0,00000	0,00000
	11	0,99573	0,70303	0,07772	0,01257	0,00000	0,00000	0,00000
	12	0,99854	0,80182	0,12967	0,02533	0,00000	0,00000	0,00000
	13	0,99954	0,87612	0,20001	0,04691	0,00000	0,00000	0,00000
	14	0,99986	0,92743	0,28742	0,08044	0,00000	0,00000	0,00000
	15	0,99996	0,96011	0,38766	0,12851	0,00000	0,00000	0,00000
	16	0,99999	0,97940	0,49416	0,19234	0,00000	0,00000	0,00000
	17	1,00000	0,98999	0,59941	0,27119	0,00000	0,00000	0,00000
	18	1,00000	0,99542	0,69647	0,36209	0,00000	0,00000	0,00000
	19	1,00000	0,99802	0,78025	0,46016	0,00000	0,00000	0,00000
	20	1,00000	0,99919	0,84811	0,55946	0,00000	0,00000	0,00000
	21	1,00000	0,99969	0,89982	0,65403	0,00000	0,00000	0,00000
	22	1,00000	0,99989	0,93695	0,73893	0,00000	0,00000	0,00000
	23	1,00000	0,99996	0,96214	0,81091	0,00000	0,00000	0,00000
	24	1,00000	0,99999	0,97830	0,86865	0,00000	0,00000	0,00000
	...							
	75	1,00000	1,00000	1,00000	1,00000	1,00000	0,53833	0,00000
	76	1,00000	1,00000	1,00000	1,00000	1,00000	0,62892	0,00000
	77	1,00000	1,00000	1,00000	1,00000	1,00000	0,71363	0,00000
	78	1,00000	1,00000	1,00000	1,00000	1,00000	0,78856	0,00000
	79	1,00000	1,00000	1,00000	1,00000	1,00000	0,85117	0,00000
	80	1,00000	1,00000	1,00000	1,00000	1,00000	0,90047	0,00000
	81	1,00000	1,00000	1,00000	1,00000	1,00000	0,93699	0,00000
	82	1,00000	1,00000	1,00000	1,00000	1,00000	0,96237	0,00000
	83	1,00000	1,00000	1,00000	1,00000	1,00000	0,97889	0,00001
	84	1,00000	1,00000	1,00000	1,00000	1,00000	0,98892	0,00004
	85	1,00000	1,00000	1,00000	1,00000	1,00000	0,99458	0,00014
	86	1,00000	1,00000	1,00000	1,00000	1,00000	0,99754	0,00046
	87	1,00000	1,00000	1,00000	1,00000	1,00000	0,99897	0,00146
	88	1,00000	1,00000	1,00000	1,00000	1,00000	0,99961	0,00427
	89	1,00000	1,00000	1,00000	1,00000	1,00000	0,99986	0,01147
	...							
200	135	1,00000	1,00000	1,00000	1,00000	1,00000	0,01033	0,00000
	136	1,00000	1,00000	1,00000	1,00000	1,00000	0,01542	0,00000
	137	1,00000	1,00000	1,00000	1,00000	1,00000	0,02255	0,00000
	138	1,00000	1,00000	1,00000	1,00000	1,00000	0,03232	0,00000
	139	1,00000	1,00000	1,00000	1,00000	1,00000	0,04539	0,00000
	140	1,00000	1,00000	1,00000	1,00000	1,00000	0,06247	0,00000
	141	1,00000	1,00000	1,00000	1,00000	1,00000	0,08428	0,00000
	142	1,00000	1,00000	1,00000	1,00000	1,00000	0,11147	0,00000
	143	1,00000	1,00000	1,00000	1,00000	1,00000	0,14454	0,00000
	144	1,00000	1,00000	1,00000	1,00000	1,00000	0,18382	0,00000
	...							
	160	1,00000	1,00000	1,00000	1,00000	1,00000	0,95950	0,00000
	161	1,00000	1,00000	1,00000	1,00000	1,00000	0,97242	0,00000
	162	1,00000	1,00000	1,00000	1,00000	1,00000	0,98176	0,00000
	163	1,00000	1,00000	1,00000	1,00000	1,00000	0,98829	0,00000
	164	1,00000	1,00000	1,00000	1,00000	1,00000	0,99271	0,00000
	...							

Leistungskurs Mathematik (Sachsen-Anhalt): Abiturprüfung 2003
Gebiet L1 – Aufgabe 1.1: Analysis

Gegeben sind die Funktionen f_a in ihrem größtmöglichen Definitionsbereich durch
$$y = f_a(x) = \frac{6x + 3a}{x^2 + ax}, \quad a \in \mathbb{R}, \; a > 0.$$
Ihre Graphen seien G_a.

a) Untersuchen Sie die Graphen G_a auf Schnittpunkte mit den Koordinatenachsen und berechnen Sie deren Koordinaten. Ermitteln Sie die Gleichungen der horizontalen und vertikalen Asymptoten.
Weisen Sie nach, dass keiner der Graphen G_a lokale Extrempunkte besitzt.
Der Schnittpunkt jedes Graphen G_a mit der x-Achse ist der einzige Wendepunkt dieses Graphen.
Zeigen Sie, dass jeder Graph G_a punktsymmetrisch bezüglich seines Wendepunktes ist.
Untersuchen Sie das Verhalten der Funktion f_4 für $x \to 0$.
Skizzieren Sie den Graphen G_4. (26 BE)

b) Der Graph G_4, seine Wendetangente und die Geraden mit den Gleichungen $x = -3{,}5$ und $x = -0{,}5$ begrenzen eine Fläche A vollständig.
Berechnen Sie die Maßzahl des Inhalts der Fläche A. (9 BE)

c) Die Normale im Wendepunkt des Graphen G_4 rotiere im Intervall $-3{,}5 \leq x \leq -0{,}5$ um die x-Achse.
Beschreiben Sie den entstehenden Rotationskörper und berechnen Sie die Maßzahl seines Volumens. (6 BE)

d) Untersuchen Sie das uneigentliche Integral $\int_0^1 f_a(x)\, dx$ auf Existenz und deuten Sie das Ergebnis an Hand des Graphen G_4.

(4 BE)
(45 BE)

Lösungen

$$y = f_a(x) = \frac{6x + 3a}{x^2 + ax}, \quad a \in \mathbb{R}, \ a > 0$$

$$f_a'(x) = \frac{-6x^2 - 6ax - 3a^2}{(x^2 + ax)^2}$$

a) Schnittpunkte mit den Koordinatenachsen:

$f_a(x) = 0$, $\quad \frac{6x + 3a}{x^2 + ax} = 0$, $\quad 6x + 3a = 0$, $\quad x = -\frac{a}{2}$;

also $S_x\left(-\frac{a}{2} \mid 0\right)$;

$f_a(0) = \frac{3a}{0}$, also kein Schnittpunkt mit der y-Achse, wegen x = 0 Nenner nicht definiert.

Gleichungen der Asymptoten:
horizontale Asymptote: y = 0, wegen Grad des Zählers kleiner als Grad des Nenners, oder

$$\lim_{x \to \pm\infty} \frac{6x + 3a}{x^2 + ax} = \lim_{x \to \pm\infty} \frac{\frac{6}{x} + \frac{3a}{x^2}}{1 + \frac{a}{x}} = \frac{0}{1} = 0$$

vertikale Asymptote: Nennerfunktion Nullsetzen, also
$x^2 + ax = 0$, $x(x + a) = 0$, $x_1 = 0$, $x_2 = -a$.

Extrempunkte:

$f_a'(x) = 0$, $\quad \frac{-6x^2 - 6ax - 3a^2}{(x^2 + ax)^2} = 0$, $\quad -6x^2 - 6ax - 3a^2 = 0$,

$x^2 + ax + \frac{1}{2}a^2 = 0$

$x_{1,2} = -\frac{1}{2}a \pm \sqrt{\frac{1}{4}a^2 - \frac{1}{2}a^2}$, $\quad D < 0$, $\quad$ keine Lösung,

also keine Extrempunkte, da notwendige Bedingung nicht erfüllt ist.

Nachweisen der Punktsymmetrie, z. B.:
Wendepunkte $W_a\left(-\frac{1}{2}a \mid 0\right)$

Ansatz: $f_a(-0{,}5a + x) = -f_a(-0{,}5a - x)$, also G_a in Ursprung verschieben (siehe Skizze) und Punktsymmetrie dieser Graphen bezogen auf Ursprung nachweisen, also

$$\frac{6(-0{,}5a + x) + 3a}{(-0{,}5a + x)^2 + a(-0{,}5a + x)} = -\frac{6(-0{,}5a - x) + 3a}{(-0{,}5a - x)^2 + a(-0{,}5a - x)}$$

$$\frac{-3a + 6x + 3a}{x^2 - ax + \tfrac{1}{4}a^2 - \tfrac{1}{2}a^2 + ax} = -\frac{-3a - 6x + 3a}{\tfrac{1}{4}a^2 + ax + x^2 - \tfrac{1}{2}a^2 - ax}$$

$$\frac{6x}{x^2 - \tfrac{1}{4}a^2} = -\frac{-6x}{x^2 - \tfrac{1}{4}a^2} \quad \text{w. A.}$$

Graphen G_a sind bezüglich des Wendepunktes punktsymmetrisch.

Untersuchen des Verhaltens von f_4 an der Polstelle:

$$\lim_{\substack{x \to 0 \\ x > 0}} f_4(x) = \lim_{\substack{x \to 0 \\ x > 0}} \frac{6x + 12}{x^2 + 4x} = \lim_{\substack{x \to 0 \\ x > 0}} \frac{x\left(6 + \tfrac{12}{x}\right)}{x(x+4)} = \infty,$$

$$\lim_{\substack{x \to 0 \\ x < 0}} f_4(x) = \lim_{\substack{x \to 0 \\ x < 0}} \frac{x\left(6 + \tfrac{12}{x}\right)}{x(x+4)} = -\infty$$

Wertetabelle für $f_4(x)$:

x	−10	−8	−6	−4	−3	−2	−1	0	1	2	3	4
$f_4(x)$	−0,8	−1,1	−2,0	n. l.	2	0	−2	n. l.	3,6	2	1,4	1,1

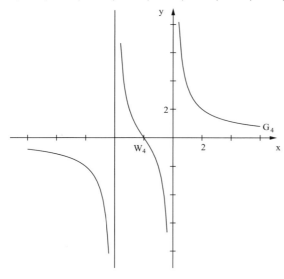

b) **Berechnen der Maßzahl des Inhalts der Fläche, z. B.:**
Gleichung der Wendetangente:

$m = f_a'(-0,5a)$, also $m = f_4'(-2) = \dfrac{-6(-2)^2 - 24(-2) - 48}{((-2)^2 + 4(-2))^2}$

$f_4'(2) = \dfrac{-24 + 48 - 48}{(4-8)^2} = -\dfrac{3}{2}$

$y = -\dfrac{3}{2}x + n$ mit $W_4(-2|0)$

$0 = -\dfrac{3}{2} \cdot (-2) + n$, $n = -3$, also

$t_W : y = -\dfrac{3}{2}x - 3$

$A_1 = \displaystyle\int_{-3,5}^{-0,5} \dfrac{6x+12}{x^2+4x}\,dx = 2\int_{-3,5}^{-2} \dfrac{6x+12}{x^2+4x}\,dx$ \qquad wegen Punktsymmetrie

$A_1 = 2 \cdot 3 \cdot \displaystyle\int_{-3,5}^{-2} \dfrac{2x+4}{x^2+4x}\,dx = 6 \cdot \left[\ln|x^2+4x|\right]_{-3,5}^{-2}$

$A_1 = 6 \cdot [\ln|4-8| - \ln|12,25-14|] \approx 4,96$

$A_2 = 2\displaystyle\int_{-3,5}^{-2}\left(-\dfrac{3}{2}x - 3\right)dx = \left[-\dfrac{3}{4}x^2 - 3x\right]_{-3,5}^{-2}$

$A_2 = 2 \cdot \left[-3 + 6 - \left(-\dfrac{147}{16} + \dfrac{21}{2}\right)\right] = 3,375$

$A = A_1 - A_2 = 4,96 - 3,375 = 1,585$

Andere Möglichkeit der Integration:

$\displaystyle\int \dfrac{6x+12}{x^2+4x}\,dx \Rightarrow$ setze: $x^2 + 4x = t$,

dann ist $\dfrac{dt}{dx} = 2x+4$, also

$dx = \dfrac{1}{2x+4} \cdot dt$, eingesetzt

$\displaystyle\int \dfrac{6x+12}{t} \cdot \dfrac{1}{2x+4}\,dt = \int \dfrac{3 \cdot (2x+4)}{t} \cdot \dfrac{1}{2x+4}\,dt =$

$3 \cdot \displaystyle\int \dfrac{1}{t}\,dt = 3 \cdot \ln|t| = 3 \cdot \ln|x^2+4x|$,

nun müssen nur noch die Grenzen eingesetzt werden.

c) **Beschreiben des Rotationskörpers:**

Durch die Rotation einer Geraden (Normale) um die x-Achse entsteht ein Doppelkegel, da die Gerade im vorgegebenen Intervall die x-Achse schneidet, also

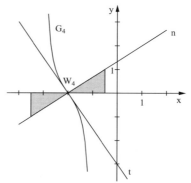

Kegelspitze im Punkt P(−2|0), Höhe 3 und Grundkreisradius 1.

$$V = 2 \cdot V_{Kegel} = 2 \cdot \frac{1}{3} \pi r^2 \cdot h$$

$$V = \frac{2}{3} \pi 1^2 \cdot 1{,}5 = \pi$$

Das Volumen kann auch über Integration berechnet werden, also Aufstellen der Normalengleichung n:

$$m_t \cdot m_n = -1, \quad m_n = \frac{2}{3},$$

$$y = \frac{2}{3}x + n \text{ mit } W_4(-2|0)$$

$$y = \frac{2}{3}x + \frac{4}{3}$$

$$V = 2 \cdot \pi \cdot \int_{-2}^{-0{,}5} \left(\frac{2}{3}x + \frac{4}{3}\right)^2 dx = 2\pi \cdot \int_{-2}^{-0{,}5} \left(\frac{4}{9}x^2 + \frac{16}{9}x + \frac{16}{9}\right) dx$$

$$V = 2\pi \cdot \left[\frac{4}{27}x^3 + \frac{8}{9}x^2 + \frac{16}{9}x\right]_{-2}^{-0{,}5}$$

$$V = 2\pi \cdot \left[\left(-\frac{1}{54} + \frac{2}{9} - \frac{8}{9}\right) - \left(-\frac{32}{27} + \frac{32}{9} - \frac{32}{9}\right)\right]$$

$$V = 2\pi \cdot \frac{27}{54} = \pi.$$

Die Maßzahl des Volumens beträgt π.

d) **Untersuchen des Integrals auf Existenz und Deuten des Ergebnisses:**

$$\int_0^1 f_a(x)\, dx = \int_0^1 \frac{6x + 3a}{x^2 + ax}\, dx = 3 \cdot \int_0^1 \frac{2x + a}{x^2 + ax}\, dx$$

$$= 3 \cdot \lim_{b \to 0} \int_b^1 \frac{2x + a}{x^2 + ax}\, dx = 3 \lim_{b \to 0} \left[\ln |x^2 + ax|\right]_b^1$$

$$= 3 \lim_{b \to 0} [\ln(1 + a) - \ln |b^2 + ab|] = \infty$$

Die von der Asymptote $x = 0$, der Geraden $x = 1$, der x-Achse und dem Graphen G_4 begrenzte ins Unendliche reichende Fläche hat keinen endlichen Flächeninhalt.

Leistungskurs Mathematik (Sachsen-Anhalt): Abiturprüfung 2003
Gebiet L1 – Aufgabe 1.2: Analysis

Gegeben sind die Funktionen f und g durch

$$y = f(x) = \ln x - \ln(3 - x); \quad D_f: a < x < b; \quad a, b, x \in \mathbb{R},$$

$$y = g(x) = \frac{3e^x}{1 + e^x}; \quad x \in \mathbb{R}.$$

Ihre Graphen werden mit F und G bezeichnet.
Der Graph F besitzt genau einen Wendepunkt $W_F(u\,|\,v)$.
Der Graph G besitzt genau einen Wendepunkt $W_G(v\,|\,u)$.

a) Ermitteln Sie für den größtmöglichen Definitionsbereich D_f die Werte von a und b und untersuchen Sie die Funktion f auf ihr Verhalten für $x \to a$ und $x \to b$.
Untersuchen Sie die Funktion f auf Monotonie und auf Existenz von lokalen Extremstellen.
Ermitteln Sie die Koordinaten des Wendepunktes W_F.
Begründen Sie, dass zu der Funktion f eine inverse Funktion (Umkehrfunktion) existiert und zeigen Sie, dass die Funktion g Umkehrfunktion der Funktion f ist.
Ermitteln Sie den Wertebereich der Funktion g.
Zeichnen Sie die Graphen F und G in ein und dasselbe Koordinatensystem. (27 BE)

b) Ermitteln Sie jeweils die Gleichungen der Wendetangenten der Graphen F und G und begründen Sie, dass diese Wendetangenten Graphen zueinander inverser Funktionen sind. (7 BE)

c) Der Graph G, die x-Achse und die Geraden mit den Gleichungen $x = 0$ und $x = 3$ begrenzen eine Fläche vollständig.
Berechnen Sie die Maßzahl des Inhalts dieser Fläche. (7 BE)

d) Geben Sie eine geometrische Interpretation dafür an, dass zur Ermittlung des uneigentlichen Integrals $\int_{1,5}^{0} f(x)\,dx$ die Beziehung $\int_{1,5}^{0} f(x)\,dx = \int_{-\infty}^{0} g(x)\,dx$ genutzt werden kann. (4 BE)

(45 BE)

Lösungen

$y = f(x) = \ln x - \ln(3-x); \quad a < x < b; \quad a, b, x \in \mathbb{R}$

$f'(x) = \dfrac{1}{x} + \dfrac{1}{3-x}$

$f''(x) = \dfrac{6x-9}{x^2 \cdot (3-x)^2}$

$y = g(x) = \dfrac{3e^x}{1+e^x}, \quad x \in \mathbb{R}$

$g'(x) = \dfrac{3e^x}{(1+e^x)^2}$

a) **Ermitteln der Werte für a und b:**

$x > 0, \quad 3 - x > 0, \quad x < 3$, also $a = 0$ und $b = 3$

Untersuchen des Verhaltens von f:

$\lim\limits_{x \to 0} [\ln x - (\ln(3-x))] = -\infty$

$\lim\limits_{x \to 3} [\ln x - (\ln(3-x))] = \infty$

Monotonie:

$f'(x) > 0$ für alle $x \in D_b$, $0 < x < 3$, also die Funktion ist streng monoton wachsend.

Extremstellen:

$f'(x) = 0, \quad \dfrac{1}{x} + \dfrac{1}{3-x} = 0, \quad \dfrac{(3-x)+x}{x(3-x)} = 0$

$\dfrac{3}{x(3-x)} = 0, \quad 3 = 0,$

Widerspruch, also keine lokalen Extrempunkte.

Wendepunkte:

$f''(x) = 0, \quad \dfrac{6x-9}{x^2(3-x)^2} = 0, \quad 6x - 9 = 0, \quad x = \dfrac{3}{2}, \quad W_F\left(\dfrac{3}{2} \,\Big|\, 0\right)$

Begründen der Existenz einer Umkehrfunktion:

Die Funktion ist streng monoton wachsend, also existiert eine Umkehrfunktion.

$y = \ln x - \ln(3-x)$

$y = \ln \dfrac{x}{3-x}$

$e^y = e^{\ln \frac{x}{3-x}}, \quad e^y = \dfrac{x}{3-x}$

$\dfrac{1}{e^y} = \dfrac{3-x}{x}, \quad \dfrac{1}{e^y} = \dfrac{3}{x} - 1, \quad 1 + \dfrac{1}{e^y} = \dfrac{3}{x}, \quad \dfrac{e^y+1}{e^y} = \dfrac{3}{x}, \quad x = \dfrac{3e^y}{e^y+1}$, umbenennen

$y = \overline{f}(x) = \dfrac{3e^x}{e^x+1};$

die Funktion g ist Umkehrfunktion der Funktion f.

Wertebereich der Funktion g:

Der Definitionsbereich der Funktion f entspricht bei der Umkehrfunktion dem Wertebereich der Funktion g, also $0 < \overline{f}(x) = g(x) < 3$.

Graphen F und G:
Wertetabellen von f(x) und g(x):

x	0,5	1	1,5	2	2,5
f(x)	–1,6	–0,7	0	0,7	1,6

x	–3	–2	–1	0	1	2	3
g(x)	0,14	0,36	0,8	1,5	2,2	2,64	2,86

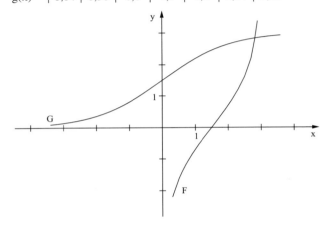

b) **Ermitteln der Gleichungen der Wendetangenten:**

Wendetangente des Graphen F:

$m = f'\left(\dfrac{3}{2}\right) = \dfrac{1}{\frac{3}{2}} + \dfrac{1}{3-\frac{3}{2}} = \dfrac{2}{3} + \dfrac{2}{3} = \dfrac{4}{3}$

$y = \dfrac{4}{3}x + n$ mit $W_F\left(\dfrac{3}{2}\bigg|0\right)$

$0 = \dfrac{4}{3} \cdot \dfrac{3}{2} + n, \quad n = -2$

$y = \dfrac{4}{3}x - 2$

Wendetangente des Graphen G:

$m = g'(0) = \dfrac{3e^0}{(1+e^0)^2} = \dfrac{3}{4}$

$y = \dfrac{3}{4}x + n$ mit $W_G\left(0 \mid \dfrac{3}{2}\right)$, also

$y = \dfrac{3}{4}x + \dfrac{3}{2}$

Begründen, dass Wendetangenten Graphen zueinander inverser Funktionen sind:

$y = \dfrac{4}{3}x - 2 \quad |+2$

$y + 2 = \dfrac{4}{3}x \quad | \cdot \dfrac{3}{4}$

$x = \dfrac{3}{4}y + \dfrac{3}{2}$, umbenennen

$y = \dfrac{3}{4}x + \dfrac{3}{2}$, also stimmt die Aussage.

c) **Berechnen der Maßzahl des Inhalts der Fläche, z. B.:**

$A = \displaystyle\int_0^3 \dfrac{3e^x}{1+e^x}\,dx = 3 \cdot \int_0^3 \dfrac{e^x}{1+e^x}\,dx$

$A = 3 \cdot [\ln|1+e^x|]_0^3 = 3 \cdot [\ln(1+e^3) - \ln(1+e^0)]$

$A \approx 7{,}07$

Andere Möglichkeit der Integration:

$\displaystyle\int \dfrac{3e^x}{1+e^x}\,dx = 3 \cdot \int \dfrac{e^x}{1+e^x}\,dx$ setze: $1+e^x = t$,

dann ist $\dfrac{dt}{dx} = e^x$, also

$dx = \dfrac{1}{e^x} \cdot dt$, eingesetzt

$3 \cdot \displaystyle\int \dfrac{e^x}{t} \cdot \dfrac{1}{e^x}\,dt = 3 \cdot \int \dfrac{1}{t}\,dt = 3 \cdot \ln|t| = 3 \cdot \ln|1+e^x|$,

nun müssen nur noch die Grenzen eingesetzt werden.

d) **Angeben einer geometrischen Interpretation:**

Linkes Integral $\displaystyle\int_{1,5}^{0} f(x)\,dx$:

Inhalt der Fläche zwischen dem Graphen F und den Koordinatenachsen.

Rechtes Integral $\displaystyle\int_{-\infty}^{0} g(x)\,dx$:

Inhalt der Fläche zwischen dem Graphen G und den Koordinatenachsen.

Da F und G Graphen zueinander inverser Funktionen sind, sind die betrachteten Inhalte gleich.

Leistungskurs Mathematik (Sachsen-Anhalt): Abiturprüfung 2003
Gebiet L2 – Aufgabe 2.1: Analytische Geometrie

Um ein Objekt zu schützen, wurde ein Überwachungssystem installiert, das ein Signal gibt, wenn ein Flugkörper in einen Bereich K einfliegt, der die Form einer Halbkugel H besitzt. Die Beschreibung erfolgt in einem kartesischen Koordinatensystem; eine Einheit entspricht einem Kilometer, die x-y-Ebene sei die Horizontalebene auf Meereshöhe.

H: $x^2 + y^2 + z^2 + 12x - 14y - z - 45{,}75 = 0$, $\quad x, y, z \in \mathbb{R}$, $\quad z \geq 0{,}5$

a) Das Objekt liegt im Mittelpunkt M der Halbkugel H.
   Ermitteln Sie die Koordinaten des Punktes M sowie die Entfernung von M, bei der ein Flugkörper ein Signal auslöst. (3 BE)

Im Rahmen einer Überprüfung des Überwachungssystems werden die nachfolgenden Situationen angenommen.

b) Ein sich geradlinig gleichförmig auf den Bereich K hin bewegender Flugkörper sei im Punkt A(29|36|9,5) und nach 7 Sekunden im Punkt B(21|26|7,5) geortet worden.
   Stellen Sie eine Gleichung der Geraden AB auf.
   Berechnen Sie die Koordinaten des Punktes S, in dem dieser Flugkörper bei Weiterflug mit konstanter Geschwindigkeit und ohne Richtungsänderung ein Signal auslösen würde und die Zeit, die bis zur Signalauslösung seit der letzten Ortung vergeht.
   Ermitteln Sie die kürzeste Entfernung, in der der Flugkörper bei Fortsetzung dieses Fluges ohne Richtungsänderung am Objekt (Punkt M, siehe Aufgabe a) vorbei fliegen würde. (16 BE)

c) Die Ortung von Flugkörpern erfolgt mit Radaranlagen. Eine Radaranlage befindet sich im Punkt R(3|–2|0,5). Diese Radaranlage erkennt Flugkörper nur oberhalb einer Ebene E. Die Ebene E ist durch die Gerade MR und den Punkt T(0|8|1,5) bestimmt.
   Ermitteln Sie eine Koordinatengleichung dieser Ebene E.
   Untersuchen Sie, ob die sich im Punkt R befindende Radaranlage den Flugkörper in den Punkten A und B (siehe Aufgabe b) erkennen würde. (11 BE)
   (30 BE)

Lösungen

a) **Ermitteln der Koordinaten des Punktes M sowie der Entfernung:**
$x^2 + y^2 + z^2 + 12x - 14y - z - 45{,}75 = 0$
$x^2 + 12x + y^2 - 14y + z^2 - z = 45{,}75$

$(x+6)^2 - 36 + (y-7)^2 - 49 + \left(z - \frac{1}{2}\right)^2 - \frac{1}{4} = 45{,}75$

$(x+6)^2 + (y-7)^2 + \left(z - \frac{1}{2}\right)^2 = 131$, also

$M(-6\,|\,7\,|\,0{,}5)$, $r = \sqrt{131}$

Die Entfernung, bei der ein Signal ausgelöst wird, beträgt 11 445,5 m.

b) **Aufstellen einer Geradengleichung:**

$g_{AB}: \vec{x} = \begin{pmatrix} 29 \\ 36 \\ 9{,}5 \end{pmatrix} + t_1 \begin{pmatrix} -8 \\ -10 \\ -2 \end{pmatrix}$ oder

$\vec{x} = \begin{pmatrix} 29 \\ 36 \\ 9{,}5 \end{pmatrix} + t \begin{pmatrix} 4 \\ 5 \\ 1 \end{pmatrix}$

Berechnen der Koordinaten des Punktes S:

$g_{AB} \cap H = \{S\}$, also g_{AB} in H einsetzen
$(29 + 4t + 6)^2 + (36 + 5t - 7)^2 + (9{,}5 + t - 0{,}5)^2 = 131$
$(4t + 35)^2 + (5t + 29)^2 + (t + 9)^2 = 131$
$16t^2 + 280t + 1\,225 + 25t^2 + 290t + 841 + t^2 + 18t + 81 = 131$
$42t^2 + 588t + 2016 = 0 \quad |\,:42$
$t^2 + 14t + 48 = 0$
$t_{1,2} = -7 \pm \sqrt{49 - 48}$
$t_1 = -6 \;\Rightarrow\; S_1(5\,|\,6\,|\,3{,}5)$
$t_2 = -8 \;\Rightarrow\; S_2(-3\,|\,-4\,|\,1{,}5)$

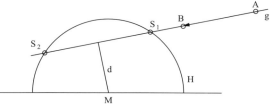

S_2 entfällt, da $\overline{AS_1} < \overline{AS_2}$, also $S(5\,|\,6\,|\,3{,}5)$.

Berechnen der Zeit:

$$|\overrightarrow{BS}| = \left|\begin{pmatrix} -16 \\ -20 \\ -4 \end{pmatrix}\right| = \sqrt{672} \text{ und}$$

$$|\overrightarrow{AB}| = \left|\begin{pmatrix} -8 \\ -10 \\ -2 \end{pmatrix}\right| = \sqrt{168}, \text{ also } |\overrightarrow{BS}| = 2|\overrightarrow{AB}| \text{ und } \overrightarrow{AB} \triangleq 7s, \text{ damit } \overrightarrow{BS} \triangleq 14s.$$

Die Zeit bis zur Signalauslösung beträgt 14 s.

Berechnen der kürzesten Entfernung:

$d(M; g_{AB})$, also Abstand Punkt - Gerade in $\mathbb{R}^3$:

Ebene $F(\vec{n}_F = \vec{v}_{g_{AB}}; M) \cap g_{AB}) = \{P\}$ und $d(M; g_{AB}) = |\overrightarrow{MP}|$, also

F: $4x + 5y + z = a$ mit $M(-6|7|0,5)$
$4 \cdot (-6) + 5 \cdot 7 + 0,5 = a$, $a = 11,5$
F: $4x + 5y + z = 11,5$ und g in F
$4 \cdot (29 + 4t) + 5 \cdot (36 + 5t) + (9,5 + t) = 11,5$
$116 + 16t + 180 + 25t + 9,5 + t = 11,5$
$42t = -294$
$t = -7$

$P(1|1|2,5)$

$$|\overrightarrow{MP}| = \left|\begin{pmatrix} 7 \\ -6 \\ 2 \end{pmatrix}\right| = \sqrt{89} \approx 9,434$$

Der kürzeste Abstand beträgt 9 434 m.

c) **Aufstellen einer Koordinatengleichung der Ebene E:**

Parametergleichung der Ebene E
E: $\vec{x} = \overrightarrow{OR} + r \cdot \overrightarrow{RT} + s \cdot \overrightarrow{RM}$

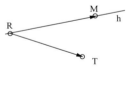

$$\vec{x} = \begin{pmatrix} 3 \\ -2 \\ 0,5 \end{pmatrix} + r\begin{pmatrix} -3 \\ 10 \\ 1 \end{pmatrix} + s_1\begin{pmatrix} -9 \\ 9 \\ 0 \end{pmatrix}$$

$$\vec{x} = \begin{pmatrix} 3 \\ -2 \\ 0,5 \end{pmatrix} + r\begin{pmatrix} -3 \\ 10 \\ 1 \end{pmatrix} + s\begin{pmatrix} -1 \\ 1 \\ 0 \end{pmatrix}, \quad r, s \in \mathbb{R}$$

Koordinatengleichung der Ebene E:

1. Möglichkeit:
Den Normalenvektor von E berechnet man mit:

$$\begin{pmatrix} -3 \\ 10 \\ 1 \end{pmatrix} \times \begin{pmatrix} -1 \\ 1 \\ 0 \end{pmatrix} = \begin{pmatrix} -1 \\ -1 \\ 7 \end{pmatrix}, \text{ also } \vec{n} = \begin{pmatrix} -1 \\ -1 \\ 7 \end{pmatrix}$$

und mit dem Ansatz $-x - y + 7z = a$ und wegen $R(3|-2|0,5) \in E$ ergibt sich
$-3 - (-2) + 7 \cdot 0,5 = a$, $a = 2,5$, also
E: $-x - y + 7z = 2,5$ oder
$x + y - 7z = -2,5$.

2. Möglichkeit:
Der Normalenvektor $\vec{n}$ steht senkrecht auf den Spannvektoren der Ebene, also

$\vec{n} \perp \begin{pmatrix} -3 \\ 10 \\ 1 \end{pmatrix}$ und $\vec{n} \perp \begin{pmatrix} -1 \\ 1 \\ 0 \end{pmatrix}$, damit gilt $\vec{n} \circ \begin{pmatrix} -3 \\ 10 \\ 1 \end{pmatrix} = 0$ und $\vec{n} \circ \begin{pmatrix} -1 \\ 1 \\ 0 \end{pmatrix} = 0$

$\begin{array}{rl} -3n_1 + 10n_2 + n_3 = 0 & \\ -\ n_1 + \ n_2 = 0 & |\cdot(-3) \end{array}$ +

$ 7n_2 + n_3 = 0$

$n_2 = 1, n_3 = -7, n_1 = 1$

$x + y - 7z = a$ und wegen $R(3|-2|0,5) \in E$ ergibt sich E: $x + y - 7z = -2,5$.

3. Möglichkeit:
Aus der Parametergleichung von E folgt:
I. $x = 3 - 3r - s$
II. $y = -2 + 10r + s$
III. $z = 0,5 + r$

aus III. $r = z - 0,5$, einsetzen in I. und II.
I.* $x = 3 - 3(z-0,5) - s$
II.* $y = -2 + 10(z-0,5) + s$

I.* $x = 4,5 - 3z - s$
II.* $y = -7 + 10z + s$

$x + y = -2,5 + 7z$, also
E: $x + y - 7z = -2,5$.

Untersuchen, ob der Flugkörper durch die Radaranlage erkannt wird:

Entscheidend ist die Lage der Punkte A, B und
des Koordinatenursprungs zur Ebene, wobei der
Flugkörper nur oberhalb von E erkannt wird,
also

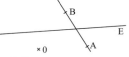

$O(0|0|0)$ von E: $\quad d_O = \dfrac{1 \cdot 0 + 1 \cdot 0 - 7 \cdot 0 + 2,5}{\sqrt{1^2 + 1^2 + (-7)^2}} = \dfrac{2,5}{\sqrt{51}}$

$A(29|36|9,5)$ von E: $d_A = \dfrac{1 \cdot 29 + 1 \cdot 36 - 7 \cdot 9,5 + 2,5}{\sqrt{51}} = \dfrac{1}{\sqrt{51}}$

$B(21|26|7,5)$ von E: $d_B = \left| \dfrac{1 \cdot 21 + 1 \cdot 26 - 7 \cdot 7,5 + 2,5}{\sqrt{51}} \right| = \left| \dfrac{-3}{\sqrt{51}} \right|$, also

der Koordinatenursprung und der Punkt A liegen im selben Halbraum, der Punkt B im anderen. Der Koordinatenursprung liegt unterhalb der Ebene E, da für die Koordinate z_S des Schnittpunktes von E mit der z-Achse gilt: $z_S = \dfrac{5}{14} > 0$, also der Punkt B liegt oberhalb der Ebene und wird vom Radar erkannt.

Leistungskurs Mathematik (Sachsen-Anhalt): Abiturprüfung 2003
Gebiet L2 – Aufgabe 2.2: Analytische Geometrie

In einem kartesischen Koordinatensystem seien die Punkte $A(-1|2|1,5)$, $B(-1|-1|-2,5)$, $C(4|3|-0,5)$ und $D(2|-0,5|-3)$ sowie die Gerade

$$g: \vec{x} = \begin{pmatrix} 3 \\ 5,5 \\ 1 \end{pmatrix} + m \begin{pmatrix} 5 \\ 12 \\ 11 \end{pmatrix}, \quad m \in \mathbb{R},$$

gegeben.

a) Die Punkte A, B und C bestimmen eine Ebene E_1. Ermitteln Sie eine Koordinatengleichung dieser Ebene. (5 BE)

b) Die Gerade g liegt in einer Ebene E_2 mit der Gleichung
$E_2: 2x + y - 2z - 9{,}5 = 0$.
Zeigen Sie, dass der Punkt D und die Gerade g die Ebene E_2 festlegen. (4 BE)

c) Die Ebenen E_1 und E_2 schneiden einander in einer Geraden s.
Ermitteln Sie eine Gleichung der Geraden s.

$$\text{[mögliches Ergebnis zur Kontrolle: } \vec{x} = \begin{pmatrix} 3{,}25 \\ 3 \\ 0 \end{pmatrix} + r \begin{pmatrix} 1 \\ 2 \\ 2 \end{pmatrix}]$$

Ermitteln Sie die Koordinaten des Spurpunktes dieser Geraden in der x-y-Ebene des Koordinatensystems und berechnen Sie das Gradmaß ihres Neigungswinkels gegenüber dieser Ebene. (10 BE)

d) Die Gerade s sei Symmetrieachse eines geraden Kreiszylinders. Ebene Schnitte durch den Zylinder parallel zur Grundfläche desselben erzeugen Kreise um die Gerade s.
Zeigen Sie, dass die Punkte $E(5|8|2)$ und $G(5|5|5)$ Endpunkte eines Durchmessers eines solchen Kreises sind.
Der Kreis um die Gerade s, welcher die Punkte E und G enthält, ist Umkreis eines Quadrates mit den Eckpunkten E, F, G und H.
Berechnen Sie die Koordinaten der Punkte F und H. (11 BE)
(30 BE)

Lösungen

a) **Parametergleichung der Ebene $E_1(A, B, C)$:**

$$E_1: \vec{x} = \begin{pmatrix} -1 \\ 2 \\ 1,5 \end{pmatrix} + r \begin{pmatrix} 0 \\ -3 \\ -4 \end{pmatrix} + s \begin{pmatrix} 5 \\ 1 \\ -2 \end{pmatrix}, \quad r, s \in \mathbb{R}$$

Koordinatengleichung der Ebene E_1:

1. Möglichkeit:
Den Normalenvektor von E berechnet man mit

$$\begin{pmatrix} 0 \\ -3 \\ -4 \end{pmatrix} \times \begin{pmatrix} 5 \\ 1 \\ -2 \end{pmatrix} = \begin{pmatrix} 10 \\ -20 \\ 15 \end{pmatrix} = 5 \begin{pmatrix} 2 \\ -4 \\ 3 \end{pmatrix}$$

und mit Ansatz $2x - 4y + 3z = a$ und wegen
$A(-1 \mid 2 \mid 1,5) \in E_1$ ergibt sich
$2 \cdot (-1) - 4 \cdot 2 + 3 \cdot 1,5 = a$, $a = -5,5$, also
$E_1: 2x - 4y + 3z = -5,5$.

2. Möglichkeit:
Der Normalenvektor $\vec{n}$ steht senkrecht auf den Spannvektoren der Ebene, also

$\vec{n} \perp \begin{pmatrix} 0 \\ -3 \\ -4 \end{pmatrix}$ und $\vec{n} \perp \begin{pmatrix} 5 \\ 1 \\ -2 \end{pmatrix}$, damit gilt $\vec{n} \circ \begin{pmatrix} 0 \\ -3 \\ -4 \end{pmatrix} = 0$ und $\vec{n} \circ \begin{pmatrix} 5 \\ 1 \\ -2 \end{pmatrix} = 0$,

$$\begin{array}{rl} -3n_2 - 4n_3 = 0 & \\ 5n_1 + n_2 - 2n_3 = 0 & \mid \cdot (3) \\ \hline 15n_1 \quad\quad - 10n_3 = 0 & \end{array}$$

$n_1 = 2$, $n_3 = 3$, $n_2 = -4$, also

$2x - 4y + 3z = a$ und wegen $A \in E_1$ ergibt sich
$2 \cdot (-1) - 4 \cdot 2 + 3 \cdot 1,5 = a$, $a = -5,5$, also
$E_1: 2x - 4y + 3z = -5,5$.

3. Möglichkeit:
Aus der Parametergleichung von E_1 folgt:

I. $x = -1 \quad\quad + 5s$
II. $y = 2 - 3r + s$
III. $z = 1,5 - 4r - 2s$

aus I. $s = \dfrac{1}{5}x + \dfrac{1}{5}$, einsetzen in II. und III.

II.* $y = 2 - 3r + \dfrac{1}{5}x + \dfrac{1}{5}$

III.* $z = 1,5 - 4r - 2\left(\dfrac{1}{5}x + \dfrac{1}{5}\right)$

II.* $y = 2,2 - 3r + \dfrac{1}{5}x \quad \mid \cdot (-4)$

III.* $z = 1,1 - 4r - \dfrac{2}{5}x \quad \mid \cdot 3$

$$-4y = -8{,}8 + 12r - \frac{4}{5}x \quad \Big|\ +$$
$$3z = 3{,}3 - 12r - \frac{6}{5}x$$
$-4y + 3z = -5{,}5 - 2x$, also
$E_1:\ 2x - 4y + 3z = -5{,}5.$

b) **Zeigen, dass der Punkt D und die Gerade g die Ebene E_2 festlegen; z. B.:**

1. Möglichkeit:

E(D; g) aufstellen und vergleichen mit E_2

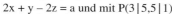

$$\vec{x} = \begin{pmatrix} 3 \\ 5{,}5 \\ 1 \end{pmatrix} + m\begin{pmatrix} 5 \\ 12 \\ 11 \end{pmatrix} + r\begin{pmatrix} -1 \\ -6 \\ -4 \end{pmatrix}$$

$$\vec{n} = \begin{pmatrix} 5 \\ 12 \\ 11 \end{pmatrix} \times \begin{pmatrix} -1 \\ -6 \\ -4 \end{pmatrix} = \begin{pmatrix} -48 + 66 \\ -11 + 20 \\ -30 + 12 \end{pmatrix} = \begin{pmatrix} 18 \\ 9 \\ -18 \end{pmatrix} = 9\begin{pmatrix} 2 \\ 1 \\ -2 \end{pmatrix}$$

$2x + y - 2z = a$ und mit $P(3 | 5{,}5 | 1)$
$2 \cdot 3 + 5{,}5 - 2 \cdot 1 = a,\ a = 9{,}5$
$E:\ 2x + y - 2z = 9{,}5$ bzw.
$\quad 2x + y - 2z - 9{,}5 = 0$, damit stimmen die Ebenengleichungen überein.

2. Möglichkeit:
(1) D in E_2: $2 \cdot 2 + 1 \cdot (-0{,}5) - 2 \cdot (-3) - 9{,}5 = 0$ w. A.
(2) g in E_2: $2 \cdot (3 + 5m) + (5{,}5 + 12m) - 2 \cdot (1 + 11m) - 9{,}5 = 0$
$\qquad\qquad 6 + 10m + 5{,}5 + 12m - 2 - 22m - 9{,}5 \qquad = 0$ w. A.

(3) $D \notin g$: $\begin{pmatrix} 2 \\ -0{,}5 \\ -3 \end{pmatrix} = \begin{pmatrix} 3 \\ 5{,}5 \\ 1 \end{pmatrix} + m\begin{pmatrix} 5 \\ 12 \\ 11 \end{pmatrix}$,

$\quad 2 = 3 + 5m \rightarrow m = -\frac{1}{5}$
$\quad -0{,}5 = 5{,}5 + 12m \qquad\qquad$ Widerspruch
$\quad -3 = 1 + 11m \rightarrow m = -\frac{4}{11}$

D liegt nicht auf der Geraden;
aus (1), (2) und (3) folgt, dass D und g die Ebene E_2 festlegen.

c) **Ermitteln der Geradengleichung s:**

Die Parametergleichung der Ebene E_1 wird in E_2 eingesetzt:
$2 \cdot (-1 + 5s) + (2 - 3r + s) - 2 \cdot (1{,}5 - 4r - 2s) - 9{,}5 = 0$
$\qquad -2 + 10s + 2 - 3r + s - 3 + 8r + 4s - 9{,}5 = 0$
$\qquad\qquad\qquad 5r + 15s - 12{,}5 = 0$
$\qquad\qquad\qquad r = -3s + 2{,}5$, also

$$\vec{x} = \begin{pmatrix} -1 \\ 2 \\ 1{,}5 \end{pmatrix} + (-3s + 2{,}5)\begin{pmatrix} 0 \\ -3 \\ -4 \end{pmatrix} + s\begin{pmatrix} 5 \\ 1 \\ -2 \end{pmatrix}$$

$$\vec{x} = \begin{pmatrix} -1 \\ -5,5 \\ -8,5 \end{pmatrix} + s \begin{pmatrix} 5 \\ 10 \\ 10 \end{pmatrix} \text{ oder}$$

$$s: \quad \vec{x} = \begin{pmatrix} -1 \\ -5,5 \\ -8,5 \end{pmatrix} + t \begin{pmatrix} 1 \\ 2 \\ 2 \end{pmatrix}$$

Ermitteln der Koordinaten des Spurpunktes:
x-y-Ebene, also z = 0
$-8,5 + 2t = 0$, $t = 4,25$ und damit $S(3,25 \mid 3 \mid 0)$

Berechnen des Gradmaßes des Neigungswinkels:
$\sphericalangle(s, E_{xy})$, also Winkel zwischen Gerade/Ebene

$$\sin \sphericalangle(s, E_{xy}) = \frac{\begin{pmatrix} 1 \\ 2 \\ 2 \end{pmatrix} \circ \begin{pmatrix} 0 \\ 0 \\ 1 \end{pmatrix}}{\sqrt{9} \cdot 1} = \frac{2}{\sqrt{9}}, \quad \sphericalangle(s, E_{xy}) = 41,8°$$

d) **Zeigen, dass Punkte Endpunkte eines Durchmessers sind:**

(1) $\overrightarrow{EG} \perp \vec{v}_S$,
$\overrightarrow{EG} \circ \vec{v}_S = 0$
$$\begin{pmatrix} 0 \\ -3 \\ 3 \end{pmatrix} \circ \begin{pmatrix} 1 \\ 2 \\ 2 \end{pmatrix} = 0$$
$0 \cdot 1 - 3 \cdot 2 + 3 \cdot 2 = 0$ w. A.

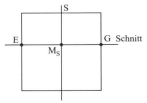

(2) $h(E,G) \cap s = \{M_S\}$
$$h: \vec{x} = \begin{pmatrix} 5 \\ 8 \\ 2 \end{pmatrix} + r_1 \begin{pmatrix} 0 \\ -3 \\ 3 \end{pmatrix}$$
$$\vec{x} = \begin{pmatrix} 5 \\ 8 \\ 2 \end{pmatrix} + r \begin{pmatrix} 0 \\ -1 \\ 1 \end{pmatrix}$$
$$\begin{pmatrix} 5 \\ 8 \\ 2 \end{pmatrix} + r \begin{pmatrix} 0 \\ -1 \\ 1 \end{pmatrix} = \begin{pmatrix} -1 \\ -5,5 \\ -8,5 \end{pmatrix} + t \begin{pmatrix} 1 \\ 2 \\ 2 \end{pmatrix}$$

$\quad 5 \quad = -1 \ + t$
$\quad 8 - r = -5,5 + 2t$
$\quad 2 + r = -8,5 + 2t$

also t = 6 und damit $M_S(5 \mid 6,5 \mid 3,5)$

(3) $\overrightarrow{OM_S} = \overrightarrow{OE} + \frac{1}{2}\overrightarrow{EG}$

$\overrightarrow{OM_S} = \begin{pmatrix} 5 \\ 8 \\ 2 \end{pmatrix} + \frac{1}{2}\begin{pmatrix} 0 \\ -3 \\ 3 \end{pmatrix}$, $M_S(5|6,5|3,5)$ stimmen überein,

aus (1), (2) und (3) folgt die Richtigkeit der Aussage.

Berechnen der Koordinaten der Punkte F und H:

$\vec{v}_S \times \vec{u}_{\overline{EG}} = \vec{n}_{\overline{FH}}$

$\begin{pmatrix} 1 \\ 2 \\ 2 \end{pmatrix} \times \begin{pmatrix} 0 \\ -1 \\ 1 \end{pmatrix} = \begin{pmatrix} 4 \\ -1 \\ -1 \end{pmatrix}$

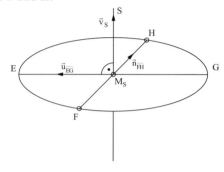

$\overrightarrow{OH} = \overrightarrow{OM_S} + \frac{1}{2}\vec{n}_{\overline{FH}}$

$\overrightarrow{OH} = \begin{pmatrix} 5 \\ 6,5 \\ 3,5 \end{pmatrix} + \frac{1}{2}\begin{pmatrix} 4 \\ -1 \\ -1 \end{pmatrix}$

$H(7|6|3)$

$\overrightarrow{OF} = \overrightarrow{OM_S} - \frac{1}{2}\vec{n}_{\overline{FH}}$

$\overrightarrow{OF} = \begin{pmatrix} 5 \\ 6,5 \\ 3,5 \end{pmatrix} - \frac{1}{2}\begin{pmatrix} 4 \\ -1 \\ -1 \end{pmatrix}$

$F(3|7|4)$

Leistungskurs Mathematik (Sachsen-Anhalt): Abiturprüfung 2003
Gebiet L3 – Aufgabe 3.1: Stochastik

Eine Imbiss-Kette mit sehr vielen Kunden hat eine Langzeitstudie zum Kaufverhalten ihrer Kunden erarbeiten lassen. Es wurde festgestellt:
– 40 % aller Kunden sind männlich.
– 50 % aller Kunden kaufen morgens (Morgenkauf).
– 35 % aller Kunden sind weiblich und kaufen morgens nicht.

a) Betrachtet werden die nachstehenden Ereignisse:
   A: Von 20 zufällig ausgewählten Kunden kaufen 10 morgens.
   B: Von 50 zufällig ausgewählten Kunden kaufen mindestens 25 morgens.
   C: Ein zufällig ausgewählter Kunde ist männlich.
   D: Ein zufällig ausgewählter Kunde kauft morgens.
   Berechnen Sie die Wahrscheinlichkeiten für das Eintreten der Ereignisse A und B.
   Untersuchen Sie die Ereignisse C und D auf (stochastische) Unabhängigkeit. (9 BE)

b) Berechnen Sie (auf Hundertstel genau), wie groß die Wahrscheinlichkeit für einen Morgenkauf mindestens sein muss, damit 20 zufällig ausgewählte Kunden mit einer Wahrscheinlichkeit von mindestens 0,25 alle morgens kaufen. (3 BE)

Die Imbisskette will ihre Öffnungszeiten morgens verlängern, wenn in einer erneuten Umfrage mindestens 40 % aller Kunden am Morgenkauf interessiert sind. Es werden 200 zufällig ausgewählte Kunden zum Morgenkauf befragt.

Die Zufallsgröße X beschreibe die Anzahl der Kunden, die am Morgenkauf interessiert sind; die Zufallsgröße X werde als binomialverteilt angenommen.

c) Entwickeln Sie dazu einen Signifikanztest, bei dem die Wahrscheinlichkeit für die irrtümliche Ablehnung, verlängerter Öffnungszeiten höchstens 5 % beträgt (Signifikanzniveau $\alpha = 0{,}05$) und geben Sie die zugehörige Entscheidungsregel an.
   Ermitteln Sie die Wahrscheinlichkeit dafür, dass bei dieser Entscheidungsregel die Imbiss-Kette morgens länger öffnet, obwohl tatsächlich nur 25 % aller Kunden am Morgenkauf interessiert sind.
   Berechnen Sie die Wahrscheinlichkeit dafür, dass die Anzahl der am Morgenkauf interessierten Kunden um mehr als 10 von ihrem Erwartungswert abweicht, wenn 40 % aller Kunden am Morgenkauf interessiert sind. (13 BE)

(25 BE)

Hinweis: Tabelle zur Binomialverteilung im Anhang (S. 2003-25)

Lösungen

a) **Berechnen der Wahrscheinlichkeiten der Ereignisse A und B:**
Die Zufallsgröße X_n beschreibe die Anzahl derjenigen Kunden unter den Kunden insgesamt, die morgens kaufen. Die Zufallsgröße X_n ist binomialverteilt mit $n = 20$ bzw. $n = 50$ und $p = 0{,}50$; $X_{20} \sim B_{20;\,0{,}50}$ bzw. $X_{50} \sim B_{50;\,0{,}50}$.

$$P(A) = P(X_{20} = 10) = \binom{20}{10} \cdot 0{,}5^{10} \cdot 0{,}5^{10} = 0{,}17620;$$

Anwenden der Bernoulli-Formel $P(X_n = k) = \binom{n}{k} \cdot p^n \cdot (1-p)^{n-k}$ bzw. Tabellenwert

$P(A) \approx 17{,}7\ \%$

$P(B) = P(X_{50} \geq 25) = 1 - P(X_{50} \leq 24) = 1 - B_{50;\,0{,}50}(\{0;\,1;\,\ldots;\,24\})$
$= 1 - 0{,}44386 = 0{,}55614$ (Tabellenwert)
$P(B) \approx 55{,}6\ \%$

Untersuchen der Ereignisse C und D auf (stochastische) Unabhängigkeit:
Zur besseren Überschaubarkeit wird eine Vierfeldertafel erstellt:

Sind die Ereignisse C und D (stochastisch) voneinander unabhängig, dann gilt der spezielle Multiplikationssatz; $P(C \cap D) = P(C) \cdot P(D)$. Andernfalls sind die beiden Ereignisse voneinander (stochastisch) abhängig.
Der Vierfeldertafel entnimmt man $P(C \cap D) = 25$.
Die Berechnung $P(C) \cdot P(D)$ führt auf
$P(C) \cdot P(D) = 0{,}40 \cdot 0{,}50 = 0{,}20$.

	D	$\overline{D}$	
C	0,25	0,15	**0,40**
$\overline{C}$	0,25	**0,35**	0,60
	0,50	0,50	1

Da $P(C \cap D) \neq P(C) \cdot P(D)$, gilt der spezielle Multiplikationssatz nicht.
Die Ereignisse C und D sind folglich voneinander (stochastisch) abhängig.

b) **Berechnen der gesuchten Mindestwahrscheinlichkeit:**
Die Zufallsgröße Y beschreibt die Anzahl der Kunden, die morgens kaufen. Die Zufallsgröße Y ist binomialverteilt mit $n = 20$ und unbekanntem Wert p; $Y \sim B_{20;\,p}$.
$P(Y = 20) \geq 25$

Berechnung mithilfe der Bernoulli-Formel $P(Y = k) = \binom{n}{k} \cdot p^n \cdot (1-p)^{n-k}$:

$P(Y = 20) = \binom{20}{20} \cdot p^{20} \cdot (1-p)^0 = p^{20}$; $p^{20} \geq 0{,}25 \iff p \geq \sqrt[20]{0{,}25}$; $p \geq 0{,}9330\ldots$

Die Mindestwahrscheinlichkeit beträgt (auf Hundertstel genau) $p = 0{,}93$.

c) **Entwickeln eines Signifikanztests und Angeben der Entscheidungsregel:**
(1) Nullhypothese H_0: $p_0 \geq 0{,}40$ [Gegenhypothese H_1: $p_1 < 0{,}40$]
(2) Stichprobenumfang n: $n = 200$; Signifikanzniveau α: $\alpha = 0{,}05$

Die Zufallsgröße X ist binomialverteilt mit $n = 200$ und $p_0 = 0{,}40$; $X \sim B_{200;\,0{,}40}$ (bei wahrer Nullhypothese). Da kleine Werte der Zufallsgröße gegen die Nullhypothese sprechen, wird der Test linksseitig ausgeführt.

(3) Ermitteln des linksseitigen Ablehnungsbereichs $\overline{A}$; $\overline{A} = \{0; 1; ...; k\}$:
$P(X \leq k) = B_{200;\, 0{,}40}(\{0; 1; ...; k\}) \leq 0{,}05$
Die Ungleichung ist letztmalig erfüllt für den Wert k = 68
[Tabellenwert $B_{200;\, 0{,}40}(\{0; 1; ...; 68\}) = 0{,}04748 \leq 0{,}05$].
Für den **Ablehnungsbereich** folgt somit $\overline{A} = \{0; 1; ...; 68\}$.

(4) **Entscheidungsregel** $\overline{A} = \{0; 1; ...; 68\}$; wenn $X \in \overline{A}$, also weniger als 69 Kunden von 200 Kunden am Morgenkauf interessiert sind, öffnet die Imbisskette morgens nicht länger (Nullhypothese wird abgelehnt).

Ermitteln der gesuchten Fehlerwahrscheinlichkeit:
Zu ermitteln ist die Wahrscheinlichkeit für das Begehen eines Fehlers 2. Art (eine in Wirklichkeit falsche Nullhypothese wird irrtümlich nicht abgelehnt). Für die Binomialverteilung der Zufallsgröße X soll in Wirklichkeit gelten: $X \sim B_{200;\, p_1}$ mit $p_1 = 0{,}25$.

$\beta = P(A_{p_1}) = B_{n;\, p_1}(A) = 1 - B_{n;\, p_1}(\overline{A})$

$\beta = 1 - B_{200;\, 0{,}25}(\{0; 1; ...; 68\}) = 1 - 0{,}99830 = 0{,}0017$
  (Tabellenwert)

$\beta \approx 0{,}2\,\%$

Berechnen der Wahrscheinlichkeit für die Abweichung:
Erwartungswert $E(X)$: $E(X) = n \cdot p = 200 \cdot 0{,}4 = 80$
Abweichung $|X - 80| \geq 11$
Auflösen der Betragsungleichung:
Fall 1: $X - 80 > 0 \Rightarrow X - 80 \geq 11 \Leftrightarrow X \geq 91$
Fall 2: $X - 80 < 0 \Rightarrow -(X - 80) \geq 11 \Leftrightarrow X \leq 69$
Wahrscheinlichkeit:
$P(X \geq 91 \text{ oder } X \leq 69) = 1 - P(X \leq 90) + P(X \leq 69)$
$= 1 - B_{200;\, 0{,}40}(\{0; 1; ...; 90\}) + B_{200;\, 0{,}40}(\{0; 1; ...; 69\})$
$= 1 - 0{,}93451 + 0{,}06390 = 0{,}12939$
  (Tabellenwerte)

Die Wahrscheinlichkeit für die Abweichung beträgt etwa 12,9 %.

Leistungskurs Mathematik (Sachsen-Anhalt): Abiturprüfung 2003
Gebiet L3 – Aufgabe 3.2: Stochastik

Ein Baumarkt bietet Schrauben einer bestimmten Sorte in Kleinpackungen zu 100 Stück und in Großpackungen zu 250 Stück an. Erfahrungsgemäß werden die Kleinpackungen mit einer Wahrscheinlichkeit von 60 % und die Großpackungen mit einer Wahrscheinlichkeit von 40 % verkauft.

a) Berechnen Sie, mit welcher Wahrscheinlichkeit unter 200 verkauften Abpackungen
   – höchstens 100 Großpackungen,
   – mindestens 125 Kleinpackungen sind. (5 BE)

Die Schrauben sind zu 5 % fehlerhaft durch Fehler am Gewinde (Fehler G) oder am Kopf (Fehler K). Die Fehler G und K treten unabhängig voneinander auf, wobei der Fehler G die Wahrscheinlichkeit von 3 % hat.

b) Berechnen Sie die Wahrscheinlichkeiten der folgenden Ereignisse:
   A: Eine Schraube hat den Fehler K.
   B: Eine Schraube weist die Fehler G und K auf.
   [Ergebnis zur Kontrolle: $P(A) = \frac{2}{97}$] (8 BE)

Eine Schraube ist mit einer Wahrscheinlichkeit von 95 % fehlerfrei. In der Endkontrolle des Unternehmens wird eine fehlerfreie Schraube irrtümlich mit einer Wahrscheinlichkeit von 6 % ausgesondert; insgesamt werden 10 % aller Schrauben ausgesondert.

c) Veranschaulichen Sie diesen Sachverhalt in einem Baumdiagramm.
   Berechnen Sie die Wahrscheinlichkeit des folgenden Ereignisses:
   C: Eine Schraube, die fehlerhaft ist, wird bei der Endkontrolle ausgesondert. (5 BE)

Die Schrauben werden von einem Unternehmen an insgesamt 350 unabhängig voneinander arbeitenden Automaten produziert. Jeder der Automaten wird über einen Chip mit der Ausfallwahrscheinlichkeit 4 % gesteuert.

d) Berechnen Sie, wie viele Ersatzchips mindestens bereitgehalten werden müssen, um bei Chip-Ausfall mit einer Wahrscheinlichkeit von mindestens 99 % Ersatz verfügbar zu haben. (7 BE)
(25 BE)

Hinweis: Tabelle zur Binomialverteilung im Anhang (S. 2003-25)

Lösungen

a) **Berechnen der Wahrscheinlichkeiten:**
Die Zufallsgröße X beschreibe die Anzahl der Großpackungen (in der Stichprobe). Die Zufallsgröße X ist binomialverteilt mit n = 200 und p = 0,40; $X \sim B_{200;\,0,40}$.
Ereignis X ≤ 100:
$P(X \leq 100) = B_{200;\,0,40}(\{0; 1; \ldots; 100\}) = 0,99832$ (Tabellenwert)
P(X ≤ 100) ≈ 99,8 %

Die Zufallsgröße Y beschreibe die Anzahl der Kleinpackungen (in der Stichprobe). Die Zufallsgröße Y ist binomialverteilt mit n = 200 und p = 0,60; $Y \sim B_{200;\,0,60}$.
Ereignis Y ≥ 125:
$P(Y \geq 125) = 1 - P(Y \leq 124) = 1 - B_{200;\,0,60}(\{0; 1; \ldots; 124\}) = 1 - 0,74104 = 0,25896$
(Tabellenwert)
P(Y ≥ 125) ≈ 25,9 %

b) **Berechnen der Wahrscheinlichkeiten der Ereignisse A und B:**
Ereignis A:
Ereignis F: Schraube fehlerhaft; P(F) = 0,05
Ereignis G: Schraube hat den Fehler G; P(G) = 0,03
Eine Schraube ist fehlerhaft, wenn sie den Fehler G (Ereignis G) oder den Fehler K (Ereignis A) hat, also gilt $P(F) = P(G \cup A) = 0,05$.
Anwenden des allgemeinen Additionssatzes für die Ereignisse G und A:
(*) $P(G \cup A) = P(G) + P(A) - P(G \cap A)$
Wegen der Unabhängigkeit der Ereignisse gilt der spezielle Multiplikationssatz;
$P(G \cap A) = P(G) \cdot P(A)$.
Ersetzen von $P(G \cap A)$ in (*) und Umformen des erhaltenen Ausdrucks nach P(A):
$P(G \cup A) = P(G) + P(A) - P(G) \cdot P(A)$
$P(G \cup A) = P(G) + P(A) \cdot [1 - P(G)]$

$P(A) = \dfrac{P(G \cup A) - P(G)}{1 - P(G)}$

$P(A) = \dfrac{0,05 - 0,03}{1 - 0,03} = \dfrac{2}{97}$; **P(A) ≈ 0,02 %**

Ereignis B:
Es wird der spezielle Multiplikationssatz angewendet und die oben berechnete Wahrscheinlichkeit P(A) eingesetzt.
$P(B) = P(G \cap A) = P(G) \cdot P(A)$
$P(B) \approx 0,02 \cdot 0,03 = 0,0006$; **P(B) ≈ 6 · 10^{-4}**

c) **Veranschaulichen im Baumdiagramm und Berechnen der Wahrscheinlichkeit des Ereignisses C:**

P(F) = 0,05;   P($\overline{F}$) = 0,95

S – ausgesondert; $\overline{S}$ – nicht ausgesondert

P(S) = 0,1; $P_{\overline{F}}(S) = 0,06$

P(C) = $P_F(S)$ = x

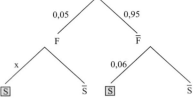

Die Wahrscheinlichkeit P(C) kann orientiert am Baumdiagramm nach der ersten Pfadregel (Produktregel) und der zweiten Pfadregel (Summenregel) berechnet werden:
0,05 · x + 0,95 · 0,06 = 0,1

$$x = P(C) = \frac{0,1 - 0,95 \cdot 0,06}{0,05} = 0,86; \quad \textbf{P(C) = 86,0 \%}$$

d) **Berechnen der Mindestanzahl der Ersatzchips:**
Die Zufallsgröße Z beschreibe die Anzahl der Ersatzchips (in der Stichprobe). Die Zufallsgröße Z ist binomialverteilt mit n = 350 und p = 0,04; Z ~ $B_{350;\,0,04}$.
Da im vorliegenden Fall n hinreichend groß ist (Faustregel bzw. empirisches Kriterium: V(Z) = n · p · q > 9 mit V(Z) = 350 · 0,04 · 0,96 = 13,44 > 9 erfüllt), darf die Zufallsgröße Z näherungsweise als normalverteilt angesehen werden. Somit kann die Mindestanzahl als kritischer Wert k mithilfe der Φ-Funktion der (Standard-)Normalverteilung näherungsweise ermittelt werden:

$$P(Z \leq k) \approx \Phi\left(\frac{k + 0,5 - \mu}{\sigma}\right)$$

k – kritischer Wert;   0,5 – Korrektursummand
μ – Erwartungswert   μ = E(Z) = n · p = 350 · 0,04 = 14
σ – Standardabweichung $\sigma = \sqrt{V(Z)} = \sqrt{n \cdot p \cdot q} = \sqrt{350 \cdot 0,04 \cdot 0,96} = \sqrt{13,44} \approx 3,67$

$$P(Z \leq k) \approx \Phi\left(\frac{k + 0,5 - \mu}{\sigma}\right) \geq 0,99$$

Mit k, μ = E(Z) = 14 und $\sigma = \sqrt{V(Z)} \approx 3,67$ erhält man $P(Z \leq k) \approx \Phi\left(\frac{k + 0,5 - 14}{3,67}\right) \geq 0,99$.

Einer Tabelle der Funktionswerte Φ(X) der Normalverteilung entnimmt man den Wert Φ(2,33), für den die Ungleichung erstmalig erfüllt ist.

Φ(2,33) = 0,9901 ≥ 0,99, womit folgt $\frac{k + 0,5 - 14}{3,67} \geq 2,33$ und somit

k ≥ 2,33 · 3,67 – 0,5 + 14
k ≥ 22,05 ...
Es müssen mindestens 23 Ersatzchips bereitgehalten werden.

Anhang zu den Aufgaben der Stochastik
Tabelle: Summierte Binomialverteilung

					p			
n	k	0,1	0,25	0,4	0,5	0,6	0,75	0,9
50	0	0,00515	0,00000	0,00000	0,00000	0,00000	0,00000	0,00000
	1	0,03379	0,00001	0,00000	0,00000	0,00000	0,00000	0,00000
	2	0,11173	0,00009	0,00000	0,00000	0,00000	0,00000	0,00000
	3	0,25029	0,00050	0,00000	0,00000	0,00000	0,00000	0,00000
	4	0,43120	0,00211	0,00000	0,00000	0,00000	0,00000	0,00000
	5	0,61612	0,00705	0,00000	0,00000	0,00000	0,00000	0,00000
	6	0,77023	0,01939	0,00001	0,00000	0,00000	0,00000	0,00000
	7	0,87785	0,04526	0,00006	0,00000	0,00000	0,00000	0,00000
	8	0,94213	0,09160	0,00023	0,00000	0,00000	0,00000	0,00000
	9	0,97546	0,16368	0,00076	0,00000	0,00000	0,00000	0,00000
	10	0,99065	0,26220	0,00220	0,00001	0,00000	0,00000	0,00000
	11	0,99678	0,38162	0,00569	0,00005	0,00000	0,00000	0,00000
	12	0,99900	0,51099	0,01325	0,00015	0,00000	0,00000	0,00000
	13	0,99971	0,63704	0,02799	0,00047	0,00000	0,00000	0,00000
	14	0,99993	0,74808	0,05396	0,00130	0,00000	0,00000	0,00000
	15	0,99998	0,83692	0,09550	0,00330	0,00002	0,00000	0,00000
	16	0,99999	0,90169	0,15609	0,00767	0,00006	0,00000	0,00000
	17	1,00000	0,94488	0,23688	0,01642	0,00018	0,00000	0,00000
	18	1,00000	0,97127	0,33561	0,03245	0,00052	0,00000	0,00000
	19	1,00000	0,98608	0,44648	0,05946	0,00137	0,00000	0,00000
	20	1,00000	0,99374	0,56103	010132	0,00336	0,00000	0,00000
	21	1,00000	0,99738	0,67014	0,16112	0,00762	0,00000	0,00000
	22	1,00000	0,99898	0,76602	0,23994	0,01603	0,00000	0,00000
	23	1,00000	0,99963	0,84383	0,33591	0,03141	0,00001	0,00000
	24	1,00000	0,99988	0,90219	0,44386	0,05734	0,00004	0,00000
	25	1,00000	0,99996	0,94266	0,55614	0,09781	0,00012	0,00000
	26	1,00000	0,99999	0,96859	0,66409	0,15617	0,00037	0,00000
	27	1,00000	1,00000	0,98367	0,76006	0,23398	0,00102	0,00000
	28	1,00000	1,00000	0,99238	0,83888	0,32986	0,00262	0,00000
	29	1,00000	1,00000	0,99664	0,89868	0,43897	0,00626	0,00000
	30	1,00000	1,00000	0,99863	0,94054	0,55352	0,01392	0,00000
	31	1,00000	1,00000	0,99948	0,96755	0,66439	0,02873	0,00000
	32	1,00000	1,00000	0,99982	0,98358	0,76312	0,05512	0,00000
	33	1,00000	1,00000	0,99994	0,99233	0,84391	0,09831	0,00000
	34	1,00000	1,00000	0,99998	0,99670	0,90450	0,16308	0,00002
	35	1,00000	1,00000	1,00000	0,99870	0,94604	0,25193	0,00007
	36	1,00000	1,00000	1,00000	0,99953	0,97201	0,36296	0,00029
	37	1,00000	1,00000	1,00000	0,99985	0,98675	0,48901	0,00100
	38	1,00000	1,00000	1,00000	0,99995	0,99431	0,61838	0,00322
	39	1,00000	1,00000	1,00000	0,99999	0,99780	0,73780	0,00935
	...							

Tabelle: Summierte Binomialverteilung

n	k	0,1	0,25	0,4	0,5	0,6	0,75	0,9
	...							
	65	1,00000	0,99322	0,01731	0,00000	0,00000	0,00000	0,00000
	66	1,00000	0,99564	0,02472	0,00000	0,00000	0,00000	0,00000
	67	1,00000	0,99725	0,03459	0,00000	0,00000	0,00000	0,00000
	68	1,00000	0,99830	0,04748	0,00000	0,00000	0,00000	0,00000
	69	1,00000	0,99897	0,06390	0,00001	0,00000	0,00000	0,00000
	70	1,00000	0,99939	0,08440	0,00001	0,00000	0,00000	0,00000
	71	1,00000	0,99965	0,10942	0,00002	0,00000	0,00000	0,00000
	72	1,00000	0,99980	0,13930	0,00005	0,00000	0,00000	0,00000
	73	1,00000	0,99989	0,17423	0,00008	0,00000	0,00000	0,00000
	74	1,00000	0,99994	0,21419	0,00014	0,00000	0,00000	0,00000
	...							
	90	1,00000	1,00000	0,93451	0,08948	0,00001	0,00000	0,00000
	91	1,00000	1,00000	0,95082	0,11462	0,00002	0,00000	0,00000
	92	1,00000	1,00000	0,96369	0,14441	0,00004	0,00000	0,00000
	93	1,00000	1,00000	0,97366	0,17900	0,00008	0,00000	0,00000
	94	1,00000	1,00000	0,98123	0,21838	0,00014	0,00000	0,00000
	95	1,00000	1,00000	0,98686	0,26231	0,00023	0,00000	0,00000
	96	1,00000	1,00000	0,99096	0,31036	0,00039	0,00000	0,00000
	97	1,00000	1,00000	0,99390	0,36189	0,00065	0,00000	0,00000
	98	1,00000	1,00000	0,99595	0,41604	0,00106	0,00000	0,00000
	99	1,00000	1,00000	0,99736	0,47183	0,00168	0,00000	0,00000
	100	1,00000	1,00000	0,99832	0,52817	0,00264	0,00000	0,00000
	101	1,00000	1,00000	0,99894	0,58396	0,00405	0,00000	0,00000
200	102	1,00000	1,00000	0,99935	0,63811	0,00610	0,00000	0,00000
	103	1,00000	1,00000	0,99961	0,68964	0,00904	0,00000	0,00000
	104	1,00000	1,00000	0,99977	0,773769	0,01314	0,00000	0,00000
	105	1,00000	1,00000	0,99986	0,78162	0,01877	0,00000	0,00000
	106	1,00000	1,00000	0,99992	0,82100	0,02634	0,00000	0,00000
	107	1,00000	1,00000	0,99996	0,85559	0,03631	0,00000	0,00000
	108	1,00000	1,00000	0,99998	0,88538	0,04918	0,00000	0,00000
	109	1,00000	1,00000	0,99999	0,91052	0,06549	0,00000	0,00000
	110	1,00000	1,00000	0,99999	0,93132	0,08572	0,00000	0,00000
	111	1,00000	1,00000	1,00000	0,94818	0,11033	0,00000	0,00000
	112	1,00000	1,00000	1,00000	0,96158	0,13966	0,00000	0,00000
	113	1,00000	1,00000	1,00000	0,97202	0,17393	0,00000	0,00000
	114	1,00000	1,00000	1,00000	0,97998	0,21315	0,00000	0,00000
	115	1,00000	1,00000	1,00000	0,98594	0,25715	0,00000	0,00000
	116	1,00000	1,00000	1,00000	0,99030	0,30551	0,00000	0,00000
	117	1,00000	1,00000	1,00000	0,99343	0,35759	0,00000	0,00000
	118	1,00000	1,00000	1,00000	0,99564	0,41254	0,00000	0,00000
	119	1,00000	1,00000	1,00000	0,99716	0,46934	0,00000	0,00000
	120	1,00000	1,00000	1,00000	0,99818	0,52684	0,00000	0,00000
	121	1,00000	1,00000	1,00000	0,99886	0,58388	0,00000	0,00000
	122	1,00000	1,00000	1,00000	0,99930	0,63927	0,00001	0,00000
	123	1,00000	1,00000	1,00000	0,99958	0,69196	0,00002	0,00000
	124	1,00000	1,00000	1,00000	0,99975	0,74104	0,00003	0,00000
	...							

**Leistungskurs Mathematik (Sachsen-Anhalt): Abiturprüfung (Modellversuch) 2004
Gebiet K-L1 – Aufgabe 1.1: Analysis**

Gegeben sind Funktionen $f_{a,b,c,d}$ durch

$$y = f_{a,b,c,d}(x) = \frac{x^2 + ax + b}{cx + d}, \quad x, a, b, c, d \in \mathbb{R} \text{ und } cx + d \neq 0.$$

a) Es wird zunächst die Funktion $f_{a,b,c,d}$ mit $a = 4$, $b = -5$, $c = 2$ und $d = -4$ betrachtet; diese Funktion wird im Folgenden kurz mit f bezeichnet.
Untersuchen Sie die Funktion f auf Nullstellen und auf Polstellen und weisen Sie nach, dass die Gerade mit der Gleichung $y = \frac{x}{2} + 3$ eine Asymptote des Graphen der Funktion f ist.
Berechnen Sie die Koordinaten der lokalen Extrempunkte des Graphen der Funktion f.
Ermitteln Sie das globale Maximum der Funktion f im Intervall $3 \leq x \leq 6$ und begründen Sie Ihr Vorgehen.
Zeichnen Sie den Graphen der Funktion f im Intervall $-8 \leq x \leq 8$. (22 BE)

b) Der Graph der Funktion f und die x-Achse schließen eine Fläche ein.
Berechnen Sie die Maßzahl des Inhalts dieser Fläche. (7 BE)

c) Von einer der Funktionen $f_{a,b,c,d}$ sind folgende Eigenschaften bekannt:
– Eine Nullstelle ist 2.
– Die Polstelle ist 0.
– Die Funktion hat an der Stelle 1 den Funktionswert -2.
– Der Graph der Funktion hat an der Stelle 1 den Anstieg 3.
Ermitteln Sie dafür die Werte der Parameter a, b, c und d. (7 BE)

Ein Schornstein soll aus drei gleichen rechteckigen Schächten mit je 8,00 dm² Flächeninhalt bestehen. Die Wände, die die Schächte umschließen, sollen jeweils 2,00 dm stark sein. Die Abbildung zeigt einen Grundriss dieses Schornsteins.

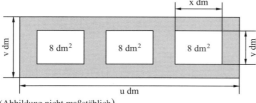

(Abbildung nicht maßstäblich)

d) Der Flächeninhalt der Grundrissfläche des Schornsteins (in der Abbildung grau unterlegt) soll minimal werden.
Ermitteln Sie für diesen Fall die Werte von u und v. (9 BE)

(45 BE)

Lösungen

$$y = f_{a,b,c,d}(x) = \frac{x^2 + ax + b}{cx + d}, \quad x, a, b, c, d \in \mathbb{R} \text{ und } cx + d \neq 0$$

$$f(x) = \frac{x^2 + 4x - 5}{2x - 4}$$

$$f'(x) = \frac{1}{2} - \frac{14}{(2x-4)^2} = \frac{2x^2 - 8x - 6}{(2x-4)^2}$$

$$f''(x) = \frac{56}{(2x-4)^3}$$

a) **Nullstellen:**

$$f(x) = 0; \quad 0 = \frac{x^2 + 4x - 5}{2x - 4}; \quad 0 = x^2 + 4x - 5;$$

$$0 = (x-1)(x+5); \quad x_1 = 1; \quad x_2 = -5$$

Polstelle:

$$2x - 4 = 0; \quad x_p = 2$$

Nachweis der Asymptote:

Umformen der Funktionsgleichung durch Polynomdivision, also:

$$(x^2 + 4x - 5) : (2x - 4) = \frac{1}{2}x + 3 + \frac{7}{2x - 4}$$
$$\underline{-(x^2 - 2x)}$$
$$\quad 6x - 5$$
$$\quad \underline{-(6x - 12)}$$
$$\quad\quad 7$$

$$y = f(x) = \frac{1}{2}x + 3 + \frac{7}{2x - 4}$$

Die Gleichung $y = \frac{1}{2}x + 3$ ist schiefe Asymptote, da

$$\lim_{x \to \pm\infty} \frac{7}{2x - 4} = \lim_{x \to \pm\infty} \frac{\frac{7}{x}}{2 - \frac{4}{x}} = 0.$$

Extrempunkte:

$$f'(x) = 0; \quad 0 = \frac{2x^2 - 8x - 6}{(2x - 4)^2}; \quad 0 = 2x^2 - 8x - 6;$$

$$x^2 - 4x - 3 = 0; \quad x_1 = 2 + \sqrt{7} \approx 4{,}65; \quad x_2 = 2 - \sqrt{7} \approx -0{,}65$$

$$f''(2 + \sqrt{7}) = \frac{56}{(2 \cdot (2 + \sqrt{7}) - 4)^3} = \frac{1}{7}\sqrt{7} > 0 \quad \text{Minimum } T(2 + \sqrt{7} \mid 4 + \sqrt{7})$$

$$f''(2 - \sqrt{7}) = \frac{56}{(2 \cdot (2 - \sqrt{7}) - 4)^3} = -\frac{1}{7}\sqrt{7} < 0 \quad \text{Maximum } H(2 - \sqrt{7} \mid 4 - \sqrt{7})$$

Ermitteln des globalen Maximums, z. B.:
Das globale Maximum ist der größte Funktionswert im betrachteten Intervall. Da die Funktion f im Intervall $3 \leq x \leq 6$ stetig ist und genau ein lokales Extremum T(4,65 | 6,65) hat, kann der größte Funktionswert nur am Intervallende liegen, also f(3) oder f(6) sein. Da f(3) = 8 > f(6) = 6,875, ist das gesuchte globale Maximum f(3).

Zeichnen des Graphen:

$$f(x) = \frac{1}{2}x + 3 + \frac{7}{2x-4} = \frac{x^2 + 4x - 5}{2x - 4}$$

x	−8	−7	−6	−5	−4	−3	−2	−1	0
f(x)	−1,35	−0,89	−0,44	0	0,42	0,80	1,13	1,33	1,25

x	1	2	3	4	5	6	7	8
f(x)	0	−	8	6,75	6,67	6,88	7,20	7,58

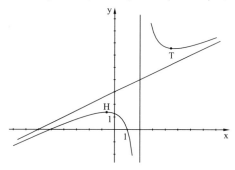

b) **Berechnen der Maßzahl des Inhalts der Fläche, z. B.:**

$$A = \int_{-5}^{1} \frac{x^2 + 4x - 5}{2x - 4} dx = \int_{-5}^{1} \left(\frac{1}{2}x + 3 + \frac{7}{2x-4}\right) dx$$

$$= \left[\frac{1}{4}x^2 + 3x + 7\ln|2x-4| \cdot \frac{1}{2}\right]_{-5}^{1}$$

$$= \frac{1}{4} + 3 + \frac{7}{2}\ln|-2| - \left(\frac{25}{4} - 15 + \frac{7}{2}\ln|-14|\right)$$

$$= 12 - 3{,}5 \cdot \ln 7 \approx 5{,}19$$

c) **Ermitteln der Werte der Parameter:**

Nullstelle: $x_N = 2$; f(2) = 0; also $\dfrac{2^2 + 2a + b}{2c + d} = 0$

Polstelle: $x_P = 0$; $c \cdot 0 + d = 0$; $d = 0$

f(1) = −2, also $\dfrac{1^2 + 1a + b}{c + d} = -2$ und

f'(1) = 3, also $f'(x) = \dfrac{cx^2 + 2dx - bc + ad}{(cx+d)^2}$ und damit $\dfrac{c + 2d - bc + ad}{(c+d)^2} = 3$

umgeformt und vereinfacht
- I. $d = 0$
- II. $4 + 2a + b = 0$
- III. $1 + a + b = -2c$
- IV. $1 - b = 3c$

aus IV. $b = 1 - 3c$ in II. und III.

II.* $4 + 2a + 1 - 3c = 0$
III.* $1 + a + 1 - 3c = -2c$

$$\begin{aligned} 2a - 3c &= -5 \\ a - c &= -2 \quad |\cdot(-2) \end{aligned} \right] +$$

$$-c = -1$$
$$c = 1, a = -1$$

und $1 - b = 3 \cdot 1$, $b = -2$.

d) Ermitteln der Werte u und v:

$A_{ges.} = u \cdot v$ mit
$u = 2 + x + 2 + x + 2 + x + 2$
$u = 8 + 3x$ und
$v = 2 + y + 2$,
$v = 4 + y$

$A_{ges.} = (8 + 3x) \cdot (4 + y) = 32 + 8y + 12x + 3xy$ und $x \cdot y = 8$, $y = \dfrac{8}{x}$

$A_{ges.} = 32 + 8 \cdot \dfrac{8}{x} + 12x + 3x \cdot \dfrac{8}{x}$

$A_{ges.} = 56 + \dfrac{64}{x} + 12x$

$A = A_{ges.} - 3 \cdot 8$

$A(x) = 32 + 12x + \dfrac{64}{x}$

$A'(x) = 12 - \dfrac{64}{x^2}$

$0 = 12 - \dfrac{64}{x^2}$; $x^2 = \dfrac{16}{3}$; $x_{1,2} = \pm\sqrt{\dfrac{16}{3}} = \pm\dfrac{4}{3}\sqrt{3}$

$x_1 = \dfrac{4}{3}\sqrt{3}$, $y_1 = 2\sqrt{3}$, x_2 entfällt, da negativ und damit

$u = 8 + 3 \cdot \dfrac{4}{3}\sqrt{3} = 8 + 4\sqrt{3} \approx 14{,}93$

$v = 4 + 2\sqrt{3} \approx 7{,}46$

$A''(x) = \dfrac{128}{x^3}$

$A''\left(\dfrac{4}{3}\sqrt{3}\right) > 0$, Minimum.

Das lokale Minimum ist zugleich das globale Minimum und $u \approx 14{,}93$ und $v \approx 7{,}46$.

Leistungskurs Mathematik (Sachsen-Anhalt): Abiturprüfung (Modellversuch) 2004
Gebiet K-L1 – Aufgabe 1.2: Analysis

Gegeben sind die Funktionen f_a durch

$$y = f_a(x) = \frac{1}{\sqrt{x}} + \frac{1}{2a}x, \quad x, a \in \mathbb{R}, a > 0 \text{ und } x > 0.$$

Ihre Graphen seien G_a.

a) Untersuchen Sie die Graphen G_a auf die Existenz von Schnittpunkten mit den Koordinatenachsen sowie auf Art und Lage von Extrem- und Wendepunkten.
[mögliches Teilergebnis zur Kontrolle: Abszissen der Tiefpunkte: $\sqrt[3]{a^2}$]
Ermitteln Sie eine Gleichung derjenigen Kurve k, auf der die Tiefpunkte der Graphen G_a liegen (Ortskurve).
Untersuchen Sie das Verhalten der Funktionen f_a für $x \to 0$ und $x \to \infty$.
Zeichnen Sie die Kurve k und den Graphen G_1 für $x \leq 8$. (23 BE)

b) Die Tangente und die Normale im Tiefpunkt T_a jedes Graphen G_a und die Koordinatenachsen begrenzen ein Rechteck mit dem Flächeninhalt $A(a)$.
Weisen Sie nach, dass kein Wert des Parameters a existiert, für den der Flächeninhalt $A(a)$ ein lokales Minimum annimmt.
Untersuchen Sie, ob ein Wert des Parameters a existiert, für den der Abstand $d(a)$ der Tiefpunkte T_a vom Koordinatenursprung am kleinsten ist. Ermitteln Sie gegebenenfalls diesen Wert des Parameters. (12 BE)

c) Die Parallele zur y-Achse durch den Tiefpunkt T_1, der Graph G_1 und die Koordinatenachsen begrenzen eine nach oben offene Fläche.
Weisen Sie nach, dass die Maßzahl des Flächeninhalts dieser Fläche endlich ist, dass aber die Maßzahl des Volumens des Rotationskörpers, der bei der Rotation dieser Fläche um die x-Achse entsteht, nicht endlich ist. (10 BE)
(45 BE)

Lösungen

$$y = f_a(x) = \frac{1}{\sqrt{x}} + \frac{1}{2a}x, \quad x, a \in \mathbb{R}, a > 0 \text{ und } x > 0.$$

$$f_a'(x) = \frac{-1}{2\sqrt{x^3}} + \frac{1}{2a}$$

$$f_a''(x) = \frac{3}{4\sqrt{x^5}}$$

$$f_a'''(x) = \frac{-15}{8\sqrt{x^7}}$$

a) **Schnittpunkte mit den Koordinatenachsen:**

$$y = f_a(x) = 0; \quad 0 = \frac{1}{\sqrt{x}} + \frac{1}{2a}x; \quad 0 = 1 + \frac{1}{2a}x\sqrt{x};$$

$x \cdot \sqrt{x} = -2a$, Widerspruch, da $a > 0$ und $x > 0$, also kein Schnittpunkt mit der x-Achse;
$x = 0$, Widerspruch, da $x > 0$, also kein Schnittpunkt mit der y-Achse.

Extrempunkte:

$$f_a'(x) = 0; \quad \frac{-1}{2\sqrt{x^3}} + \frac{1}{2a} = 0; \quad \frac{-1}{2\sqrt{x^3}} = -\frac{1}{2a};$$

$$2\sqrt{x^3} = 2a; \quad \sqrt{x^3} = a; \quad x = \sqrt[3]{a^2}$$

$$f_a''(\sqrt[3]{a^2}) = \frac{3}{4 \cdot \sqrt{(\sqrt[3]{a^2})^5}} > 0 \text{ Minimum } T_a\left(\sqrt[3]{a^2} \mid \frac{3}{2\sqrt[3]{a}}\right)$$

Wendepunkte:

$$f_a''(x) = 0; \quad \frac{3}{4\sqrt{x^5}} = 0, \text{ Widerspruch, also keine Wendepunkte.}$$

Ermitteln der Ortskurve:

I. $x = \sqrt[3]{a^2} = a^{\frac{2}{3}}$ und II. $y = \frac{3}{2\sqrt[3]{a}} = \frac{3}{2}a^{-\frac{1}{3}}$

Gleichung I. umstellen nach a und in II. einsetzen:

$$x = \sqrt[3]{a^2}, \; x^3 = a^2, \; a = \sqrt{x^3} = x^{\frac{3}{2}} \text{ und damit}$$

$$y = \frac{3}{2}(x^{\frac{3}{2}})^{-\frac{1}{3}} = \frac{3}{2}x^{-\frac{1}{2}} = \frac{3}{2\sqrt{x}};$$

Die Gleichung der Ortskurve lautet: $y = \frac{3}{2\sqrt{x}}$.

Untersuchen des Verhaltens der Funktionen f_a für $x \to 0$ und $x \to \infty$:

$$\lim_{x \to 0}\left(\frac{1}{\sqrt{x}} + \frac{1}{2a}x\right) = \infty; \quad \lim_{x \to \infty}\left(\frac{1}{\sqrt{x}} + \frac{1}{2a}x\right) = \infty$$

Zeichnen der Ortskurve und des Graphen G_1:

Wertetabelle für $f_1(x) = \frac{1}{\sqrt{x}} + \frac{1}{2}x$ und für $y = \frac{3}{2\sqrt{x}}$, $x \leq 8$

x	0,5	1	2	3	4	5	6	7	8
$f_1(x)$	1,7	1,5	1,7	2,1	2,5	2,9	3,4	3,9	4,4

x	1	2	3	4	5	6	7	8
y	1,5	1,06	0,87	0,75	0,67	0,61	0,57	0,53

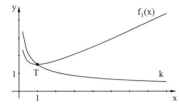

b) **Nachweisen, dass der Flächeninhalt nicht minimal werden kann, z. B.:**

$A = x \cdot f(x)$

$A(a) = \sqrt[3]{a^2} \cdot \frac{3}{2\sqrt[3]{a}}$

$A(a) = \frac{3}{2}\sqrt[3]{a}$

$A'(a) = \frac{1}{2\sqrt[3]{a^2}}; \quad 0 = \frac{1}{2\sqrt[3]{a^2}}$ Widerspruch

notwendige Bedingung für kein a erfüllt; es existiert kein lokales Minimum.

Untersuchen, ob der Abstand minimal wird, z. B.:

$$d(O, T_a) = |\overrightarrow{OT_a}| = \left|\begin{pmatrix} \sqrt[3]{a^2} \\ \frac{3}{2\sqrt[3]{a}} \end{pmatrix}\right|;$$

es gilt; wenn $d(a)$ minimal, so auch $d^2(a)$ minimal, da $d(a) > 0$, also

$$d^2(a) = (\sqrt[3]{a^2})^2 + \left(\frac{3}{2\sqrt[3]{a}}\right)^2 = \left(a^{\frac{2}{3}}\right)^2 + \left(\frac{3}{2}a^{-\frac{1}{3}}\right)^2$$

$$d^2(a) = a^{\frac{4}{3}} + \frac{9}{4}a^{-\frac{2}{3}}$$

$$[d^2(a)]' = \frac{4}{3}a^{\frac{1}{3}} - \frac{3}{2}a^{-\frac{5}{3}}$$

$$0 = \frac{4}{3}\sqrt[3]{a} - \frac{3}{2\sqrt[3]{a^5}}$$

$$\frac{8}{9} \cdot a^{\frac{1}{3}} = a^{-\frac{5}{3}}$$

$$a^{\frac{1}{3}} \cdot a^{\frac{5}{3}} = \frac{9}{8}$$

$$a^2 = \frac{9}{8}, \ a = \frac{3}{4}\sqrt{2}, \text{ da } a > 0$$

$$\left[d^2(a)\right]'' = \frac{4}{9}a^{-\frac{2}{3}} + \frac{5}{2}a^{-\frac{8}{5}}$$

$$\left[d^2\left(\frac{3}{4}\sqrt{2}\right)\right]'' > 0, \text{ da } a > 0,$$

also, es existiert ein lokales Minimum, das zugleich globales Minimum ist.
Der Wert des Parameters a: $a = \frac{3}{4}\sqrt{2}$.

c) **Nachweisen der Fläche, z. B.:**

$$A = \int_b^1 \left(\frac{1}{\sqrt{x}} + \frac{1}{2}x\right) dx$$

$$A = \int_b^1 \left(x^{-\frac{1}{2}} + \frac{1}{2}x\right) dx$$

$$A = \left[2\sqrt{x} + \frac{1}{4}x^2\right]_b^1 = 2 + \frac{1}{4} - \left(2\sqrt{b} + \frac{1}{4}b^2\right)$$

$$A = 2{,}25 - 2\sqrt{b} - 0{,}25b^2 \text{ und } \lim_{b \to 0}(2{,}25 - 2\sqrt{b} - 0{,}25b^2) = 2{,}25$$

Die Maßzahl des Inhalts der Fläche ist endlich, A = 2,25.

Nachweisen des Rotationsvolumens, z. B.:

$$V = \pi \cdot \int_b^1 \left(x^{-\frac{1}{2}} + \frac{1}{2}x\right)^2 dx$$

$$V = \pi \cdot \int_b^1 \left(x^{-1} + x^{\frac{1}{2}} + \frac{1}{4}x^2\right) dx$$

$$V = \pi \cdot \left[\ln|x| + \frac{2}{3}x^{\frac{3}{2}} + \frac{1}{12}x^3\right]_b^1$$

$$V = \pi \cdot \left[\ln 1 + \frac{2}{3} + \frac{1}{12} - \left(\ln|b| + \frac{2}{3}\sqrt{b^3} + \frac{1}{12}b^3\right)\right]$$

$$V = \pi \cdot \left(\frac{3}{4} - \ln|b| - \frac{2}{3}\sqrt{b^3} - \frac{1}{12}b^3\right) \text{ und}$$

$$\lim_{b \to 0}\left[\pi \cdot \left(\frac{3}{4} - \ln|b| - \frac{2}{3}\sqrt{b^3} - \frac{1}{12}b^3\right)\right] = +\infty$$

Die Maßzahl des Volumens des Rotationskörpers ist nicht endlich.

Leistungskurs Mathematik (Sachsen-Anhalt): Abiturprüfung (Modellversuch) 2004
Gebiet K-L2 – Aufgabe 2.1: Analytische Geometrie

In einem kartesischen Koordinatensystem sind die Punkte
A(3 | 5 | –10), B(93 | –55 | –30), C(3 | 8 | –19) und D(51 | –32 | –27)
gegeben.

a) Die Punkte A und B bestimmen eine Gerade g; die Punkte C und D bestimmen eine Gerade h.
   Stellen Sie jeweils eine Gleichung für die Geraden g und h auf und weisen Sie nach, dass diese Geraden zueinander windschief liegen.
   Berechnen Sie das Gradmaß des Winkels unter dem die Geraden g und h zueinander verlaufen.
   Stellen Sie eine Koordinatengleichung der Ebene E auf, die die Gerade g enthält und parallel zur Geraden h verläuft.
   [mögliches Ergebnis zur Kontrolle: $4x + 3y + 9z + 63 = 0$] (14 BE)

In einem Salzbergwerk wird der Verlauf zweier Stollen im oben genannten kartesischen Koordinatensystem durch die Strecken $\overline{AB}$ (Stollen I) und $\overline{CD}$ (Stollen II) beschrieben. Die als eben betrachtete Erdoberfläche werde durch die x-y-Ebene beschrieben. Eine Einheit im Koordinatensystem entspricht 10 m.

b) Eine Studie besagt, dass die kürzeste Verbindung der Stollen dem Abstand der Geraden g und h entspricht.
   Berechnen Sie die Länge dieser kürzesten Verbindung. (3 BE)

c) Oberhalb der Ebene E (siehe Aufgabe a) soll ein Gasspeicher mit einem Fassungsvermögen von 7000 m³, der die Form einer Halbkugel mit dem Mittelpunkt A hat, angelegt werden.
   Ermitteln Sie eine Gleichung der Kugel, auf der diese Halbkugel liegt.

   Eine senkrecht zur Erdoberfläche verlaufende Zuleitung soll im höchsten Punkt S des Gasspeichers einmünden.
   Ermitteln Sie die Koordinaten dieses Punktes S und berechnen Sie das Gradmaß des Winkels unter dem die Zuleitung zur Ebene E verläuft. (6 BE)

d) Für den Havariefall wird gefordert, dass durch eine senkrecht zur Erdoberfläche verlaufende Bohrung von einem Punkt R_0 der Erdoberfläche aus beide Stollen erreichbar sind. Diese Bohrung treffe auf den Stollen I im Punkt R_1 und auf den Stollen II im Punkt R_2.
   Begründen Sie, dass ein derartiger Punkt R_0 existiert und ermitteln Sie die Koordinaten der Punkte R_0, R_1 und R_2. (7 BE)
   (30 BE)

Lösungen

a) **Aufstellen der Geradengleichungen g und h:**

g: $\vec{x} = \overrightarrow{OA} + t\overrightarrow{AB}$

$\vec{x} = \begin{pmatrix} 3 \\ 5 \\ -10 \end{pmatrix} + t_1 \begin{pmatrix} 90 \\ -60 \\ -20 \end{pmatrix}$

$\vec{x} = \begin{pmatrix} 3 \\ 5 \\ -10 \end{pmatrix} + t \begin{pmatrix} 9 \\ -6 \\ -2 \end{pmatrix}, t \in \mathbb{R}$

h: $\vec{x} = \begin{pmatrix} 3 \\ 8 \\ -19 \end{pmatrix} + s_1 \begin{pmatrix} 48 \\ -40 \\ -8 \end{pmatrix}$

$\vec{x} = \begin{pmatrix} 3 \\ 8 \\ -19 \end{pmatrix} + s \begin{pmatrix} 6 \\ -5 \\ -1 \end{pmatrix}, s \in \mathbb{R}.$

Nachweisen, dass die Geraden windschief zueinander liegen, z. B.:

(1) Richtungsvektoren sind linear unabhängig, also

$\begin{pmatrix} 9 \\ -6 \\ -2 \end{pmatrix} = k \begin{pmatrix} 6 \\ -5 \\ -1 \end{pmatrix},$

$9 = 6k, \quad k = 1,5$
$-6 = -5k, \quad k = 1,2$
$-2 = -k, \quad k = 1$

Widerspruch, also für kein $k \in \mathbb{R}$ erfüllt, also Richtungsvektoren linear unabhängig.

(2) $g \cap h = \emptyset$, also

$\begin{pmatrix} 3 \\ 5 \\ -10 \end{pmatrix} + t \begin{pmatrix} 9 \\ -6 \\ -2 \end{pmatrix} = \begin{pmatrix} 3 \\ 8 \\ -19 \end{pmatrix} + s \begin{pmatrix} 6 \\ -5 \\ -1 \end{pmatrix}$

I. $3 + 9t = 3 + 6s$
II. $5 - 6t = 8 - 5s$
III. $-10 - 2t = -19 - s$, umgeformt

$\begin{array}{ll} 9t - 6s = 0 & |\cdot 2 \\ -6t + 5s = 3 & |\cdot 3 \\ -2t + s = -9 & \end{array}$

$\begin{array}{l} 9t - 6s = 0 \\ 3s = 9, \quad s = 3 \\ -3s = -81, \quad s = 27 \end{array}$

Widerspruch, Gleichungssystem hat keine Lösung, aus (1) und (2) folgt, die Geraden verlaufen windschief zueinander.

Berechnen des Gradmaßes des Winkels:

$$\cos\alpha = \frac{\vec{u}_g \circ \vec{v}_h}{|\vec{u}_g|\cdot|\vec{v}_h|} = \frac{\begin{pmatrix}9\\-6\\-2\end{pmatrix}\cdot\begin{pmatrix}6\\-5\\-1\end{pmatrix}}{11\cdot\sqrt{62}} = \frac{86}{11\cdot\sqrt{62}}, \quad \alpha \approx 6{,}83°$$

Aufstellen einer Koordinatengleichung der Ebene E:
Parametergleichung:

$$E: \vec{x} = \begin{pmatrix}3\\5\\-10\end{pmatrix} + t\begin{pmatrix}9\\-6\\-2\end{pmatrix} + s\begin{pmatrix}6\\-5\\-1\end{pmatrix}, \quad t, s \in \mathbb{R}$$

1. Möglichkeit:
Den Normalenvektor von E berechnet man mit

$$\begin{pmatrix}9\\-6\\-2\end{pmatrix} \times \begin{pmatrix}6\\-5\\-1\end{pmatrix} = \begin{pmatrix}-4\\-3\\-9\end{pmatrix}$$

und mit dem Ansatz $-4x - 3y - 9z = a$ und wegen $A \in E$ ergibt sich
$-4 \cdot 3 - 3 \cdot 5 - 9 \cdot (-10) = +63$, also
E: $\quad -4x - 3y - 9z = +63$
$\quad\quad 4x + 3y + 9z = -63$.

2. Möglichkeit:
Der Normalenvektor $\vec{n}$ steht senkrecht auf den Spannvektoren der Ebene E, also

$$\vec{n} \perp \begin{pmatrix}9\\-6\\-2\end{pmatrix} \text{ und } \vec{n} \perp \begin{pmatrix}6\\-5\\-1\end{pmatrix}, \text{ damit gilt}$$

$$\vec{n} \circ \begin{pmatrix}9\\-6\\-2\end{pmatrix} = 0 \text{ und } \vec{n} \circ \begin{pmatrix}6\\-5\\-1\end{pmatrix} = 0.$$

$$\begin{array}{r}9n_1 - 6n_2 - 2n_3 = 0 \\ 6n_1 - 5n_2 - n_3 = 0 \quad |\cdot(-2) \\ \hline -3n_1 + 4n_2 = 0\end{array}$$

$n_1 = 4, n_2 = 3, n_3 = 9$
$4x + 3y + 9z = a$ und wegen $A \in E$ ergibt sich
$4 \cdot 3 + 3 \cdot 5 + 9 \cdot (-10) = -63$, also
E: $\quad 4x + 3y + 9z = -63$.

3. Möglichkeit:
Aus der Parametergleichung von E folgt:

I. $\quad x = 3 + 9t + 6s$
II. $\quad y = 5 - 6t - 5s \quad |\cdot(-3)$
III. $\quad z = -10 - 2t - s \quad |\cdot(-5)$

aus II. und III. t und s eliminieren und in I. einsetzen, also

$y - 3z = 35 - 2s, \quad s = -\frac{1}{2}y + \frac{3}{2}z + \frac{35}{2}$

$y - 5z = 55 + 4t, \quad t = \frac{1}{4}y - \frac{5}{4}z - \frac{55}{4}$ und damit

$x = 3 + 9\left(\frac{1}{4}y - \frac{5}{4}z - \frac{55}{4}\right) + 6\left(-\frac{1}{2}y + \frac{3}{2}z + \frac{35}{2}\right)$

$x = -\frac{3}{4}y - \frac{9}{4}z - \frac{63}{4}$

E: $\quad 4x + 3y + 9z = -63$.

b) **Berechnen der Länge der kürzesten Verbindung, also des Abstandes der windschiefen Geraden g und h:**

$d(g, h) = |(\overrightarrow{OA} - \overrightarrow{OC}) \circ \vec{n}_0| \quad \text{mit } \vec{n}_0 = \frac{\vec{n}}{|\vec{n}|}$

$d(g, h) = \left|\left[\begin{pmatrix}3\\5\\-10\end{pmatrix} - \begin{pmatrix}3\\8\\-19\end{pmatrix}\right] \circ \frac{1}{\sqrt{106}} \cdot \begin{pmatrix}4\\3\\9\end{pmatrix}\right| = \left|\begin{pmatrix}0\\-3\\9\end{pmatrix} \circ \frac{1}{\sqrt{106}} \cdot \begin{pmatrix}4\\3\\9\end{pmatrix}\right|$

$= \frac{1}{\sqrt{106}}(-3 \cdot 3 + 9 \cdot 9) = \frac{72}{\sqrt{106}} \approx 6{,}99.$

Der Abstand beträgt 6,99.

c) **Ermitteln der Gleichung der Kugel, z. B.:**

Aus $V = \frac{4}{3}\pi r^3$ mit $V = 7000$ m³ und 1 Einheit $\hat{=}$ 10 m folgt wegen Halbkugel

$r = \sqrt[3]{\frac{3 \cdot 7}{2\pi}} \approx 1{,}5$ und Mittelpunkt A, also

$K: \left[\vec{x} - \begin{pmatrix}3\\5\\-10\end{pmatrix}\right]^2 = 1{,}5^2$ oder

$(x - 3)^2 + (y - 5)^2 + (z + 10)^2 = 2{,}25.$

Ermitteln der Koordinaten von S, z. B.:

$\overrightarrow{OS} = \overrightarrow{OA} + \vec{r} \quad \text{mit } \vec{r} = \begin{pmatrix}0\\0\\1{,}5\end{pmatrix}$

S(3|5|−8,5)

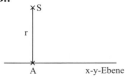

Berechnen des Gradmaßes des Winkels:
Winkel (Zuleitung, E), also unterschiedliche Objekte, also

$$\sin \alpha = \frac{\overrightarrow{AS} \circ \vec{n}}{|\overrightarrow{AS}| \cdot |\vec{n}|} = \frac{\begin{pmatrix} 0 \\ 0 \\ 1{,}5 \end{pmatrix} \cdot \begin{pmatrix} 4 \\ 3 \\ 9 \end{pmatrix}}{1{,}5 \cdot \sqrt{106}} = \frac{13{,}5}{1{,}5 \cdot \sqrt{106}}, \quad \alpha \approx 60{,}9°.$$

d) **Begründen der Existenz von R_0, z. B.:**
   (1) R_0, ist Schnittpunkt der auf die x-y-Ebene projizierten Geraden g und h, also z = 0
   $$\begin{array}{rl} 3 + 9t = & 3 + 6s \quad |\cdot 2 \\ 5 - 6t = & 8 - 5s \quad |\cdot 3 \end{array} \Bigg] +$$
   $$\overline{21 = 30 - 3s}$$
   $s = 3$, $t = 2$, $R_0(21\,|-7\,|\,0)$

   (2) und damit $R_1(21\,|-7\,|-14)$, $R_2(21\,|-7\,|-21)$.

   Überprüfen, ob R_1 auf Stollen I, also Strecke $\overline{AB}$ liegt (analog R_2 auf Stollen II – Strecke $\overline{CD}$):
   $\overrightarrow{OR_1} = \overrightarrow{OA} + t_1 \overrightarrow{AB}$ und $0 \leq t_1 \leq 1$, also
   $$\begin{pmatrix} 21 \\ -7 \\ -14 \end{pmatrix} = \begin{pmatrix} 3 \\ 5 \\ -10 \end{pmatrix} + t_1 \begin{pmatrix} 90 \\ -60 \\ -20 \end{pmatrix}, \quad t_1 = \frac{1}{5} \text{ w. A.}$$
   $\overrightarrow{OR_2} = \overrightarrow{OC} + s_1 \overrightarrow{CD}$ und $0 \leq s_1 \leq 1$, also
   $$\begin{pmatrix} 21 \\ -7 \\ -21 \end{pmatrix} = \begin{pmatrix} 3 \\ 8 \\ -19 \end{pmatrix} + s_1 \begin{pmatrix} 48 \\ -40 \\ -8 \end{pmatrix}, \quad s_1 = \frac{3}{8} \text{ w. A.}$$

   Die Punkte R_1 und R_2 liegen auf den entsprechenden Strecken.

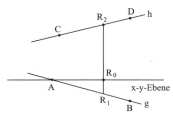

Leistungskurs Mathematik (Sachsen-Anhalt): Abiturprüfung (Modellversuch) 2004
Gebiet K-L2 – Aufgabe 2.2: Analytische Geometrie

Gegeben seien in einem kartesischen Koordinatensystem die drei Punkte
$P(13|10,5|21,5)$, $Q(2,5|3,5|0,5)$ und $T(7,5|1|7)$.
Die Gerade durch die Punkte P und Q sei eine Symmetrieachse s eines Würfels mit den Eckpunkten A, B, C, D, E, F, G und H.

a) Geben Sie eine Gleichung der Geraden s an und berechnen Sie das Gradmaß des Winkels, welchen die Gerade s mit der durch die Punkte Q und T verlaufenden Geraden einschließt. (5 BE)

b) Die Kante $\overline{AE}$ des Würfels liegt parallel zur Geraden s und wird vom Punkt T halbiert. Berechnen Sie die Maßzahl der Kantenlänge des Würfels und ermitteln Sie die Koordinaten des Eckpunktes $E(x_E|y_E|z_E > 5)$ des Würfels.
[Ergebnis zur Kontrolle: $E(9|2|10)$] (8 BE)

c) Berechnen Sie die Koordinaten der Punkte D_1 und D_2 der Symmetrieachse s, in denen diese die Oberfläche des Würfels durchstößt. (8 BE)

d) Begründen Sie ohne Berechnung, dass für die Maßzahl des Flächeninhalts des Dreiecks TPQ gilt: $A = \frac{1}{2}|\overrightarrow{TQ} \times \overrightarrow{TP}|$.
Zeigen Sie rechnerisch, dass für die gegebenen Punkte T, Q und P die Gleichung $|\overrightarrow{TQ} \times \overrightarrow{TP}| = |\overrightarrow{TP} \times \overrightarrow{QP}|$ gilt.
Diese Gleichung gilt auch für beliebige Punkte T, Q und P (T, Q und P sollen nicht auf ein und derselben Geraden liegen).
Deuten Sie dafür die Gleichung geometrisch. (9 BE)
(30 BE)

Lösungen

a) **Angeben einer Geradengleichung s:**

s: $\vec{x} = \overrightarrow{OP} + t\overrightarrow{PQ}$

$$\vec{x} = \begin{pmatrix} 13 \\ 10{,}5 \\ 21{,}5 \end{pmatrix} + t_1 \begin{pmatrix} -10{,}5 \\ -7 \\ -21 \end{pmatrix}$$

$$\vec{x} = \begin{pmatrix} 13 \\ 10{,}5 \\ 21{,}5 \end{pmatrix} + t \begin{pmatrix} 3 \\ 2 \\ 6 \end{pmatrix}, t \in \mathbb{R}$$

Berechnen des Gradmaßes des Winkels:

$$\cos\alpha = \frac{\vec{u}_s \circ \overrightarrow{QT}}{|\vec{u}_s| \cdot |\overrightarrow{QT}|} = \frac{\begin{pmatrix} 3 \\ 2 \\ 6 \end{pmatrix} \cdot \begin{pmatrix} 5 \\ -2{,}5 \\ 6{,}5 \end{pmatrix}}{7 \cdot \sqrt{73{,}5}} = \frac{1}{\sqrt{73{,}5}}, \quad \alpha \approx 35{,}26°.$$

b) **Berechnen der Maßzahl der Kantenlänge des Würfels, z. B.:**

$M \in s(P, Q)$; $\overrightarrow{TM} \perp s$, also

$M(13 + 3t \mid 10{,}5 + 2t \mid 21{,}5 + 6t)$ und $\overrightarrow{MT} \cdot \overrightarrow{PQ} = 0$

$$\begin{pmatrix} -5{,}5 - 3t \\ -9{,}5 - 2t \\ -14{,}5 - 6t \end{pmatrix} \circ \begin{pmatrix} 3 \\ 2 \\ 6 \end{pmatrix} = 0$$

$-16{,}5 - 9t - 19 - 4t - 87 - 36t = 0$

$t = -2{,}5$, also $M(5{,}5 \mid 5{,}5 \mid 6{,}5)$.

Da $\overrightarrow{MT}$ die halbe Diagonale ist, folgt

$e = 2 \cdot \overrightarrow{MT}$ und $e = a\sqrt{2}$, also

$a = \sqrt{2} \cdot \overrightarrow{MT}$ mit

$|\overrightarrow{MT}| = \left| \begin{pmatrix} -2 \\ 4{,}5 \\ -0{,}5 \end{pmatrix} \right| = \sqrt{24{,}5}$, $a \approx 7$

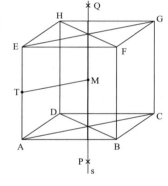

Die Maßzahl der Kantenlänge des Würfels beträgt 7.

Andere Möglichkeit:

$\sin\alpha = \dfrac{\overline{TM}}{\overline{TQ}}$, $\overline{TM} = \overline{TQ} \cdot \sin\alpha = \left| \begin{pmatrix} 5 \\ -2{,}5 \\ 6{,}5 \end{pmatrix} \right| \cdot \sin 35{,}26°$

$\overline{TM} \approx 4{,}95$ und damit $e = 2 \cdot \overline{MT}$ und $e = a\sqrt{2}$, also $a = \sqrt{2} \cdot 4{,}95 \approx 7$.

Ermitteln der Koordinaten des Eckpunktes E:

$$\overrightarrow{OE} = \overrightarrow{OT} + \frac{a}{2} \cdot \vec{v}_0 \text{ mit } \vec{v}_0 = \frac{\overrightarrow{PQ}}{|\overrightarrow{PQ}|} = \frac{1}{7}\begin{pmatrix} 3 \\ 2 \\ 6 \end{pmatrix}$$

$$\overrightarrow{OE} = \begin{pmatrix} 7,5 \\ 1 \\ 7 \end{pmatrix} + \frac{7}{2} \cdot \frac{1}{7}\begin{pmatrix} 3 \\ 2 \\ 6 \end{pmatrix}$$

E(9|2|10).

c) **Berechnen der Koordinaten der Durchstoßpunkte:**

$\overrightarrow{OD_1} = \overrightarrow{OM} + \overrightarrow{MD_1}$ mit $\overrightarrow{MD_1} = \overrightarrow{ET}$

$$\overrightarrow{OD_1} = \begin{pmatrix} 5,5 \\ 5,5 \\ 6,5 \end{pmatrix} + \begin{pmatrix} -1,5 \\ -1 \\ -3 \end{pmatrix}, \quad D_1(4|4,5|3,5)$$

$\overrightarrow{OD_2} = \overrightarrow{OM} + \overrightarrow{TE}$

$$\overrightarrow{OD_2} = \begin{pmatrix} 5,5 \\ 5,5 \\ 6,5 \end{pmatrix} + \begin{pmatrix} 1,5 \\ 1 \\ 3 \end{pmatrix}, \quad D_2(7|6,5|9,5).$$

d) **Begründen der Flächenformel:**

$\triangle TPQ: \ A = \frac{1}{2}|\overrightarrow{TQ} \times \overrightarrow{TP}|$

$\overrightarrow{TQ}$, $\overrightarrow{TP}$ sind Spannvektoren des Parallelogramms mit den Seiten $\overrightarrow{TQ}$ und $\overrightarrow{TP}$. Das Parallelogramm kann in zwei kongruente Teildreiecke zerlegt werden. Eines dieser Dreiecke ist TPQ. Der Betrag des Vektorprodukts ist gleich der Maßzahl des Flächeninhalts des Parallelogramms.

Zeigen der Richtigkeit der Aussage:

$$|\overrightarrow{TQ} \times \overrightarrow{TP}| = \left|\begin{pmatrix} -5 \\ 2,5 \\ -6,5 \end{pmatrix} \times \begin{pmatrix} 5,5 \\ 9,5 \\ 14,5 \end{pmatrix}\right| = \left|\begin{pmatrix} 98 \\ 36,75 \\ -61,25 \end{pmatrix}\right|$$

$$|\overrightarrow{TP} \times \overrightarrow{QP}| = \left|\begin{pmatrix} 5,5 \\ 9,5 \\ 14,5 \end{pmatrix} \times \begin{pmatrix} 10,5 \\ 7 \\ 21 \end{pmatrix}\right| = \left|\begin{pmatrix} 98 \\ 36,75 \\ -61,25 \end{pmatrix}\right|$$

Der Vergleich der beiden Vektoren zeigt die Richtigkeit dieser Aussage.

Angeben einer geometrischen Deutung, z. B.:
Die angegebenen Vektorprodukte können zur Berechnung der Maßzahlen der Flächeninhalte der Parallelogramme mit den Seiten $\overrightarrow{TQ}$ und $\overrightarrow{TP}$ bzw. $\overrightarrow{PQ}$ und $\overrightarrow{PT}$ verwendet werden. Diese beiden Parallelogramme sind flächengleich. Jedes der beiden Parallelogramme kann in zwei zueinander kongruente Dreiecke zerlegt werden, von denen jeweils ein Dreieck PQT ist.
Mithin sind die berechneten Flächeninhalte gleich.

Leistungskurs Mathematik (Sachsen-Anhalt): Abiturprüfung (Modellversuch) 2004
Gebiet K-L3 – Aufgabe 3.1: Stochastik

In einer Firma werden Dichtungen produziert. Die Dichtungen werden unabhängig voneinander hergestellt. Die Wahrscheinlichkeit für eine fehlerhafte Dichtung beträgt 5 %.

a) Der Produktion wird eine Stichprobe von 50 Dichtungen entnommen.
 Berechnen Sie die Wahrscheinlichkeit, mit der mehr als drei Dichtungen fehlerhaft sind.
 Berechnen Sie den Umfang einer Stichprobe, wenn in dieser mit einer Wahrscheinlichkeit von mindestens 95 % mindestens eine fehlerhafte Dichtung enthalten sein soll. (7 BE)

b) Für die Qualitätskontrolle der Dichtungen wird ein Prüfgerät benutzt, das mit einer Wahrscheinlichkeit von 95 % eine fehlerhafte Dichtung als fehlerhaft aussondert. Mit einer Wahrscheinlichkeit von 0,5 % werden aber auch fehlerfreie Dichtungen als fehlerhaft ausgesondert.
 Bei einer Qualitätskontrolle wird eine Dichtung durch das Prüfgerät als fehlerhaft ausgesondert.
 Ermitteln Sie die Wahrscheinlichkeit, mit der es sich dabei tatsächlich um eine fehlerhafte Dichtung handelt. (5 BE)

c) Eine Baumarktkette soll mit 1000 Dichtungen beliefert werden. Als Ersatz für fehlerhafte Dichtungen will die Firma zusätzlich einige fehlerfreie Dichtungen liefern. Die Lieferung soll dann mit einer Wahrscheinlichkeit von mindestens 90 % fehlerfreie Dichtungen enthalten.
 Berechnen Sie, wie viele zusätzliche fehlerfreie Dichtungen mindestens zu liefern sind. (4 BE)

d) Die Lieferung an die Baumarktkette erfolgt in 10 Packungen zu je 100 Dichtungen. Für eine Stichprobe werden jeder Packung zufällig fünf Dichtungen entnommen. Sind in der so entstandenen Stichprobe mehr als vier fehlerhafte Dichtungen, so wird die Lieferung zurückgewiesen.
 Konstruieren Sie für diesen Sachverhalt einen Test und berechnen Sie die Wahrscheinlichkeit für den Fehler 1. Art.
 Angenommen, die Wahrscheinlichkeit für eine fehlerhafte Dichtung beträgt 10 %.
 Zeigen Sie, dass dann die Wahrscheinlichkeit für das Risiko, die Lieferung irrtümlich anzunehmen, mehr als 40 % beträgt. (9 BE)

(25 BE)

Lösungen

a) **Berechnen der gesuchten Wahrscheinlichkeit:**
Die Zufallsgröße X beschreibe die Anzahl der fehlerhaften Dichtungen (in der Stichprobe).
Die Zufallsgröße X ist binomialverteilt mit n = 50 und p = 0,05; $X \sim B_{50;\,0,05}$.
$P(X > 3) = 1 - P(X \leq 3) = 1 - B_{50;\,0,05}(\{0; 1; 2; 3\}) = 1 - 0,76041 = 0,23959$
(Tabellenwert)
$P(X > 3) \approx 24{,}0\,\%$

Berechnen des Mindestumfangs n der Stichprobe (Mindestlänge einer BERNOULLI-Kette):
Die Zufallsgröße X_n beschreibe die Anzahl der fehlerhaften Dichtungen in einer Stichprobe mit dem Umfang n. Die Zufallsgröße X_n ist binomialverteilt mit n und p = 0,05; $X_n \sim B_{n;\,0,05}$.
Es wird die Bedingung $P(X_n \geq 1) \geq 0{,}95$ gefordert.
Wegen $P(X_n \geq 1) = 1 - P(X_n = 0)$ ist diese Bedingung äquivalent mit $P(X_n = 0) \leq 0{,}05$.

Mit $P(X_n = 0) = \binom{n}{0} \cdot 0{,}05^0 \cdot 0{,}95^n = 0{,}95^n$ (Anwendung der BERNOULLI-Formel)

folgt $0{,}95^n \leq 0{,}05$.
$n \cdot \ln 0{,}95 \leq \ln 0{,}05$ (Logarithmieren; Logarithmengesetz)
$n \geq \dfrac{\ln 0{,}05}{\ln 0{,}95}$ (Umkehrung des Relationszeichens wegen $\ln 0{,}95 < 0$)
$n \geq 58{,}40\ldots$

Mindestens 59 Dichtungen muss die Stichprobe umfassen.

b) **Ermitteln der Wahrscheinlichkeit für das Aussondern einer tatsächlich fehlerhaften Dichtung:**

Ereignis E:
Eine ausgesonderte Dichtung ist tatsächlich fehlerhaft.
Die bedingte Wahrscheinlichkeit des Ereignisses E ist gesucht; $P(E) = P_A(F)$.

Ereignis F:
Eine Dichtung ist fehlerhaft.
$P(F) = 0{,}05;\ P(\overline{F}) = 0{,}95$

Ereignis A:
Eine Dichtung wird ausgesondert.
Bedingte Wahrscheinlichkeiten:
$P_F(A) = 0{,}95$

Wahrscheinlichkeit dafür, dass eine Dichtung ausgesondert wird, die fehlerhaft ist.
$P_{\overline{F}}(A) = 0{,}005$

Wahrscheinlichkeit dafür, dass eine Dichtung ausgesondert wird, die fehlerfrei ist.

Nach dem Satz von BAYES (für zwei Ereignisse) gilt:
$$P_A(F) = \frac{P(F \cap A)}{P(A)} = \frac{P(F) \cdot P_F(A)}{P(\overline{F}) \cdot P_{\overline{F}}(A) + P(F) \cdot P_F(A)} = \frac{0{,}05 \cdot 0{,}95}{0{,}95 \cdot 0{,}005 + 0{,}05 \cdot 0{,}95} \approx 0{,}9091$$
$P(E) = P_A(F) \approx 91{,}0\,\%$

Die Anwendung des Satzes von BAYES kann unter Verwendung eines Baumdiagramms leicht nachvollzogen werden:

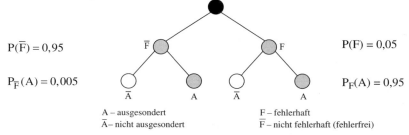

$P(\overline{F}) = 0,95$ $\qquad$ $P(F) = 0,05$

$P_{\overline{F}}(A) = 0,005$ $\qquad$ $P_F(A) = 0,95$

A – ausgesondert
$\overline{A}$ – nicht ausgesondert

F – fehlerhaft
$\overline{F}$ – nicht fehlerhaft (fehlerfrei)

$P(\overline{F} \cap A) = P(\overline{F}) \cdot P_{\overline{F}}(A)$ $\qquad$ Anwenden der ersten Pfadregel (Produktregel bzw.
$P(F \cap A) = P(F) \cdot P_F(A)$ $\qquad$ allgemeiner Multiplikationssatz)
$P(A) = P(\overline{F}) \cdot P_{\overline{F}}(A) + P(F) \cdot P_F(A)$ $\qquad$ Anwenden der ersten Pfadregel und der zweiten Pfadregel (Summenregel bzw. allgemeiner Additionssatz)

Die verwendete Beziehung $P_A(F) = \frac{P(F \cap A)}{P(A)}$ lässt sich unmittelbar erschließen durch die Überlegung „Zu berechnen ist der Anteil der (tatsächlich) fehlerhaften und (irrtümlich) ausgesonderten Dichtungen (Ereignis $F \cap A$) unter allen ausgesonderten Dichtungen (Ereignis A)".

c) **Berechnen der zusätzlich zu liefernden Mindestanzahl fehlerfreier Dichtungen:**
Die Anzahl der zusätzlich zu liefernden fehlerfreien Dichtungen muss mindestens so bemessen sein, dass fehlerhafte Dichtungen in der Lieferung an die Baumarktkette mit einer Wahrscheinlichkeit von mindestens 90 % ersetzt werden können. So entspricht die gesuchte Mindestanzahl der höchstens auftretenden Anzahl der fehlerhaften Dichtungen in einer Lieferung, die mit einer Wahrscheinlichkeit von mindestens 90 % fehlerfreie Dichtungen enthält.
Die Zufallsgröße Y beschreibe die Anzahl der fehlerhaften Dichtungen in der Lieferung an die Baumarktkette. Sie ist binomialverteilt mit n = 1000 und p = 0,05; $Y \sim B_{1000;\,0,05}$. Gemäß obiger Überlegung gilt $P(Y \leq k) \geq 0,9$.
Da im vorliegenden Fall n hinreichend groß ist (Faustregel bzw. empirisches Kriterium: $V(Y) = n \cdot p \cdot (1-p) > 9$ mit $V(Y) = 1000 \cdot 0,05 \cdot 0,95 = 47,5 > 9$ erfüllt), darf die Zufallsgröße Y näherungsweise als normalverteilt angesehen werden. Somit kann die Mindestanzahl als kritischer Wert k mithilfe der Φ-Funktion der (Standard-)Normalverteilung näherungsweise ermittelt werden:

$P(Y \leq k) \approx \Phi\left(\dfrac{k + 0,5 - \mu}{\sigma}\right)$;

Näherungsformel nach dem Grenzwertsatz von DE MOIVRE-LAPLACE.

k – kritischer Wert $\qquad$ 0,5 – Korrektursummand
μ – Erwartungswert $\qquad$ $\mu = E(Y) = n \cdot p = 1000 \cdot 0,05 = 50$
σ – Standardabweichung
$\sigma = \sqrt{V(Y)} = \sqrt{n \cdot p \cdot (1-p)} = \sqrt{1000 \cdot 0,05 \cdot 0,95} = \sqrt{47,5} \approx 6,89$

$P(Y \leq k) \approx \Phi\left(\dfrac{k + 0,5 - \mu}{\sigma}\right) \geq 0,9$

Mit k, $\mu = E(Y) = 50$ und $\sigma = \sqrt{47,5}$ erhält man $P(Y \leq k) \approx \Phi\left(\dfrac{k-49,5}{\sqrt{47,5}}\right) \geq 0,9$.

Einer Tabelle der Funktionswerte $\Phi(X)$ der Normalverteilung entnimmt man den Wert $\Phi(1,29)$, für den die Ungleichung erstmalig erfüllt ist.

$\Phi(1,29) = 0,9015 \geq 0,9$, womit folgt

$\dfrac{k-49,5}{\sqrt{47,5}} \geq 1,29$ und somit

$k \geq 1,29 \cdot \sqrt{47,9} + 49,5$
$k \geq 58,39\ldots$

Es sind mindestens 59 fehlerfreie Dichtungen zusätzlich zu liefern.

d) **Konstruieren eines Tests:**
Die Zufallsgröße Z beschreibe die Anzahl der fehlerfreien Dichtungen in der Stichprobe; Stichprobenumfang n: $n = 10 \cdot 5 = 50$.
Die Zufallsgröße Z ist binomialverteilt mit $n = 50$ und $p = 0,05$; $Z \sim B_{50;\,0,05}$ (bei wahrer Nullhypothese).
Bei mehr als vier fehlerhaften Dichtungen in der Stichprobe wird die Lieferung zurückgewiesen. Aus dieser vorgegebenen Entscheidungsregel folgt ein **rechtsseitiger Ablehnungsbereich** $\overline{A}$: $\overline{A} = \{5; 6; \ldots; 50\}$, dem die Nullhypothese H_0: $p_0 = 0,05$ (bzw. $p_0 \leq 0,05$) zugrunde liegen muss; Gegenhypothese H_1: $p_1 > 0,05$. Da somit allein große Werte der Zufallsgröße Z gegen die Nullhypothese sprechen, ist ein **rechtsseitiger Signifikanztest** geeignet.
Anhand des Ablehnungsbereichs lässt sich die Wahrscheinlichkeit für den Fehler 1. Art berechnen (und auf das zugehörige Signifikanzniveau α des Tests schließen).

Berechnen der Wahrscheinlichkeit α für den Fehler 1. Art:

$\alpha = P(\overline{A}_{p_0}) = B_{n;\,p_0}(\overline{A}) = 1 - B_{n;\,p_0}(A)$

$\alpha = P(Z \geq 5) = 1 - P(Z \leq 4) = 1 - B_{50;\,0,05}(\{0;\,1;\,\ldots;\,4\}) = 1 - 0,89638 = 0,10362$
$\phantom{\alpha = P(Z \geq 5) = 1 - P(Z \leq 4) = 1 - B_{50;\,0,05}(\{0;\,1;\,\ldots;\,4\}) = 1 - }$ (Tabellenwert)

Die Wahrscheinlichkeit für den Fehler 1. Art beträgt $\alpha \approx \mathbf{0{,}1036}$ (womit das Signifikanzniveau α des Tests über 10 % liegt).

Zeigen, dass das Risiko im Falle von $p_1 = 0{,}1$ mehr als 40 % beträgt:
Gesucht ist die Wahrscheinlichkeit für den Fehler 2. Art (Wahrscheinlichkeit des Risikos 2. Art), wenn $p_1 = 0{,}1$ gilt.

$\beta = P(A_{p_1}) = B_{n;\,p_1}(A) = 1 - B_{n;\,p_1}(\overline{A})$

$\beta = P(Z \leq 4) = B_{50;\,0,1}(\{0;\,1;\,\ldots;\,4\}) = 0,43120$ (Tabellenwert)
$\beta \approx \mathbf{43\ \%} > \mathbf{40\ \%}$

Leistungskurs Mathematik (Sachsen-Anhalt): Abiturprüfung (Modellversuch) 2004
Gebiet K-L3 – Aufgabe 3.2: Stochastik

Eine Unternehmensgruppe untersucht in einem Langzeittest eine Autowaschanlage, die über ein neuartiges Sicherheitssystem zum Schutz der Autos vor Beschädigungen verfügt.
Die Zufallsgröße X beschreibe die Anzahl der täglichen störungsbedingten Abschaltungen der Anlage. Es ist die nachstehende Wahrscheinlichkeitsverteilung ermittelt worden:

$X = x_i$	0	1	2	3	4
$P(X = x_i)$	0,56	0,24	0,09	0,07	0,04

a) Beschreiben Sie verbal das Ereignis, das durch $1 \leq X < 4$ dargestellt wird und berechnen Sie die Wahrscheinlichkeit dieses Ereignisses.
Berechnen Sie den Erwartungswert der Zufallsgröße X und interpretieren Sie diesen Erwartungswert. (6 BE)

Bei einer technischen Überprüfung der Anlage wird festgestellt, dass die störungsbedingten Abschaltungen unabhängig voneinander erfolgen und 75 % dieser Abschaltungen auf eine Übersensibilisierung des Sicherheitssystems zurückzuführen sind.

b) Berechnen Sie näherungsweise mithilfe der Standardnormalverteilung die Wahrscheinlichkeit dafür, dass von 175 störungsbedingten Abschaltungen mindestens 125 auf Übersensibilisierung zurückzuführen sind. (6 BE)

Das Sicherheitssystem der Anlage wird neu eingestellt. Es sollen nur noch höchstens 40 % aller störungsbedingten Abschaltungen durch Übersensibilisierung verursacht werden. Wenn dieses Kriterium zutrifft, will die Unternehmensgruppe weitere dieser Anlagen kaufen.

c) Entwickeln Sie einen Signifikanztest (Signifikanzniveau $\alpha = 5 \%$; Anzahl der störungsbedingten Abschaltungen n = 100) zur Überprüfung des Kriteriums.
Geben Sie den größtmöglichen Ablehnungsbereich an und berechnen Sie die Wahrscheinlichkeit für den Fehler 1. Art.
Unter 100 störungsbedingten Abschaltungen werden nun 39 durch Übersensibilisierung festgestellt.
Entscheiden und begründen Sie ob weitere Anlagen gekauft werden. (9 BE)

d) Charakterisieren Sie für den in Teilaufgabe c entwickelten Signifikanztest mögliche Auswirkungen eines Fehlers 2. Art sowohl aus der Sicht der Unternehmensgruppe als auch aus der Sicht des Anlagenproduzenten.
Berechnen Sie die Wahrscheinlichkeit für einen möglichen Fehler 2. Art. (4 BE)
(25 BE)

Lösungen

a) **Verbales Beschreiben des Ereignisses $1 \leq X < 4$:**
Die Anlage ist mindestens einmal, aber weniger als viermal störungsbedingt abgeschaltet.

Berechnen der Wahrscheinlichkeit:

$$P(1 \leq X < 4) = \sum_{i=1}^{3} P(X = x_i) = 0,24 + 0,09 + 0,07 = 0,40$$

Berechnen und Interpretieren des Erwartungswerts der Zufallsgröße X:

$$E(X) = \sum_{i=0}^{4} x_i \cdot P(X = x_i) = 0,24 + 2 \cdot 0,09 + 3 \cdot 0,07 + 4 \cdot 0,04 = 0,79 \approx 0,8$$

Auf lange Sicht ist eine durchschnittliche störungsbedingte Abschaltung von 0,8 zu erwarten, also weniger als eine tägliche störungsbedingte Abschaltung.

b) **Näherungsweises Berechnen der gesuchten Wahrscheinlichkeit:**
Die Zufallsgröße Y beschreibe die Anzahl der störungsbedingten Abschaltungen durch Übersensibilisierung. Die Zufallsgröße Y ist binomialverteilt mit $n = 175$ und $p = 0,75$; $Y \sim B_{175; 0,75}$.
(Die Zufallsgröße Y wird näherungsweise als normalverteilt angesehen, da im vorliegenden Fall n hinreichend groß ist; Faustregel: $V(Y) = n \cdot p \cdot (1 - p) > 9$ mit $V(Y) \approx 33 > 9$ erfüllt.)
Die gesuchte Wahrscheinlichkeit kann mithilfe der Φ-Funktion der Standardnormalverteilung näherungsweise ermittelt werden:

$$P(Y \leq k) = B_{n; p}(\{0; 1; ...; k\}) \approx \Phi\left(\frac{k + 0,5 - \mu}{\sigma}\right);$$

Näherungsformel nach dem Grenzwertsatz von DE MOIVRE-LAPLACE.
Wegen $P(Y \geq k) = 1 - P(Y \leq k - 1)$ ist die Beziehung $P(Y \leq k - 1) \approx \Phi\left(\frac{(k-1) + 0,5 - \mu}{\sigma}\right)$ zu verwenden.

k – kritischer Wert   0,5 – Korrektursummand
μ – Erwartungswert $\mu = E(Y) = n \cdot p$
σ – Standardabweichung $\sigma = \sqrt{V(Y)} = \sqrt{n \cdot p \cdot (1 - p)}$

Mit $k = 125$, $\mu = E(Y) = 175 \cdot 0,75 = 131,25$ und
$\sigma = \sqrt{175 \cdot 0,75 \cdot 0,25} = \sqrt{32,8125} \approx 5,73$ erhält man

$$P(Y \geq 125) \approx 1 - \Phi\left(\frac{124 + 0,5 - 131,25}{\sqrt{32,8125}}\right) \approx 1 - \Phi(-1,18) = 0,8810.$$

Zum Ablesen aus einer Tabelle der Funktionswerte $\Phi(X)$ der Normalverteilung ist mithilfe der Symmetriebeziehung $\Phi(-X) = 1 - \Phi(X)$ umgeformt worden zu $1 - \Phi(-1,18) = \Phi(1,18)$ und der Tabellenwert $\Phi(1,18) = 0,8810$ ermittelt worden.
Die Wahrscheinlichkeit, dass von 175 störungsbedingten Abschaltungen mindestens 125 auf Übersensibilisierung zurückzuführen sind, beträgt etwa 88 %.

c) **Entwickeln eines Signifikanztests:**
Die Zufallsgröße Z beschreibe die Anzahl der störungsbedingten Abschaltungen durch Übersensibilisierung. (Sehr) große Werte von Z würden gegen die begründete Vermutung (Hypothese) sprechen; es wird ein **einseitiger, rechtsseitiger Signifikanztest** entwickelt.
(1) Nullhypothese H_0: $p_0 \leq 0{,}40$ [Gegenhypothese H_1: $p_1 > 0{,}40$]
(2) Stichprobenumfang n: n = 100; Signifikanzniveau α: $\alpha = 0{,}05$
(3) Ermitteln des (rechtsseitigen) Ablehnungsbereichs $\overline{A}$: $\overline{A} = \{k; k+1; ...; 100\}$:
Die Zufallsgröße Z ist (bei wahrer Nullhypothese) binomialverteilt mit n = 100 und $p_0 = 0{,}40$; $Z \sim B_{100;\, 0{,}40}$.
$P(Z \geq k) = B_{100;\, 0{,}40}(\{k; k+1; ...; 100\}) \leq 0{,}05$

Mit $B_{100;\, 0{,}40}(\{k; k+1; ...; 100\}) = 1 - B_{100;\, 0{,}40}(\{0; 1; ...; k-1\})$ erhält man äquivalent $B_{100;\, 0{,}40}(\{0; 1; ...; k-1\}) \geq 0{,}95$.

Diese Ungleichung ist erstmalig erfüllt für den Wert $k - 1 = 48$
[Tabellenwert $B_{100;\, 0{,}40}(\{0; 1; ...; 48\}) = 0{,}95770 \geq 0{,}95$] bzw. den kritischen Wert k = 49.
Angeben des größtmöglichen Ablehnungsbereichs: $\overline{A} = \{49; 50; ...; 100\}$

Berechnen der Wahrscheinlichkeit α für den Fehler 1. Art:
$\alpha = P(\overline{A}_{p_0}) = B_{n;\, p_0}(\overline{A}) = 1 - B_{n;\, p_0}(A)$
$\alpha = P(Z \geq 49) = 1 - P(Z \leq 48) = 1 - B_{100;\, 0{,}40}(\{0; 1; ...; 48\}) = 1 - 0{,}95770 = 0{,}04230$
(Tabellenwert)
Die Wahrscheinlichkeit für den Fehler 1. Art beträgt $\alpha \approx \mathbf{4{,}23\ \%}$.

Entscheiden und Begründen, ob weitere Anlagen gekauft werden:
Die Unternehmensgruppe kauft weitere Autowaschanlagen, da die 40 %-Angabe (Kriterium) nicht abgelehnt werden kann (Z = 39 und $39 \notin \overline{A}$).

d) **Charakterisieren möglicher Auswirkungen eines Fehlers 2. Art:**
Ist die Nullhypothese in Wirklichkeit falsch und konnte irrtümlich nicht abgelehnt werden, so liegt ein Fehler 2. Art (Risiko 2. Art; β-Fehler) vor. Mögliche Auswirkungen
– aus der Sicht der Unternehmensgruppe:
   Es werden weitere Anlagen gekauft, obwohl das Kriterium (vgl. Teilaufgabe c) nicht erfüllt ist. Die Unternehmensgruppe erwirbt somit Anlagen, die nicht nachweisbar verbessert worden sind.
– aus der Sicht des Anlagenproduzenten:
   Der Anlagenproduzent verkauft Anlagen, die nicht nachweisbar verbessert worden sind. Er kann somit Imageschäden erleiden. Der Absatz wird (wegen höherer Erwartungen der Abnehmer an die Anlagenqualität) sinken.

Berechnen einer möglichen Fehlerwahrscheinlichkeit:
Zu berechnen ist die Wahrscheinlichkeit β für den Fehler 2. Art, wenn z. B. $p_1 = 0{,}60$ (also ein konkreter Wert aus dem Wertebereich der Gegenhypothese) gilt.
$\beta = P(A_{p_1}) = B_{n;\, p_1}(A) = 1 - B_{n;\, p_1}(\overline{A})$

$\beta = P(Z \leq 48) = B_{100;\, 0{,}60}(\{0; 1; ...; 48\}) = 0{,}01001$ (Tabellenwert)
$\beta \approx \mathbf{1\ \%}$

Leistungskurs Mathematik (Sachsen-Anhalt): Abiturprüfung 2004
Gebiet L1 – Aufgabe 1.1: Analysis

Gegeben sind Funktionen f_a durch

$$y = f_a(t) = \frac{2 \cdot e^{a \cdot t}}{e^{a \cdot t} + 29}; \quad t \in \mathbb{R}, \ a \in \mathbb{R}, \ a > 0.$$

Ihre Graphen werden mit G_a bezeichnet.

a) Untersuchen Sie das Verhalten der Funktionen f_a für $t \to \pm\infty$ und geben Sie für die Asymptoten Gleichungen an.
   Zeigen Sie, dass alle Funktionen f_a monoton steigend sind. (9 BE)

b) Untersuchen Sie die Funktionen f_a auf Nullstellen und lokale Extremstellen.
   Jeder Graph G_a besitzt genau einen Wendepunkt W_a.
   Zeigen Sie, dass die Wendepunkte W_a auf einer Parallelen zur t-Achse liegen.
   Zeichnen Sie die Graphen $G_{0,75}$ und G_1 in ein und dasselbe Koordinatensystem und schlussfolgern Sie, welchen Einfluss der Parameter a auf den Verlauf der Graphen G_a hat. (17 BE)

c) Der Graph G_1, die t-Achse und die Gerade mit der Gleichung $t = \ln 29$ begrenzen eine Fläche.
   Berechnen Sie die Maßzahl des Inhalts dieser Fläche. (8 BE)

Durch die Funktion $f_{0,04}$ für $0 \le t \le 200$ (t in Tagen) kann das Wachstum von Sonnenblumen beschrieben werden, wobei $f_{0,04}(t)$ die Höhe (in m) der Pflanzen zurzeit t bedeutet.

d) Berechnen Sie die Höhe einer Sonnenblumenpflanze nach 10, 50 und 150 Tagen.
   Berechnen Sie, wann die Wachstumsgeschwindigkeit einer Sonnenblumenpflanze am größten ist.
   Erläutern Sie Grenzen dieser mathematischen Modellbildung (11 BE)
   (45 BE)

Lösungen

$$f_a(t) = \frac{2 \cdot e^{a \cdot t}}{e^{a \cdot t} + 29}; \quad t \in \mathbb{R}, \ a \in \mathbb{R}, \ a > 0$$

$$f_a'(t) = \frac{58ae^{a \cdot t}}{(e^{a \cdot t} + 29)^2}$$

$$f_a''(t) = \frac{58a^2 e^{a \cdot t}(29 - e^{a \cdot t})}{(e^{a \cdot t} + 29)^3}$$

a) **Verhalten im Unendlichen:**

$$\lim_{t \to +\infty} \frac{2e^{a \cdot t}}{e^{a \cdot t} + 29} = \lim_{t \to \infty} \frac{2}{1 + \frac{29}{e^{at}}} = \frac{2}{1+0} = 2$$

$$\lim_{t \to -\infty} \frac{2e^{a \cdot t}}{e^{a \cdot t} + 29} = \lim_{t \to +\infty} \frac{2e^{a \cdot (-t)}}{e^{a \cdot (-t)} + 29} = \lim_{t \to +\infty} \frac{\frac{2}{e^{at}}}{\frac{1}{e^{at}} + 29} = \frac{0}{0 + 29} = 0, \text{ also}$$

Gleichungen der Asymptoten
$y = 2, \ y = 0$

Monotonie:

$$m = f_a'(t) = \frac{58ae^{a \cdot t}}{(e^{a \cdot t} + 29)^2} > 0, \ da$$

Nenner > 0, wegen Quadrat und
Zähler > 0, wegen $e^{at} > 0$ und $a > 0$, also: alle Funktionen sind monoton steigend.

b) **Nullstellen:**

$f_a(t) = 0, \ \frac{2 \cdot e^{a \cdot t}}{e^{a \cdot t} + 29} = 0, \ 2e^{at} = 0, \ e^{at} = 0, \ at = \ln 0$ Widerspruch, also keine Nullstellen.

Extremstellen:

$f_a'(t) = 0, \ \frac{58ae^{a \cdot t}}{(e^{a \cdot t} + 29)^2} = 0, \ 58ae^{at} = 0, \ e^{at} = 0,$ nicht lösbar, also keine Extremstellen.

Wendepunkte:
Die 2. Ableitung wird mit der Quotientenregel gebildet, also

$$f_a''(t) = \frac{58ae^{a \cdot t} \cdot a \cdot (e^{a \cdot t} + 29) - 58ae^{a \cdot t} \cdot 2 \cdot (e^{a \cdot t} + 29) \cdot e^{a \cdot t} \cdot a}{(e^{a \cdot t} + 29)^4}$$

$$f_a''(t) = \frac{58a^2 e^{at}(e^{at} + 29)^{\cancel{2}1} - 116a^2 e^{2at} \cancel{(e^{at} + 29)}}{(e^{at} + 29)^{\cancel{4}3}}$$

$$f_a''(t) = 0, \quad \frac{58a^2 e^{a \cdot t}(e^{a \cdot t} + 29) - 116a^2 e^{2a \cdot t}}{(e^{a \cdot t} + 29)^3} = 0,$$

$58a^2 e^{at}(e^{at} + 29) - 116a^2 e^{2at} = 0$

$58a^2e^{2at} + 1682\ a^2e^{at} - 116a^2e^{2at} = 0$
$1682\ a^2e^{at} - 58a^2e^{2at} = 0$
$58a^2e^{at}(29 - e^{at}) = 0$
$29 - e^{at} = 0$, da $58a^2e^{at} \neq 0$,

$e^{at} = 29$, $t = \frac{1}{a}\ln 29$

$W_a\left(\frac{1}{a}\ln 29 \mid f_a\left(\frac{1}{a}\ln 29\right)\right)$

y-Koordinate: $f_a\left(\frac{1}{a}\ln 29\right) = \frac{2e^{a \cdot \frac{1}{a}\ln 29}}{e^{a \cdot \frac{1}{a}\ln 29} + 29} = \frac{2 \cdot 29}{29 + 29} = 1$

$W_a\left(\frac{1}{a}\ln 29 \mid 1\right)$

Zeigen, dass alle Wendepunkte auf einer Parallelen zur t-Achse liegen:
Da die y-Koordinate aller Wendepunkte W_a unabhängig vom Parameter a ist, liegen alle Wendepunkte auf einer Parallelen zur t-Achse.

Zeichnen der Graphen $G_{0,75}$ und G_1:

$G_{0,75}$: $f_{0,75}(t) = \frac{2e^{0,75t}}{e^{0,75t} + 29}$

t	−1	0	1	2	3	4	$\frac{4}{3}\ln 29$	5
$f_{0,75}(t)$	0,03	0,07	0,14	0,27	0,49	0,82	1	1,19

G_1: $f_1(t) = \frac{2e^t}{e^t + 29}$

t	−1	0	1	2	3	$\ln 29$	4	5
$f_1(t)$	0,025	0,07	0,17	0,41	0,82	1	1,31	1,67

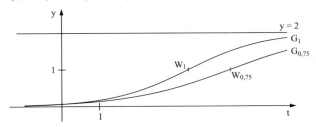

Einfluss des Parameters a:
- Je größer der Wert des Parameters a, desto kleiner der x-Wert (die Abszisse) des Wendepunktes;
- Je größer der Wert des Parameters a, desto größer der Anstieg der Wendetangente.

c) **Berechnen der Maßzahl des Inhalts der Fläche:**

$$A = \int_{-\infty}^{\ln 29} \frac{2e^t}{e^t + 29} \, dt$$

(1) $\quad A = \int_{b}^{\ln 29} \frac{2e^t}{e^t + 29} \, dt = 2\left[\ln(e^t + 29)\right]_{b}^{\ln 29}$

$\quad A = 2\left[\ln(e^{\ln 29} + 29) - \ln(e^b + 29)\right]$

$\quad A = 2\left[\ln 58 - \ln(e^b + 29)\right]$

(2) $\quad A = \lim_{b \to -\infty} \left[2(\ln 58 - \ln(e^b + 29))\right]$

$\quad A = 2(\ln 58 - \ln 29)$

$\quad A = 2\ln 2 \approx 1{,}39$

aus (1) und (2) folgt:
Die Maßzahl des Inhalts der Fläche beträgt $2 \ln 2$.

Andere Möglichkeit der Integration:

$\int \frac{e^t}{e^t + 29} \, dt$ setze $e^t + 29 = k$, dann ist $\frac{dk}{dt} = e^t$, also $dt = \frac{1}{e^t} \cdot dk$, eingesetzt

$\int \frac{e^t}{k} \cdot \frac{1}{e^t} \, dk = \int \frac{1}{k} \, dk = \ln|k| = \ln|e^t + 29|$.

d) **Berechnen der Höhe einer Sonnenblumenpflanze:**

$f_{0{,}04}(t) = \dfrac{2e^{0{,}04t}}{e^{0{,}04t} + 29}, \quad 0 \le t \le 200$

$f_{0{,}04}(10) \approx 0{,}0979$, also 0,1 m
$f_{0{,}04}(50) \approx 0{,}406$, also 0,41 m
$f_{0{,}04}(150) \approx 1{,}866$, also 1,87 m

Die Sonnenblume hat nach 10 Tagen eine Höhe von 10 cm, nach 50 Tagen eine Höhe von 41 cm und nach 150 Tagen eine Höhe von 187 cm.

Berechnen, wann die Wachstumsgeschwindigkeit am größten ist, z. B.:
Der Zeitpunkt entspricht der Wendestelle der Funktion $f_{0{,}04}(t)$, also

$t = \dfrac{\ln 29}{0{,}04} \approx 84{,}2$.

Etwa am 84. Tag hat die Pflanze ihre maximale Wachstumsgeschwindigkeit erreicht.

Erläutern von Grenzen der Modellbildung, z. B.:
- Die Modellbildung macht Aussagen über das mittlere Wachstum von Pflanzen; es ist keine Aussage über das Wachstum einer einzelnen Pflanze möglich.
- Der Modellbildung liegen definierte Wachstumsbedingungen zugrunde, d. h. abweichende Bedingungen können den Pflanzenwuchs verändern.

Leistungskurs Mathematik (Sachsen-Anhalt): Abiturprüfung 2004
Gebiet L1 – Aufgabe 1.2: Analysis

Gegeben sind Funktionen f_a durch

$$y = f_a(x) = \frac{2}{3}a^3 \cos^2 x \cdot \sin x; \quad x \in \mathbb{R}, \quad 0 \leq x \leq \frac{\pi}{2}, \quad a \in \mathbb{R}, \quad a > 0.$$

Ihre Graphen seien G_a.

a) Ermitteln Sie die Koordinaten der Schnittpunkte der Graphen G_a mit den Koordinatenachsen, die Art und die Lage der lokalen Extrempunkte.
Zeichnen Sie den Graphen $G_{1,5}$. (19 BE)

b) Jeder der Graphen G_a und die x-Achse schließen eine Fläche vollständig ein.
Berechnen Sie die Maßzahl des Inhalts dieser Flächen. (7 BE)

c) Der Graph $G_{1,5}$ wird um zwei Einheiten in positive Richtung der y-Achse verschoben.
Geben Sie für diesen verschobenen Graphen eine zugehörige Funktionsgleichung $y = f^*(x)$ und eine Gleichung für zugehörige Stammfunktionen $y = F^*(x)$ an.
Interpretieren Sie den Ausdruck $\pi \int_0^{\frac{\pi}{2}} [f^*(x)]^2 \, dx$ mithilfe einer Skizze geometrisch. (7 BE)

d) Aus vier gleich langen Stäben wird das Gerüst für ein Zelt in Form einer Pyramide mit quadratischer Grundfläche aufgestellt (siehe Abbildung).
Die Stäbe sind a = 2,00 m lang.
Das Gerüst soll so aufgestellt werden, dass das Volumen des Zeltes maximal wird.
Zur Berechnung des Volumens der Pyramide in Abhängigkeit von der Pyramidenhöhe h und der Grundkantenlänge x gilt die Gleichung
$$V(h, x) = \frac{1}{3}x^2 h.$$

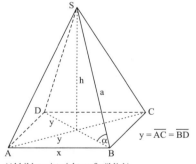
(Abbildung ist nicht maßstäblich)

Entwickeln Sie eine Gleichung zur Berechnung des Volumens der Pyramide in Abhängigkeit des Neigungswinkels α, indem Sie diese Gleichung in die Form V(α) überführen.

[mögliches Ergebnis zur Kontrolle: $V(\alpha) = \frac{16}{3}\cos^2 \alpha \cdot \sin \alpha$]

Berechnen Sie das Gradmaß des Neigungswinkels α und die Höhe h unter der Bedingung, dass das Volumen V(α) maximal ist und geben Sie das maximale Volumen an. (12 BE)

(45 BE)

Lösungen

$$y = f_a(x) = \frac{2}{3}a^3 \cos^2 x \cdot \sin x; \quad x \in \mathbb{R}, \; 0 \leq x \leq \frac{\pi}{2}, \; a \in \mathbb{R}, \; a > 0$$

$$f_a'(x) = \frac{2}{3}a^3 \cos x \cdot (\cos^2 x - 2\sin^2 x),$$

$$f_a''(x) = \frac{2}{3}a^3 \sin x \cdot (2\sin^2 x - 7\cos^2 x)$$

a) Koordinaten der Schnittpunkte der Graphen G_a mit den Koordinatenachsen:

$f_a(x) = 0, \; \frac{2}{3}a^3 \cos^2 x \cdot \sin x = 0, \; \cos^2 x \cdot \sin x = 0,$

mit $\sin^2 x + \cos^2 x = 1$ folgt

$(1 - \sin^2 x) \cdot \sin x = 0, \; \sin x = 0, \; x_1 = 0$

$1 - \sin^2 x = 0, \; \sin x = 1, \; x_2 = \frac{\pi}{2},$ also $S_{x_1}(0 \mid 0), S_{x_2}\left(\frac{\pi}{2} \mid 0\right).$

$f_a(0) = \frac{2}{3}a^3 \cos^2 0 \cdot \sin 0 = \frac{2}{3}a^3 \cdot 1 \cdot 0 = 0$, also $S_y(0 \mid 0)$

Extrempunkte:

$f_a'(x) = 0, \; \frac{2}{3}a^3 \cos x \cdot (\cos^2 x - 2\sin^2 x) = 0$

$\cos x \cdot (\cos^2 x - 2\sin^2 x) = 0, \; \cos x = 0, \; x_1 = \frac{\pi}{2}$ entfällt wegen Randlage

$$\cos^2 x - 2\sin^2 x = 0$$
$$\frac{\sin^2 x}{\cos^2 x} = \frac{1}{2}$$
$$\left(\frac{\sin x}{\cos x}\right)^2 = \frac{1}{2}$$
$$\tan^2 x = \frac{1}{2}$$
$$\tan x = \sqrt{0{,}5}, \; x \approx 0{,}6155$$

Bilden der 2. Ableitung:

$f_a'(x) = \frac{2}{3}a^3 \cdot \left[\cos^3 x - 2\cos x \sin^2 x\right]$

$f_a''(x) = \frac{2}{3}a^3 \cdot [3\cos^2 x \cdot (-\sin x) - 2((-\sin x) \cdot \sin^2 x + \cos x \cdot 2\sin x \cdot \cos x]$

$f_a''(x) = \frac{2}{3}a^3 \cdot [-3\sin x \cos^2 x + 2\sin^3 x - 4\sin x \cos^2 x]$

$f_a''(x) = \frac{2}{3}a^3 \cdot (2\sin^3 x - 7\sin x \cos^2 x)$

$f_a''(0{,}6155) = \frac{2}{3}a^3 \cdot [2\sin^3(0{,}6155) - 7\sin(0{,}6155)\cos^2(0{,}6155)]$

$f_a''(0{,}6155) \approx \frac{2}{3}a^3 \cdot (-2{,}309) \approx -1{,}54a^3 < 0$, da $a > 0$

Hochpunkt $H(0{,}6155 \mid 0{,}2566a^3)$

Wertetabelle für $f_{1,5}(x)$:

x	$f_{1,5}(x)$
0	0
0,3	0,61
0,6155	0,87
0,9	0,68
1,2	0,28
1,57	0

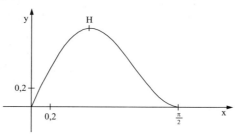

b) **Berechnen der Maßzahl des Inhalts der Fläche:**

$$A = \int_0^{\frac{\pi}{2}} \left(\frac{2}{3}a^3 \cos^2 x \cdot \sin x\right) dx$$

Nebenrechnung:

$\int (\cos^2 x \cdot \sin x)dx$ setze: $u = \cos^2 x$, $u' = -2\cos x \cdot \sin x$, $v' = \sin x$, $v = -\cos x$, also

$\int (\cos^2 x \cdot \sin x)dx = \cos^2 x \cdot (-\cos x) - \int (-2\cos x \cdot \sin x \cdot (-\cos x))dx$

$\int (\cos^2 x \cdot \sin x)dx = -\cos^3 x - 2\int (\cos^2 x \cdot \sin x)dx$

$3\int (\cos^2 x \cdot \sin x)dx = -\cos^3 x$

$\int (\cos^2 x \cdot \sin x)dx = -\frac{1}{3}\cos^3 x$ und damit

$A = \frac{2}{3}a^3 \cdot \left[-\frac{1}{3}\cos^3 x\right]_0^{\frac{\pi}{2}} = \frac{2}{3}a^3 \cdot \left[-\frac{1}{3}\cos^3\left(\frac{\pi}{2}\right) + \frac{1}{3}\cos^3(0)\right] = \frac{2}{3}a^3 \cdot \frac{1}{3}$

$A = \frac{2}{9}a^3$.

c) **Angeben der Funktionsgleichungen:**

$f^*(x) = f_{1,5}(x) + 2$

$f^*(x) = \frac{9}{4}\cos^2 x \cdot \sin x + 2$

Stammfunktion: $F^*(x) = F_{1,5}(x) + 2x + c$

Interpretieren des Ausdrucks, z. B.:

$V = \pi \cdot \int_0^{\frac{\pi}{2}} [f^*(x)]^2 \, dx$, also

Formel zur Berechnung des Volumens eines Rotationskörpers bei Rotation um die x-Achse. Der Rotationskörper wird vom Graphen der Funktion f* im Intervall $\left[0, \frac{\pi}{2}\right]$ erzeugt.

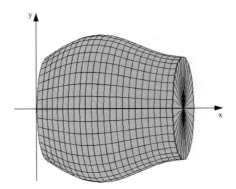

d) **Entwickeln einer Gleichung, z. B.:**

$V(h, x) = \frac{1}{3} x^2 \cdot h \quad \rightarrow \quad V(\alpha) = ?$

(1) $\sin \alpha = \frac{h}{a}$

$h = a \cdot \sin \alpha$, mit $a = 2$
$h = 2 \cdot \sin \alpha$

(2) $\cos \alpha = \frac{\frac{y}{2}}{a} = \frac{y}{2a}$ mit $a = 2$

$\cos \alpha = \frac{1}{4} y$ und $y^2 = x^2 + x^2$,

$y = \sqrt{2} \cdot x$

eingesetzt

$\cos \alpha = \frac{1}{4} \cdot \sqrt{2} \cdot x$

$x = \frac{4 \cdot \cos \alpha}{\sqrt{2}} = 2 \cdot \sqrt{2} \cdot \cos \alpha$

(1) und (2) eingesetzt in die gegebene Formel:

$V(\alpha) = \frac{1}{3} (2\sqrt{2} \cdot \cos \alpha)^2 \cdot 2 \sin \alpha = \frac{16}{3} \cos^2 \alpha \cdot \sin \alpha.$

Berechnen des Gradmaßes des Neigungswinkels bei $V(\alpha)$ maximal:

$V'(\alpha) \stackrel{\triangle}{=} x_{max}$ (Abszisse des Hochpunktes), also

$\alpha = 0{,}6155$ (im Bogenmaß), umgewandelt $\alpha \approx 35{,}27°$

Berechnen der Höhe:
$h = a \cdot \sin \alpha$
$h = 2 \, m \cdot \sin(35{,}27°)$, $h \approx 1{,}15 \, m$

Angeben des maximalen Volumens:

$V(35{,}27°) = \frac{16}{3} \cos^2(35{,}27°) \cdot \sin(35{,}27°) \approx 2{,}05$

Das maximale Volumen beträgt rund 2,05 m³.

Leistungskurs Mathematik (Sachsen-Anhalt): Abiturprüfung 2004
Gebiet L2 – Aufgabe 2.1: Analytische Geometrie

Zwei Apparate haben die Form einer Kugel bzw. eines geraden Kreiszylinders. Sie sollen in den Punkten A_K bzw. A_Z durch Rohrleitungen an den Versorgungspunkt P angeschlossen werden.
Die Standorte der Apparate und der Rohrleitungsverlauf sind im Grund- und Aufriss dargestellt. Eine analytische Beschreibung erfolgt in einem kartesischen Koordinatensystem, wobei die x-y-Ebene der Horizontalebene (in der Darstellung die Grundrissebene) und eine Einheit einem Meter entspricht.

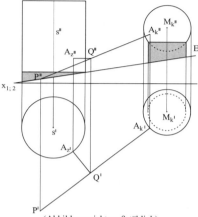

(Abbildung nicht maßstäblich)

Gegeben sind:
- der Punkt $P(16\,|\,4\,|\,1)$,
- der Radius des Zylinders $r_z = 3{,}50$ m,
- die Symmetrieachse s des Zylinders durch
$$\vec{x} = \begin{pmatrix} 5 \\ 5 \\ z \end{pmatrix}, \quad z \in \mathbb{R},$$
- die Kugel durch
  $x^2 + y^2 + z^2 - 8x - 32y - 14z = -312$,
- Die Ebene E durch $y - 6z = 0$.

a) Ermitteln Sie den Radius und die Koordinaten des Mittelpunktes M_K des kugelförmigen Apparates.
Stellen Sie eine Gleichung der Geraden PM_K auf und berechnen Sie die Koordinaten des Anschlusspunktes A_K, der auf dieser Geraden liegt. (10 BE)

b) Die Apparate sind auf einem ebenen Fundament aufgestellt, dessen Lage durch Punkte der Ebene E beschrieben wird.
Berechnen Sie das Gradmaß des Neigungswinkels des Fundamentes zur Horizontalebene sowie das Gradmaß des Neigungswinkels der Rohrleitung $\overline{PA_K}$ zum Fundament.
In der Betriebsvorschrift wird gefordert, dass die Rohrleitung eine Höhe von 4,00 m über dem Fundament nicht überschreiten darf. (Die Höhe werde senkrecht zur Horizontalebene betrachtet.)
Prüfen Sie, ob diese Bestimmung eingehalten wird. (9 BE)

c) Auf der Rohrleitung $\overline{PA_K}$ soll ein Abzweigpunkt Q so festgelegt werden, dass der Verlauf der Rohrleitung $\overline{QA_Z}$ durch Punkte einer Geraden QA_Z beschrieben wird. Die Gerade QA_Z soll sowohl senkrecht zur Geraden PA_K als auch zur Symmetrieachse s sein.
Berechnen Sie die Koordinaten des Punktes Q.
Eine Rohrleitung ist in der gegebenen Abbildung in wahrer Länge dargestellt.
Geben Sie an, um welche Rohrleitung es sich handelt, begründen Sie Ihre Aussage und berechnen Sie die Länge dieser Rohrleitung. (11 BE)

(30 BE)

Lösungen

a) **Ermitteln von Radius und Mittelpunkt der Kugel:**
$x^2 + y^2 + z^2 - 8x - 32y - 14z = -312$
$x^2 - 8x + y^2 - 32y + z^2 - 14z = -312$
$(x-4)^2 - 16 + (y-16)^2 - 256 + (z-7)^2 - 49 = -312$
K: $(x-4)^2 + (y-16)^2 + (z-7)^2 = 9$
$M_K(4\,|\,16\,|\,7)$, $r_K = 3$, also $r_K = 3{,}00$ m

Aufstellen einer Gleichung der Geraden:
$g(P, M_K)$: $\vec{x} = \overrightarrow{OP} + t\,\overrightarrow{PM_K}$

$$\vec{x} = \begin{pmatrix} 16 \\ 4 \\ 1 \end{pmatrix} + t_1 \begin{pmatrix} -12 \\ 12 \\ 6 \end{pmatrix}$$

$$\vec{x} = \begin{pmatrix} 16 \\ 4 \\ 1 \end{pmatrix} + t \begin{pmatrix} -2 \\ 2 \\ 1 \end{pmatrix},\ t \in \mathbb{R}$$

Berechnen der Koordinaten des Anschlusspunktes A_K, z. B.:
$A_K \in g$ und $A_K \in K$, also
$A_K(16 - 2t\,|\,4 + 2t\,|\,1 + t)$ in K einsetzen, also
$(16 - 2t - 4)^2 + (4 + 2t - 16)^2 + (1 + t - 7)^2 = 9$
$(12 - 2t)^2 + (2t - 12)^2 + (t - 6)^2 = 9$
$144 - 48t + 4t^2 + 4t^2 - 48t + 144 + t^2 - 12t + 36 = 9$
$9t^2 - 108t + 315 = 0$
$t^2 - 12t + 35 = 0$
$t_{1,2} = 6 \pm \sqrt{36 - 35}$
$t_{1,2} = 6 \pm 1$

$t_1 = 7$, $t_2 = 5$
$A_{K_1}(2\,|\,18\,|\,8)$ entfällt, $A_{K_2}(6\,|\,14\,|\,6)$
Der Anschlusspunkt hat die Koordinaten $A_K(6\,|\,14\,|\,6)$.

Andere Möglichkeit:

$$\overrightarrow{OA_K} = \overrightarrow{OM_K} + r_K \cdot \frac{\overrightarrow{M_K P}}{|\overrightarrow{M_K P}|} = \begin{pmatrix} 4 \\ 16 \\ 7 \end{pmatrix} + 3 \cdot \frac{\begin{pmatrix} 12 \\ -12 \\ -6 \end{pmatrix}}{\left|\begin{pmatrix} 12 \\ -12 \\ -6 \end{pmatrix}\right|}$$

$$\overrightarrow{OA_K} = \begin{pmatrix} 4 \\ 16 \\ 7 \end{pmatrix} + \frac{1}{6}\begin{pmatrix} 12 \\ -12 \\ -6 \end{pmatrix} = \begin{pmatrix} 4 \\ 16 \\ 7 \end{pmatrix} + \begin{pmatrix} 2 \\ -2 \\ -1 \end{pmatrix}$$

$A_K(6\,|\,14\,|\,6)$

b) **Berechnen des Gradmaßes der Neigungswinkel:**

Neigungswinkel des Fundaments zur Horizontalebene:
∢(E, Horizontalebene), also gleiche Objekte

$$\cos\alpha_1 = \frac{\begin{pmatrix}0\\1\\-6\end{pmatrix}\circ\begin{pmatrix}0\\0\\1\end{pmatrix}}{\left\|\begin{pmatrix}0\\-1\\6\end{pmatrix}\right\|\cdot\left\|\begin{pmatrix}0\\0\\1\end{pmatrix}\right\|} = \frac{-6}{\sqrt{37}}, \quad \alpha \approx 9,5°$$

Neigungswinkel der Rohrleitung zum Fundament:
∢(Gerade $h(P, A_K)$, E), also verschiedene Objekte

$$\sin\beta_1 = \frac{\begin{pmatrix}-10\\10\\5\end{pmatrix}\circ\begin{pmatrix}0\\1\\-6\end{pmatrix}}{\left\|\begin{pmatrix}-10\\10\\5\end{pmatrix}\right\|\cdot\left\|\begin{pmatrix}0\\1\\-6\end{pmatrix}\right\|} = \frac{-20}{\sqrt{225}\cdot\sqrt{37}}, \quad \beta \approx 12,7°$$

Prüfen, ob die Bestimmung eingehalten wird, z. B.:
höchster Punkt A_K, also

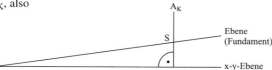

zu zeigen: $d(A_K, S) \leq 4,00$ m
(1) Maßzahl der Höhe des höchsten Punktes A_K über der Horizontalebene: $z_{A_K} = 6$
(2) Maßzahl der Höhe der Projektion von A_K auf E über der Horizontalebene:
   $h(A_K, \vec{n}_{x-y}) \cap E = \{S\}$

   h: $\vec{x} = \begin{pmatrix}6\\14\\6\end{pmatrix} + t\begin{pmatrix}0\\0\\1\end{pmatrix}$ in E

   $14 - 6(6+t) = 0$, $t = -\frac{11}{3}$, also

   $S\left(6 \mid 14 \mid \frac{7}{3}\right)$, $z_S = \frac{7}{3}$

aus (1) und (2) folgt

$h = 6 - \frac{7}{3} = \frac{11}{3} \approx 3{,}67$ und damit

3,67 m < 4,00 m
Die Bestimmung wird eingehalten.

c) **Berechnen der Koordinaten des Punktes Q, z. B.:**

$\vec{v}_{PA_K} \perp \vec{v}_{QA_z}$ und

$\vec{v}_{QA_z} \perp s$, also

$\begin{pmatrix} -10 \\ 10 \\ 5 \end{pmatrix} \circ \overrightarrow{QA}_z = 0$ und

$\overrightarrow{QA}_z \circ \begin{pmatrix} 5 \\ 5 \\ z \end{pmatrix} = 0$, also

$\begin{pmatrix} -10 \\ 10 \\ 5 \end{pmatrix} \circ \begin{pmatrix} 5 \\ 5 \\ z \end{pmatrix} = 0$, $z = 0$ und damit

$\overrightarrow{QA}_z = \begin{pmatrix} 5 \\ 5 \\ 0 \end{pmatrix} = 5 \cdot \begin{pmatrix} 1 \\ 1 \\ 0 \end{pmatrix}$

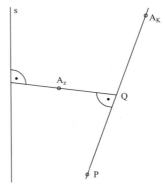

$g(P, M_K) = g(P, A_K): \vec{x} = \begin{pmatrix} 16 \\ 4 \\ 1 \end{pmatrix} + t \begin{pmatrix} -2 \\ 2 \\ 1 \end{pmatrix}$

$h(S, \vec{v}_{QA_z}): \vec{x} = \begin{pmatrix} 5 \\ 5 \\ z \end{pmatrix} + m \begin{pmatrix} 1 \\ 1 \\ 0 \end{pmatrix}$ gleichsetzen

$\begin{pmatrix} 16 \\ 4 \\ 1 \end{pmatrix} + t \begin{pmatrix} -2 \\ 2 \\ 1 \end{pmatrix} = \begin{pmatrix} 5 \\ 5 \\ z \end{pmatrix} + m \begin{pmatrix} 1 \\ 1 \\ 0 \end{pmatrix}$

$\begin{aligned} 16 - 2t &= 5 + m \\ 4 + 2t &= 5 + m \\ 1 + t &= z \end{aligned} \quad \Big| +$

$20 = 10 + 2m$

$m = 5, t = 3, z = 4$, also

Q(10|10|4)

Angeben der Rohrleitung:

Die Rohrleitung $\overrightarrow{QA}_z$ wird im Grundriss in wahrer Länge abgebildet, da diese parallel zur Grundrissebene verläuft, was am parallelen Verlauf des Aufrisses zur Rissachse zu erkennen ist.

Berechnen der Länge:

$\ell = |\overrightarrow{QA}_z|$

$\ell = d(Q', S') - r_z$

$\ell = \left| \begin{pmatrix} 5 \\ 5 \\ 0 \end{pmatrix} \right| - 3{,}5$

$\ell = \sqrt{50} - 3{,}5 \approx 3{,}57$

Die Länge der Rohrleitung beträgt 3,57 m.

Leistungskurs Mathematik (Sachsen-Anhalt): Abiturprüfung 2004
Gebiet L2 – Aufgabe 2.2: Analytische Geometrie

Gegeben seien in einem kartesischen Koordinatensystem die Punkte
$A(0|0|2)$, $B(3|4|5)$, $C(-2|2|7)$ und $P(10|12|10)$
sowie die Kugel K mit der Gleichung
$x^2 + y^2 + z^2 - 12x - 16y - 16z = -128$.

a) Begründen Sie, dass die Punkte A, B und C eine Ebene E bestimmen und geben Sie eine Koordinatengleichung dieser Ebene an.
Zeigen Sie, dass der Punkt P sowohl in der Ebene E als auch auf der Kugel K liegt. (8 BE)

b) Im Punkt P soll die Tangentialebene an die Kugel K gelegt werden. Geben Sie eine Gleichung dieser Tangentialebene an.
Weisen Sie nach, dass diese Tangentialebene und die Ebene E zueinander orthogonal sind.
Durch Schnitt der Ebene E mit der Kugel K entsteht ein Schnittkreis. Geben Sie die Koordinaten des Mittelpunktes und die Maßzahl des Radius dieses Kreises an. (9 BE)

Die Punkte $Q(2|4|6)$, $R(8|12|12)$ und $S(4|4|4)$ sind Punkte des Schnittkreises aus Aufgabe b und die Strecke $\overline{PQ}$ ist ein Durchmesser dieses Kreises.

c) Weisen Sie nach, dass das Dreieck QRS rechtwinklig ist.
Zeigen Sie, dass die Lotfußpunkte der Lote von P auf die Seiten dieses Dreiecks bzw. deren Verlängerungen auf genau einer Geraden liegen. (6 BE)

d) Der Punkt $D(4|12|z_D > 10)$ sei die Spitze einer über der Fläche PQRS errichteten und von der Kugel K umhüllten Pyramide.
Berechnen Sie die Maßzahl des Volumens der Pyramide PQRSD. (7 BE)

(30 BE)

Lösungen

a) **Begründen, dass die Punkte eine Ebene bestimmen, z. B.:**

$g(A, B): \vec{x} = \begin{pmatrix} 0 \\ 0 \\ 2 \end{pmatrix} + t \begin{pmatrix} 3 \\ 4 \\ 3 \end{pmatrix}$ und C in g: $\begin{pmatrix} -2 \\ 2 \\ 7 \end{pmatrix} = \begin{pmatrix} 0 \\ 0 \\ 2 \end{pmatrix} + t \begin{pmatrix} 3 \\ 4 \\ 3 \end{pmatrix}$, $\begin{matrix} -2 = 3t \\ 2 = 4t \\ 5 = 3t \end{matrix}$ ⟩ Widerspruch

für kein $t \in \mathbb{R}$ erfüllt, also die Punkte bestimmen eine Ebene.

Aufstellen der Ebenengleichung:

Parametergleichung: $\vec{x} = \begin{pmatrix} 0 \\ 0 \\ 2 \end{pmatrix} + t \begin{pmatrix} 3 \\ 4 \\ 3 \end{pmatrix} + s \begin{pmatrix} -2 \\ 2 \\ 5 \end{pmatrix}$

1. Möglichkeit:
Den Normalenvektor von E berechnet man mit

$\begin{pmatrix} 3 \\ 4 \\ 3 \end{pmatrix} \times \begin{pmatrix} -2 \\ 2 \\ 5 \end{pmatrix} = \begin{pmatrix} 14 \\ -21 \\ 14 \end{pmatrix} = 7 \cdot \begin{pmatrix} 2 \\ -3 \\ 2 \end{pmatrix}$

und mit dem Ansatz
$2x - 3y + 2z = a$ und wegen $A \in E$ ergibt sich
$2 \cdot 0 - 3 \cdot 0 + 2 \cdot 2 = a$, $a = 4$, also
E: $2x - 3y + 2z = 4$

2. Möglichkeit:
Der Normalenvektor $\vec{n}$ steht senkrecht auf den Spannvektoren der Ebene, also

$\vec{n} \perp \begin{pmatrix} 3 \\ 4 \\ 3 \end{pmatrix}$ und $\vec{n} \perp \begin{pmatrix} -2 \\ 2 \\ 5 \end{pmatrix}$, damit gilt $\vec{n} \circ \begin{pmatrix} 3 \\ 4 \\ 3 \end{pmatrix} = 0$ und $\vec{n} \circ \begin{pmatrix} -2 \\ 2 \\ 5 \end{pmatrix} = 0$,

$\begin{matrix} 3n_1 + 4n_2 + 3n_3 = 0 \\ -2n_1 + 2n_2 + 5n_3 = 0 \end{matrix} \bigg| \cdot (-2)$

$\begin{matrix} 7n_1 - 7n_3 = 0 \\ n_1 = 1, n_3 = 1, n_2 = -\frac{3}{2}, \text{ also} \end{matrix}$

$x - \frac{3}{2}y + z = a$ und wegen $A \in E$ ergibt sich $0 - \frac{3}{2} \cdot 0 + 2 = a$, $a = 2$, also

E: $x - \frac{3}{2}y + z = 2$

E: $2x - 3y + 2z = 4$

3. Möglichkeit:
Aus der Parametergleichung von E folgt:

I. $x = 3t - 2s \quad \big| \big| \cdot 4 +$
II. $y = 4t + 2s \quad + \big| \cdot (-3)$
III. $z = 2 + 3t + 5s$

$x + y = 7t, \quad t = \frac{1}{7}x + \frac{1}{7}y$

$4x - 3y = -14s, \quad s = -\frac{2}{7}x + \frac{3}{14}y$ eingesetzt in III.

$z = 2 + 3\left(\frac{1}{7}x + \frac{1}{7}y\right) + 5\left(-\frac{2}{7}x + \frac{3}{14}y\right)$

$z = 2 + \frac{3}{7}x + \frac{3}{7}y - \frac{10}{7}x + \frac{15}{14}y$

$z = 2 - x + \frac{21}{14}y$ umgestellt

$x - \frac{3}{2}y + z = 2$

E: $2x - 3y + 2z = 4$

Zeigen, dass der Punkt P in der Ebene als auch auf der Kugel liegt:
Punktprobe:
P in E, also $2 \cdot 10 - 3 \cdot 12 + 2 \cdot 10 = 4$
$\qquad\qquad\;\; 20 - 36 + 20 = 4$, w. A.
P in K, also $10^2 + 12^2 + 10^2 - 12 \cdot 10 - 16 \cdot 12 - 16 \cdot 10 = -128$
$\qquad\qquad\;\; 100 + 144 + 100 - 120 - 192 - 160 = -128$
$\qquad\qquad\;\; 344 - 472 = -128$, w. A.

b) **Angeben einer Gleichung der Tangentialebene:**

Umformen der Kugelgleichung:
$x^2 - 12x + y^2 - 16y + z^2 - 16z = -128$
$(x-6)^2 - 36 + (y-8)^2 - 64 + (z-8)^2 - 64 = -128$
K: $(x-6)^2 + (y-8)^2 + (z-8)^2 = 36$
$M(6|8|8), r = 6$

Es gilt $\vec{n}_{E_t} = \vec{v}_{PM} = \begin{pmatrix} -4 \\ -4 \\ -2 \end{pmatrix}$

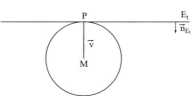

$-4x - 4y - 2z = a$ und mit $P \in E$
$-4 \cdot 10 - 4 \cdot 12 - 2 \cdot 10 = a, \; a = -108$
$-4x - 4y - 2z = -108$
E_t: $2x + 2y + z = 54$

Nachweisen der Orthogonalität:
$E \perp E_t$, also $\vec{n}_E \circ \vec{n}_{E_t} = 0$

$\begin{pmatrix} 2 \\ -3 \\ 2 \end{pmatrix} \circ \begin{pmatrix} 2 \\ 2 \\ 1 \end{pmatrix} = 0, \; 2 \cdot 2 - 3 \cdot 2 + 2 \cdot 1 = 0$ w. A.

Die Ebenen stehen senkrecht aufeinander.

Angeben der Koordinaten des Mittelpunktes und der Maßzahl des Radius des Schnittkreises, z. B.:

$g(\vec{n}_E, M) \cap E = \{M_s\}$

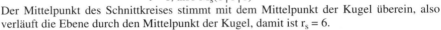

$g: \vec{x} = \begin{pmatrix} 6 \\ 8 \\ 8 \end{pmatrix} + t \begin{pmatrix} 2 \\ -3 \\ 2 \end{pmatrix}$ in E

$2(6 + 2t) - 3(8 - 3t) + 2(8 + 2t) = 4$
$12 + 4t - 24 + 9t + 16 + 4t = 4$
$\qquad\qquad\qquad 17t + 4 = 4$
$\qquad\qquad\qquad\quad t = 0$, also $M_s(6|8|8)$

Der Mittelpunkt des Schnittkreises stimmt mit dem Mittelpunkt der Kugel überein, also verläuft die Ebene durch den Mittelpunkt der Kugel, damit ist $r_s = 6$.

Andere Möglichkeit:
$d(M, E)$ ermitteln:

$E: \dfrac{2x - 3y + 2z - 4}{\sqrt{2^2 + (-3)^2 + 2^2}} = 0$, M einsetzen

$d = \dfrac{2 \cdot 6 - 3 \cdot 8 + 2 \cdot 8 - 4}{\sqrt{17}} = 0$, also verläuft die Ebene E durch den Mittelpunkt der Kugel;

$M_s(6|8|8)$, $r_s = 6$

c) **Nachweisen der Rechtwinkligkeit des Dreiecks, z. B.:**

$\overrightarrow{QR} \circ \overrightarrow{QS} = 0$

$\begin{pmatrix} 6 \\ 8 \\ 6 \end{pmatrix} \circ \begin{pmatrix} 2 \\ 0 \\ -2 \end{pmatrix} = 0$

$6 \cdot 2 + 6 \cdot (-2) = 0$ w. A., also $\sphericalangle SQR = 90°$

Zeigen, dass die Lotfußpunkte auf genau einer Geraden liegen, z. B.:

$\overline{PQ}$ und $\overline{RS}$ sind Durchmesser des Schnittkreises, also

$\sphericalangle PSQ = 90°$ und $\sphericalangle QRP = 90°$.

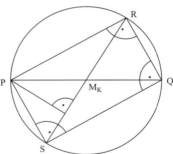

Damit ist der Lotfußpunkt von P auf $\overline{SQ}$ der Punkt S und der Lotfußpunkt von P auf $\overline{RQ}$ der Punkt R.

Der Lotfußpunkt von P auf $\overline{RS}$ liegt auf der Geraden durch die Punkte R und S. Damit ist gezeigt, dass alle drei Lotfußpunkte auf genau einer Geraden liegen.

Andere Möglichkeit:
Berechnen der Lotfußpunkte, also

(1) Lotfußpunkt von P auf $\overline{SQ}$

$g(S,Q) \cap E(\vec{v}_{SQ}, P) = \{F_1\}$

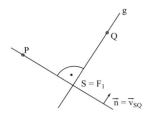

g: $\vec{x} = \begin{pmatrix} 4 \\ 4 \\ 4 \end{pmatrix} + t_1 \begin{pmatrix} 2 \\ 0 \\ -2 \end{pmatrix}$

$\vec{x} = \begin{pmatrix} 4 \\ 4 \\ 4 \end{pmatrix} + t \begin{pmatrix} 1 \\ 0 \\ -1 \end{pmatrix}$

E: $x - z = a$, mit P folgt $10 - 10 = a$, $a = 0$
E: $x - z = 0$
g in E: $4 + t - (4 - t) = 0 \;\Rightarrow\; t = 0$
$F_1(4|4|4) = S$

(2) Lotfußpunkt von P auf $\overline{RQ}$

$g(R,Q) \cap E(\vec{v}_{RQ}, P) = \{F_2\}$

g: $\vec{x} = \begin{pmatrix} 8 \\ 12 \\ 12 \end{pmatrix} + s_1 \begin{pmatrix} -6 \\ -8 \\ -6 \end{pmatrix}$

$\vec{x} = \begin{pmatrix} 8 \\ 12 \\ 12 \end{pmatrix} + s \begin{pmatrix} 3 \\ 4 \\ 3 \end{pmatrix}$

E: $3x + 4y + 3z = a$, mit P folgt $3 \cdot 10 + 4 \cdot 12 + 3 \cdot 10 = a$, $a = 108$
E: $3x + 4y + 3z = 108$
g in E: $3 \cdot (8 + 3s) + 4 \cdot (12 + 4s) + 3 \cdot (12 + 3s) = 108$
$34s = 0 \;\Rightarrow\; s = 0$

$F_2(8|12|12) = R$

(3) Lotfußpunkt von P auf $\overline{SR}$

$g(S,R) \cap E(\vec{v}_{SR}, P) = \{F_3\}$

g: $\vec{x} = \begin{pmatrix} 4 \\ 4 \\ 4 \end{pmatrix} + r_1 \begin{pmatrix} 4 \\ 8 \\ 8 \end{pmatrix}$

$\vec{x} = \begin{pmatrix} 4 \\ 4 \\ 4 \end{pmatrix} + r \begin{pmatrix} 1 \\ 2 \\ 2 \end{pmatrix}$

E: $x + 2y + 2z = a$, mit P folgt $10 + 2 \cdot 12 + 2 \cdot 10 = a$, $a = 54$
E: $x + 2y + 2z = 54$
g in E: $(4 + r) + 2 \cdot (4 + 2r) + 2 \cdot (4 + 2r) = 54$
$\qquad\qquad 4 + r + 8 + 4r + 8 + 4r = 54$
$\qquad\qquad\qquad 9r + 20 = 54 \;\Rightarrow\; r = \dfrac{34}{9}$

$F_3\left(\dfrac{70}{9} \middle| \dfrac{104}{9} \middle| \dfrac{104}{9}\right)$

Nachweisen, dass F_1, F_2 und F_3 auf genau einer Geraden liegen:

$h(F_1, F_2)$: $\vec{x} = \begin{pmatrix} 4 \\ 4 \\ 4 \end{pmatrix} + \ell_1 \begin{pmatrix} 4 \\ 8 \\ 8 \end{pmatrix}$

$\vec{x} = \begin{pmatrix} 4 \\ 4 \\ 4 \end{pmatrix} + \ell \begin{pmatrix} 1 \\ 2 \\ 2 \end{pmatrix}$

Punktprobe F_3 in h:

$\begin{pmatrix} \frac{70}{9} \\ \frac{104}{9} \\ \frac{104}{9} \end{pmatrix} = \begin{pmatrix} 4 \\ 4 \\ 4 \end{pmatrix} + \ell \begin{pmatrix} 1 \\ 2 \\ 2 \end{pmatrix}$

$\frac{70}{9} = 4 + \ell, \quad \ell = \frac{34}{9}$

$\frac{104}{9} = 4 + 2\ell, \quad 2\ell = \frac{68}{9} \quad \ell = \frac{34}{9}$

$\frac{104}{9} = 4 + 2\ell, \quad 2\ell = \frac{68}{9} \quad \ell = \frac{34}{9},$

F_3 liegt auf der Geraden durch F_1 und F_2.

d) **Berechnen der Maßzahl des Volumens, z. B.:**
Berechnen der z-Koordinate des Punktes D, also $D \in K$, D in K einsetzen,
$(4 - 6)^2 + (12 - 8)^2 + (z - 8)^2 = 36$
$\qquad 4 + 16 + (z - 8)^2 = 36$
$\qquad\qquad\qquad (z - 8)^2 = 16$
$z_1 - 8 = 4, \quad z_1 = 12$
$z_2 - 8 = -4, \quad z_2 = 4$, entfällt, da $z > 10$, also
$D(4 | 12 | 12)$

Das Volumen der Pyramide PQRSD wird mithilfe des Spatprodukts berechnet, z. B.:

$V = \frac{1}{3} \left| \left(\overrightarrow{PS} \times \overrightarrow{PR} \right) \circ \overrightarrow{PD} \right|$

$V = \frac{1}{3} \left| \left(\begin{pmatrix} -4 \\ -8 \\ -8 \end{pmatrix} \times \begin{pmatrix} -2 \\ 0 \\ 2 \end{pmatrix} \right) \circ \begin{pmatrix} -6 \\ 0 \\ 2 \end{pmatrix} \right|$

$V = \frac{1}{3} \left| \begin{pmatrix} -16 \\ 24 \\ -16 \end{pmatrix} \circ \begin{pmatrix} -6 \\ 0 \\ 2 \end{pmatrix} \right|$

$V = \frac{1}{3} \cdot 64 = \frac{64}{3} \approx 21{,}3$

Die Maßzahl des Volumens beträgt $\frac{64}{3}$.

Leistungskurs Mathematik (Sachsen-Anhalt): Abiturprüfung 2004
Gebiet L3 – Aufgabe 3.1: Stochastik

Bei einer Wahl haben 10 % der Wähler für die Partei Z gestimmt.

a) Berechnen Sie mit welcher Wahrscheinlichkeit unter 100 zufällig ausgewählten Wählern mehr als 4 und höchstens 9 für die Partei Z gestimmt haben. (3 BE)

b) Die Zufallsgröße X sei die Anzahl der Wähler der Partei Z in einer Stichprobe von 500 Wählern.
Begründen Sie, dass die Zufallsgröße X binomialverteilt ist.
Ermitteln Sie den Erwartungswert und die Varianz der Zufallsgröße X.
Berechnen Sie, wie groß eine Stichprobe mindestens sein muss, damit die Wahrscheinlichkeit dafür, dass sie mindestens einen Wähler der Partei Z enthält, mindestens 90 % beträgt.
Zeigen Sie, dass sich für die Zufallsgröße X Wahrscheinlichkeiten $P(X \leq k)$ näherungsweise durch die Funktion Φ mit $\Phi\left(\dfrac{k + 0{,}5 - 50}{3\sqrt{5}}\right)$ berechnen lassen. (13 BE)

Die Partei Z will eine Werbekampagne durchführen, wenn der Bekanntheitsgrad ihrer wichtigsten politischen Zielstellungen unter 70 % liegt. Die Entscheidung für eine solche Werbekampagne soll auf der Grundlage einer Umfrage unter 1500 zufällig ausgewählten wahlberechtigten Personen getroffen werden.

c) Entwickeln Sie einen Test, bei dem die Wahrscheinlichkeit dafür, dass die Werbekampagne irrtümlich durchgeführt wird, höchstens 5 % beträgt.
Ermitteln Sie für diesen Test eine Entscheidungsregel. (9 BE)

(25 BE)

Lösungen

a) **Berechnen der gesuchten Wahrscheinlichkeit:**
Die Zufallsgröße W sei die Anzahl der Wähler, die für die Partei Z gestimmt haben. Die Zufallsgröße W ist binomialverteilt mit n = 100 und p = 0,10; $W \sim B_{100;\, 0,10}$.
$P(4 < W \leq 9) = P(W \leq 9) - P(W \leq 4) = B_{100;\, 0,10}(\{0;1;\ldots;9\}) - B_{100;\, 0,10}(\{0;1;\ldots;4\})$
$\qquad\qquad\qquad\qquad\qquad\qquad\quad = 0,45129 - 0,02371 = 0,42758$
$\qquad\qquad\qquad\qquad\qquad\quad$ (Tabellenwerte)
$P(4 < W \leq 9) \approx \mathbf{42{,}8\ \%}$

b) **Begründen, dass die Zufallsgröße X binomialverteilt ist:**
 – Die Entscheidungsmöglichkeiten jedes Wählers sind gleich und lassen sich zu genau zwei Ereignissen zusammenfassen; Ereignis „Stimme *für* die Partei" und zugehöriges Gegenereignis „Stimme *nicht für* die Partei" (Gegenstimmen, Stimmenthaltungen, ungültige Stimmen).
 – Bei jedem Wähler beträgt die Wahrscheinlichkeit p für das Ereignis „Stimme *für* die Partei" p = 0,10.
 – Es wird angenommen, dass alle Wähler unabhängig voneinander wählen, die Wahrscheinlichkeit p = 0,10 bleibt (bei der gesamten Wahl) konstant.

Ermitteln von Erwartungswert und Varianz der Zufallsgröße X:
μ – Erwartungswert: $\mu = E(X) = n \cdot p = 500 \cdot 0{,}10 = 50$
$V(X)$ – Varianz: $V(X) = n \cdot p \cdot (1 - p) = 500 \cdot 0{,}10 \cdot 0{,}90 = 45$

Berechnen des Mindestumfangs n der Stichprobe (Mindestlänge einer BERNOULLI-Kette):
Die Zufallsgröße X_n beschreibe die Anzahl der Wähler in einer Stichprobe mit dem Umfang n. Die Zufallsgröße X_n ist binomialverteilt mit unbekanntem n und p = 0,10; $X_n \sim B_{n;\, 0,10}$. Es wird die Bedingung $P(X_n \geq 1) \geq 0{,}90$ gefordert.
Wegen $P(X_n \geq 1) = 1 - P(X_n = 0)$ ist diese Bedingung äquivalent mit $P(X_n = 0) \leq 0{,}10$.
Mit $P(X_n = 0) = \binom{n}{0} \cdot 0{,}10^0 \cdot 0{,}90^n = 0{,}90^n$ (Anwendung der BERNOULLI-Formel) folgt
$0{,}90^n \leq 0{,}10$.

$n \cdot \ln 0{,}90 \leq \ln 0{,}10$ $\qquad$ (Logarithmieren; Logarithmengesetz)

$n \geq \dfrac{\ln 0{,}10}{\ln 0{,}90}$ $\qquad$ (Umkehren des Relationszeichens wegen $\ln 0{,}90 < 0$)

$n \geq 21{,}85 \ldots$
Zur Stichprobe müssen mindestens 22 Wähler gehören.

Zeigen, dass sich für die Zufallsgröße X Wahrscheinlichkeiten $P(X \leq k)$ näherungsweise durch die gegebene Funktion Φ berechnen lassen:
Wenn $X \sim B_{n;\, p}$ gilt und n hinreichend groß ist (Faustregel bzw. empirisches Kriterium: $V(X) = n \cdot p \cdot (1 - p) > 9$ erfüllt), dann gilt nach dem Grenzwertsatz von DE MOIVRE-LAPLACE die Näherung $P(Y \leq k) \approx \Phi\!\left(\dfrac{k + 0{,}5 - \mu}{\sigma}\right)$; k – kritischer Wert, μ – Erwartungswert,
0,5 – Korrektursummand und σ – Standardabweichung.
Die gegebene Zufallsgröße X ist binomialverteilt mit n = 500 und p = 0,10; $X \sim B_{500;\, 0,10}$.
Die Faustregel ist mit $V(X) = 500 \cdot 0{,}10 \cdot 0{,}90 = 45 > 9$ erfüllt.

Für den Erwartungswert erhält man $\mu = E(X) = n \cdot p = 500 \cdot 0{,}10 = 50$ und für die Standardabweichung $\sigma = \sqrt{V(X)} = \sqrt{n \cdot p \cdot (1-p)} = \sqrt{500 \cdot 0{,}10 \cdot 0{,}90} = \sqrt{45} = 3\sqrt{5}$.

Durch Einsetzen der Werte für die Kenngrößen μ und σ der Zufallsgröße X im Argument der Funktion Φ erhält man die gegebene Näherung $P(X \leq k) \approx \Phi\left(\dfrac{k+0{,}5-50}{3\sqrt{5}}\right)$.

c) **Entwickeln eines Tests und Ermitteln der zugehörigen Entscheidungsregel:**
Vorüberlegung:
Wird die Werbekampagne *irrtümlich* durchgeführt, so heißt dies, dass die Anzahl der Wahlberechtigten, die die Partei Z kennen, in Wirklichkeit mindestens 70 % beträgt.

Die Zufallsgröße Y beschreibe die Anzahl der Wahlberechtigten in der Stichprobe, die die Zielstellungen der Partei Z kennen. Die Zufallsgröße Y ist binomialverteilt mit n = 1500 und p = 0,70; $Y \sim B_{1500;\ 0{,}70}$ (bei wahrer Nullhypothese). Die Wahrscheinlichkeit dafür, dass die Werbekampagne irrtümlich durchgeführt wird, ist (bei in Wirklichkeit wahrer Nullhypothese) die höchstzulässige Wahrscheinlichkeit für den Fehler 1. Art und charakterisiert somit das Signifikanzniveau α des Tests.

(1) Nullhypothese $H_0: p_0 \geq 0{,}70$ [Gegenhypothese $H_1: p_1 < 0{,}70$]

(2) Stichprobenumfang n: n = 1500   Signifikanzniveau α: $\alpha = 0{,}05$

Da kleine Werte der Zufallsgröße Y gegen die Nullhypothese sprechen, ist der **Test als linksseitiger Signifikanztest** zu entwickeln mit dem größtmöglichen linksseitigen Ablehnungsbereich $\overline{A}$: $\overline{A} = \{0; 1; \ldots; k\}$; $P(Y \leq k) = B_{1500;\ 0{,}70}(\{0; 1; \ldots; k\}) \leq 0{,}05$.

Im vorliegenden Fall ist n hinreichend groß (Faustregel bzw. empirisches Kriterium: V(Y) > 9 mit V(Y) = 315 > 9 erfüllt); die Zufallsgröße Y darf daher näherungsweise als normalverteilt betrachtet werden. Somit kann der kritische Wert k mithilfe der Φ-Funktion der (Standard-)Normalverteilung näherungsweise ermittelt werden.

(3) Ermitteln des kritischen Werts k:

$P(Y \leq k) \approx \Phi\left(\dfrac{k+0{,}5-\mu}{\sigma}\right) \leq 0{,}05$

k – kritischer Wert   0,5 – Korrektursummand

μ – Erwartungswert $\mu = E(Y) = n \cdot p = 1500 \cdot 0{,}70 = 1050$

σ – Standardabweichung $\sigma = \sqrt{V(Y)} = \sqrt{n \cdot p \cdot (1-p)} = \sqrt{1500 \cdot 0{,}70 \cdot 0{,}30} = \sqrt{315}$

Mit k, $\mu = E(Y) = 1050$ und $\sigma = \sqrt{315}$ erhält man $P(Y \leq k) \approx \Phi\left(\dfrac{k-1049{,}5}{\sqrt{315}}\right) \leq 0{,}05$.

Zum Ablesen aus der Tabelle der Funktionswerte $\Phi(X)$ der Normalverteilung wird mithilfe der Symmetriebeziehung $\Phi(-X) = 1 - \Phi(X)$ umgeformt zu

$\Phi\left(-\dfrac{k-1049{,}5}{\sqrt{315}}\right) \geq 1 - 0{,}05 = 0{,}95$ und der Tabellenwert $\Phi(1{,}64) \approx 0{,}95$ ermittelt.

Es folgt $-\dfrac{k-1049{,}5}{\sqrt{315}} \geq 1{,}64$ nach Umformung $k \leq 1049{,}5 - 1{,}64 \cdot \sqrt{315} = 1020{,}39\ldots$, also k = 1020 und damit der Ablehnungsbereich $\overline{A}$: $\overline{A} = \{0; 1; \ldots; 1020\}$.

(4) Formulieren der zugehörigen **Entscheidungsregel:**
Wenn weniger als 1020 Wahlberechtigte die Zielstellungen der Partei Z kennen, wird die Werbekampagne durchgeführt. Die Wahrscheinlichkeit dafür, dass sie irrtümlich durchgeführt wird, beträgt dann höchstens 5 %.

Leistungskurs Mathematik (Sachsen-Anhalt): Abiturprüfung 2004
Gebiet L3 – Aufgabe 3.2: Stochastik

Ein Batterieproduzent hat Batterien einer bestimmten Sorte im Dauerbetrieb geprüft. Es ist festgestellt worden, dass die Wahrscheinlichkeit für den vorzeitigen Ausfall einer Batterie 20 % beträgt.

a) Ermitteln Sie jeweils die Wahrscheinlichkeit der folgenden Ereignisse.
   A: Von 100 Batterien fallen weniger als ein Viertel vorzeitig aus.
   B: Von 200 Batterien fallen höchstens 40 vorzeitig aus.
   C: Von vier Batterien fallen mindestens zwei vorzeitig aus. (6 BE)

b) Berechnen Sie, wie hoch der Anteil der vorzeitig ausfallenden Batterien mindestens sein muss, damit mit einer Wahrscheinlichkeit von mindestens 99 % unter 100 Batterien mindestens eine vorzeitig ausfällt. (5 BE)

Die Wahrscheinlichkeit eines vorzeitigen Ausfalls beträgt 5 %, wenn die Batterien nach einem anderen Verfahren produziert worden sind. Es werden 100 solcher Batterien geprüft.

c) Berechnen Sie die Wahrscheinlichkeit dafür, dass mindestens vier, höchstens aber acht Batterien vorzeitig ausfallen.

   Berechnen Sie, mit welcher Wahrscheinlichkeit genau vier Batterien vorzeitig ausfallen, jedoch keine der ersten 25 geprüften Batterien. (7 BE)

In Auswertung umfangreicher Batterieprüfungen vermutet man, dass der Anteil vorzeitig ausfallender Batterien weniger als 5 % beträgt. Um diese Vermutung zu beurteilen, soll eine Stichprobe von 100 Batterien geprüft werden.

d) Entwickeln Sie hierfür einen Signifikanztest auf dem Signifikanzniveau $\alpha = 10\%$ und formulieren Sie eine Entscheidungsregel. (7 BE)

(25 BE)

Lösungen

a) **Ermitteln der Wahrscheinlichkeiten der Ereignisse A, B und C:**
Die Zufallsgröße X_n sei die Anzahl der vorzeitig ausfallenden Batterien. Die Zufallsgröße X_n ist binomialverteilt mit n und p = 0,20; $X_n \sim B_{n;\,0,20}$.

$P(A) = P(X_{100} \leq 24) = B_{100;\,0,20}(\{0;\,1;\,\ldots;\,24\}) = 0{,}86865$ (Tabellenwert)
P(A) ≈ 87 %

$P(B) = P(X_{200} \leq 40) = B_{200;\,0,20}(\{0;\,1;\,\ldots;\,40\}) = 0{,}54218$ (Tabellenwert)
P(B) ≈ 54 %

$P(C) = P(X_4 \geq 2) = B_{4;\,0,20}(\{2;\,3;\,4\}) = 1 - B_{4;\,0,20}(\{0;\,1\}) = 1 - 0{,}81920 = 0{,}18080$
(Tabellenwert)

P(C) ≈ 18 %

b) **Berechnen des gesuchten Mindestanteils (Mindestwahrscheinlichkeit):**
Die Zufallsgröße X_p sei die Anzahl der vorzeitig ausfallenden Batterien. Die Zufallsgröße X_p ist binomialverteilt mit n = 100 und unbekanntem Wert p; $X_p \sim B_{100;\,p}$.
Es wird die Bedingung $P(X_p \geq 1) \geq 0{,}99$ gefordert.
Wegen $P(X_p \geq 1) = 1 - P(X_p = 0)$ ist diese Bedingung äquivalent mit $P(X_p = 0) \leq 0{,}01$.
Berechnung mithilfe der BERNOULLI-Formel $P(X_p = k) = \binom{n}{k} \cdot p^k \cdot (1-p)^{n-k}$:

$$P(X_p = 0) = \binom{100}{0} \cdot p^0 \cdot (1-p)^{100} = (1-p)^{100};$$

$(1-p)^{100} \leq 0{,}01 \iff p \geq 1 - \sqrt[100]{0{,}01};\ p \geq 0{,}0450...$
Der Mindestanteil beträgt etwa 4,5 %.

c) **Berechnen der gesuchten Wahrscheinlichkeiten:**
Die Zufallsgröße Y sei die Anzahl der vorzeitig ausfallenden Batterien. Die Zufallsgröße Y ist binomialverteilt mit n = 100 und p = 0,05; $Y \sim B_{100;\,0{,}05}$.
$P(4 \leq Y \leq 8) = P(Y \leq 8) - P(Y \leq 3) = B_{100;\,0{,}05}(\{0;\,1;\,...;\,8\}) - B_{100;\,0{,}05}(\{0;\,1;\,2;\,3\})$
$= 0{,}93691 - 0{,}25784 = 0{,}67907$
(Tabellenwerte)
P(4 ≤ Y ≤ 8) ≈ 68 %

A sei das beschriebene Ereignis, das sich aus der Verknüpfung der beiden Ereignisse A1 „Unter den ersten 25 von 100 kein vorzeitiger Ausfall" *und* A2 „Unter den letzten 75 von 100 genau vier vorzeitige Ausfälle" ergibt. Das bedeutet für insgesamt 100 aufeinander folgend geprüfte Batterien: null von 25 fallen aus *und* genau vier von 75 fallen aus. Die Wahrscheinlichkeiten der beiden Ereignisse sind somit aus BERNOULLI-Ketten der Längen n = 25 (A1) sowie n = 75 (A2) zu ermitteln.

$P(A1) = \binom{25}{0} \cdot 0{,}05^0 \cdot 0{,}95^{25} = 0{,}95^{25} \approx 0{,}27739;\quad P(A2) = \binom{75}{4} \cdot 0{,}05^4 \cdot 0{,}95^{71} \approx 0{,}19906$

$P(A) = P(A1 \cap A2) = P(A1) \cdot P(A2) \approx 0{,}05522$
(Anwenden des speziellen Multiplikationssatzes)
P(A) ≈ 6 %

d) **Entwickeln eines Signifikanztests und Formulieren einer Entscheidungsregel:**
Vorüberlegungen:
Die *Vermutung* „Der Anteil vorzeitig ausfallender Batterien beträgt weniger als 5 %" ist zu beurteilen. Eine konkrete Sichtweise (z. B. aus der Sicht des Produzenten unter dem Aspekt möglicher Imageschäden) wird nicht verlangt. Daher ist eine direkte (H_0: $p_0 < 0{,}5$) oder eine indirekte (H_0: $p_0 \geq 0{,}5$) Beurteilung der *Vermutung* möglich.
Ist die *Vermutung* in Wirklichkeit wahr und wird irrtümlich abgelehnt, so liegt eine Fehlentscheidung vor (Fehler 1. Art). Ist die *Vermutung* in Wirklichkeit falsch und wird irrtümlich nicht abgelehnt, so liegt ebenfalls eine Fehlentscheidung vor (Fehler 2. Art). Letztere Fehlentscheidung hat im vorliegenden Fall wohl die größeren Folgeschäden. (Etwas in Wirklichkeit nicht Verbessertes wird als verbessert ausgegeben!) Daher wählt man als Nullhypothese H_0: $p_0 \geq 0{,}5$ und bevorzugt indirektes Testen. Dann ist gesichert, dass das Signifikanzniveau tatsächlich die größtmögliche Wahrscheinlichkeit des bedeutsameren Fehlers charakterisiert.

Die Zufallsgröße X sei die Anzahl der vorzeitig ausfallenden Batterien in der Stichprobe.
Die Zufallsgröße X ist binomialverteilt mit n = 100 und p = 0,05; $X \sim B_{100;\ 0,05}$ (bei wahrer Nullhypothese).
Stichprobenumfang n: n = 100   Signifikanzniveau α: $\alpha = 0,10$

(1) Indirekte Beurteilung:
Nullhypothese H_0: $p_0 \geq 0,05$ Gegenhypothese H_1: $p_1 < 0,05$
Da kleine Werte der Zufallsgröße X gegen die Nullhypothese sprechen, ist der **Test als linksseitiger Signifikanztest** zu entwickeln mit dem größtmöglichen linksseitigen Ablehnungsbereich $\overline{A}$: $\overline{A} = \{0; 1; ...; k\}$.
Die Ungleichung $P(X \leq k) = B_{100;\ 0,05}(\{0; 1; ...; k\}) \leq 0,10$ ist letztmalig erfüllt für den Wert k = 1 [Tabellenwert $B_{100;\ 0,05}(\{0; 1\}) = 0,03708$].
Für den Ablehnungsbereich folgt somit $\overline{A} = \{0; 1\}$.

Formulieren der zugehörigen **Entscheidungsregel:**
Wenn in der Stichprobe höchstens eine Batterie vorzeitig ausfällt, dann wird die Nullhypothese abgelehnt und die *Vermutung* **(hier H_1) folglich bestätigt.**

(2) Direkte Beurteilung:
Nullhypothese H_0: $p_0 < 0,05$ Gegenhypothese H_1: $p_1 \geq 0,05$
Da große Werte der Zufallsgröße X gegen die Nullhypothese sprechen, ist der **Test als rechtsseitiger Signifikanztest** zu entwickeln mit dem größtmöglichen rechtsseitigen Ablehnungsbereich $\overline{A}$: $\overline{A} = \{k; k+1; ...; 100\}$.
Die Beziehung $P(X \geq k) = 1 - P(X \leq k-1) \leq 0,10$ ist äquivalent mit der Ungleichung $B_{100;\ 0,05}(\{0; 1; ...; k-1\}) \geq 0,90$. Sie ist erstmalig erfüllt für den Wert k – 1 = 8, also k = 9 [Tabellenwert $B_{100;\ 0,05}(\{0; 1; ...; 8\}) = 0,93691$].
Für den Ablehnungsbereich folgt somit $\overline{A} = \{9; 10; ...; 100\}$.

Formulieren der zugehörigen **Entscheidungsregel:**
Wenn in der Stichprobe mehr als acht Batterien vorzeitig ausfallen, dann wird die Nullhypothese abgelehnt und die *Vermutung* **(hier H_0) folglich nicht bestätigt.**

Ein Vergleich der beiden Entscheidungsregeln (Beurteilungen der *Vermutung*!) zeigt:
Der linksseitige Signifikanztest (indirekte Beurteilung) verkörpert hier den „schärferen" Test; es darf höchstens eine Batterie vorzeitig ausfallen, um die *Vermutung* zu bestätigen. Dagegen gilt beim rechtsseitigen Signifikanztest die *Vermutung* sogar noch bei acht vorzeitig ausfallenden Batterien als bestätigt. Dies spricht im vorliegenden Fall für das Bevorzugen der indirekten Beurteilung. Einen entsprechenden Anhaltspunkt liefert auch das Hinterfragen des Erwartungswerts: $E(X) = n \cdot p = 5$. Im statistischen Mittel sind fünf vorzeitig ausfallende Batterien zu erwarten. Größere Ausfallzahlen machen skeptisch!

Kernfach Mathematik (Sachsen-Anhalt): Abiturprüfung 2005
Leistungskursniveau – Pflichtaufgabe L1: Analysis

Gegeben sind die Funktionen f_k durch

$$y = f_k(x) = \frac{k(x-1)^2}{x^2+1}; \quad x, k \in \mathbb{R} \text{ und } k \neq 0.$$

Ihre Graphen seien G_k.

a) Untersuchen Sie die Funktionen f_k für $k > 0$ auf Nullstellen, Polstellen sowie auf ihr Verhalten für $x \to \pm\infty$ und geben Sie die Gleichungen der Asymptoten an.
Ermitteln Sie von den Graphen G_k für $k > 0$ Art und Lage der lokalen Extrempunkte.
Jeder dieser Graphen besitzt genau drei Wendepunkte.
Geben Sie die Abszissen dieser Wendepunkte an.
Zeichnen Sie den Graphen G_2 im Intervall $-5 \leq x \leq 5$.
Vergleichen Sie die Graphen G_k für $k > 0$ mit den Graphen G_k für $k < 0$ hinsichtlich lokaler Extrempunkte und Asymptoten. (26 BE)

b) Weisen Sie nach, dass die Funktionen F_k für $k > 0$ mit
$$y = F_k(x) = -k[\ln(x^2+1) - x]$$
Stammfunktionen der Funktionen f_k sind.
Die Graphen G_k für $k > 0$ und die Koordinatenachsen schließen Flächen vollständig ein.
Berechnen Sie den Wert des Parameters k für den Fall, dass die Maßzahl des Inhalts einer solchen Fläche 1 ist. (5 BE)

c) Erläutern Sie den Begriff „Bestimmtes Integral einer Funktion f im Intervall [a; b]" als speziellen Grenzwert an einem Beispiel. (4 BE)
(35 BE)

Lösungen

$f_k(x) = \dfrac{k(x-1)^2}{x^2+1}$; $x, k \in \mathbb{R}$ und $k \neq 0$

$f_k'(x) = \dfrac{2k(x^2-1)}{(x^2+1)^2}$

$f_k''(x) = \dfrac{-4kx(x^4-2x^2-3)}{(x^2+1)^4} = \dfrac{-4k(x^3-3x)}{(x^2+1)^3}$

a) **Nullstellen:**

$f_k(x) = 0$, $\dfrac{k(x-1)^2}{x^2+1} = 0$, $k(x-1)^2 = 0$, $x-1 = 0$, $x = 1$

Polstellen:
$x^2 + 1 = 0$, $x^2 = -1$ n. l., also keine Polstellen

Verhalten im Unendlichen:

$\lim\limits_{x \to \pm\infty} \dfrac{k(x-1)^2}{x^2+1} = \lim\limits_{x \to \pm\infty} \dfrac{kx^2-2kx+k}{x^2+1} = \lim\limits_{x \to \pm\infty} \dfrac{k - \frac{2k}{x} + \frac{k}{x^2}}{1 + \frac{1}{x^2}} = k$,

also $y = k$ ist Gleichung der Asymptoten.

Extrempunkte:
Bilden der Ableitungen nach der Quotientenregel:

$f_k'(x) = \dfrac{2k(x-1)(x^2+1) - k(x-1)^2 \cdot 2x}{(x^2+1)^2}$

$f_k'(x) = \dfrac{2k(x^3+x-x^2-1) - 2k(x^3-2x^2+x)}{(x^2+1)^2}$

$f_k'(x) = \dfrac{2k(x^2-1)}{(x^2+1)^2}$

$f_k''(x) = \dfrac{4kx(x^2+1)^2 - 2k(x^2-1) \cdot 2(x^2+1) \cdot 2x}{(x^2+1)^{\cancel{4}3}}$

$f_k''(x) = \dfrac{4k(x^3+x) - 4k(2x^3-2x)}{(x^2+1)^3}$

$f_k''(x) = \dfrac{4k(-x^3+3x)}{(x^2+1)^3}$

Berechnungen:

$f_k'(x) = 0$, $\dfrac{2k(x^2-1)}{(x^2+1)^2} = 0$, $2k(x^2-1) = 0$, $x^2-1 = 0$

$x_1 = 1$, $x_2 = -1$

$$f_k''(1) = \frac{-4k(1^3 - 3 \cdot 1)}{(1^2 + 1)^3} = \frac{8k}{8} = k > 0, \text{ also } T(1|0),$$

$$f_k''(-1) = \frac{-4k((-1)^3 - 3 \cdot (-1))}{((-1)^2 + 1)^3} = \frac{-8k}{8} = -k < 0, \text{ da } k > 0, \text{ also } H_k(-1|2k)$$

Wendestellen:

$$f_k''(x) = 0, \quad \frac{4k(-x^3 + 3x)}{(x^2 + 1)^3} = 0, \quad 4k(-x^3 + 3x) = 0$$

$x(-x^2 + 3) = 0$, $x_1 = 0$ und $x^2 = 3$, $x_{2,3} = \pm\sqrt{3}$, also:
es existieren genau drei Wendepunkte.

Die Abszissen der Wendepunkte lauten:
$x_1 = 0$, $x_2 = \sqrt{3}$, $x_3 = -\sqrt{3}$.

(Aufgrund der Aufgabenstellung muss die Existenz der Wendepunkte nicht nachgewiesen werden.)

Graph G_2 im Intervall $-5 \leq x \leq 5$:

x	−5	−4	−3	−2	−1	0	1	2	3	4	5
$f_2(x)$	2,8	2,9	3,2	3,6	4	2	0	0,4	0,8	1,1	1,2

Vergleichen der Graphen, z. B.:
Wenn $k < 0$ ist, werden die Graphen an der x-Achse gespiegelt. Dabei werden Hochpunkte zu Tiefpunkten und umgekehrt. Die Asymptote mit $y = k$ ist für $k < 0$ ebenfalls an der x-Achse gespiegelt.

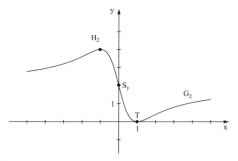

b) **Nachweisen der Stammfunktionen, z. B.:**
Es gilt $F_k'(x) = f_k(x)$.

$$F_k'(x) = -k\left[\frac{1}{x^2+1} \cdot 2x - 1\right] = -k\left(\frac{2x - (x^2+1)}{x^2+1}\right)$$

$$F_k'(x) = -k\frac{-x^2 + 2x - 1}{x^2+1} = k\frac{x^2 - 2x + 1}{x^2+1} = k \cdot \frac{(x-1)^2}{x^2+1} = f_k(x)$$

Berechnen des Parameterwertes, z. B.:

$A = 1$ und $A = \int_0^1 f_k(x)\,dx$, wegen $f_k(1) = 0$, also

$$1 = -k[\ln(x^2+1) - x]\Big|_0^1$$
$$1 = -k[\ln 2 - 1 - (\ln 1 - 0)]$$
$$1 = -k(\ln 2 - 1)$$
$$k = -\frac{1}{\ln 2 - 1} = \frac{1}{1 - \ln 2} \approx 3{,}26.$$

c) **Erläutern des Begriffs „Bestimmtes Integral", z. B.:**
Rechteckmethode für $f(x) = x^2$:

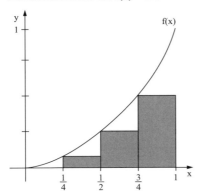
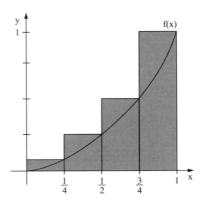

Untersumme A_U:

$$A_U = \frac{1}{4}\left[0^2 + \left(\frac{1}{4}\right)^2 + \left(\frac{1}{2}\right)^2 + \left(\frac{3}{4}\right)^2\right]$$

$$A_U = \frac{14}{64}$$

Obersumme A_O:

$$A_O = \frac{1}{4}\left[\left(\frac{1}{4}\right)^2 + \left(\frac{1}{2}\right)^2 + \left(\frac{3}{4}\right)^2 + 1^2\right]$$

$$A_O = \frac{30}{64}, \text{ also}$$

$$\frac{14}{64} \leq A \leq \frac{30}{64}.$$

Um ein genaueres Ergebnis zu erhalten, wird das Intervall in n gleich lange Teilintervalle zerlegt. Nun zeigt sich, dass die Folgen (A_U) und (A_O) für $n \to \infty$ gegen ein und denselben Grenzwert konvergieren. Dieser gemeinsame Grenzwert heißt „bestimmtes Integral der Funktion f im Intervall [a; b]".

Schreibweise: $\int_a^b f(x)\,dx.$

Für unser Beispiel: $\int_0^1 x^2\,dx.$

Kernfach Mathematik (Sachsen-Anhalt): Abiturprüfung 2005
Leistungskursniveau – Pflichtaufgabe L2: Analytische Geometrie

In einem kartesischen Koordinatensystem sind die Eckpunkte eines Tetraeders *)
$Q_1(6|0|0)$, $Q_2(0|6|0)$, $Q_3(0|0|6)$ und $S(6|6|6)$ gegeben.

a) Zeigen Sie, dass $C_1(3|3|3)$ Mittelpunkt des Tetraeders (d. h. Mittelpunkt der Umkugel) ist.
Weisen Sie nach, dass zwei gegenüberliegende Seitenkanten dieses Tetraeders orthogonal zueinander verlaufen.
Ermitteln Sie eine Koordinatengleichung der Ebene E_1, in der die Tetraederseitenfläche $Q_1Q_2Q_3$ liegt, und berechnen Sie die Maßzahl der Höhe dieses Tetraeders. (12 BE)

Im Modell eines Ethanmoleküls befinden sich die Wasserstoffatome in den Eckpunkten Q_i und R_i bzw. R_i' ($i = 1; 2; 3$) und die Kohlenstoffatome in den Mittelpunkten C_i ($i = 1; 2$) von zwei sich im Punkt S berührenden Tetraedern.
Es gibt zwei Formen des Ethanmoleküls. In der gestaffelten Form liegen die Punkte R_i und Q_i symmetrisch zum Punkt S (siehe Abbildung 1). In der verdeckten Form liegen die Punkte R_i' und Q_i symmetrisch zu einer Ebene E_2, die parallel zur Ebene E_1 und durch den Punkt S verläuft (siehe Abbildung 2).

b) Berechnen Sie das Gradmaß des Bindungswinkels α (siehe Abbildungen).
Ermitteln Sie die Koordinaten der Punkte R_i' ($i = 1; 2; 3$).
Begründen Sie, dass die Punkte R_i und R_i' ($i = 1; 2; 3$) in ein und derselben Ebene E_3 liegen, die parallel zur Ebene E_1 verläuft. (9 BE)

c) Der Abstand von einem Wasserstoffatom der Ebene E_1 zum nächstliegenden Wasserstoffatom der Ebene E_3 ist in den beiden Formen des Ethanmoleküls verschieden (z. B. Abstände $\overline{Q_1R_2}$ und $\overline{Q_1R_1'}$).
Berechnen Sie das Verhältnis dieser Abstände.

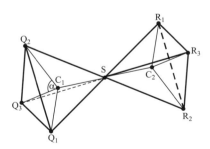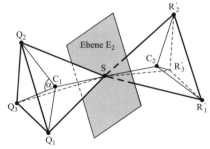

Abb. 1: Gestaffelte Form eines Ethanmoleküls (nicht maßstäblich)

Abb. 2: Verdeckte Form eines Ethanmoleküls (nicht maßstäblich)

(4 BE)
(25 BE)

*) Ein Tetraeder ist ein Körper, der von vier gleichseitigen Dreiecken begrenzt wird.

Lösungen

a) **Zeigen, dass C_1 Mittelpunkt ist, z. B.:**
$\overline{C_1Q_1} = \overline{C_1Q_2} = \overline{C_1Q_3} = \overline{C_1S} = r$

$|\overrightarrow{C_1Q_1}| = \left|\begin{pmatrix}-3\\3\\3\end{pmatrix}\right| = \sqrt{27}, \qquad |\overrightarrow{C_1Q_2}| = \left|\begin{pmatrix}-3\\3\\-3\end{pmatrix}\right| = \sqrt{27},$

$|\overrightarrow{C_1Q_3}| = \left|\begin{pmatrix}-3\\-3\\3\end{pmatrix}\right| = \sqrt{27}, \qquad |\overrightarrow{C_1S}| = \left|\begin{pmatrix}3\\3\\3\end{pmatrix}\right| = \sqrt{27},$ also

die Abstände der Punkte Q_1, Q_2, Q_3 und S zu C_1 sind gleich, damit ist C_1 Mittelpunkt.

Nachweisen, dass zwei Tetraederkanten orthogonal zueinander verlaufen, z. B.:
$\overrightarrow{Q_1Q_2} \circ \overrightarrow{Q_3S} = 0$

$\begin{pmatrix}-6\\6\\0\end{pmatrix} \circ \begin{pmatrix}6\\6\\0\end{pmatrix} = 0, \quad \text{w. A.} \quad \text{oder}$

$\overrightarrow{Q_2Q_3} \circ \overrightarrow{Q_1S} = 0$

$\begin{pmatrix}0\\-6\\6\end{pmatrix} \circ \begin{pmatrix}0\\6\\6\end{pmatrix} = 0, \quad \text{w. A.}$

Ermitteln einer Koordinatengleichung der Ebene E_1:
Aufstellen einer Parametergleichung:

$\vec{x} = \begin{pmatrix}6\\0\\0\end{pmatrix} + t_1\begin{pmatrix}-6\\6\\0\end{pmatrix} + s_1\begin{pmatrix}-6\\0\\6\end{pmatrix}$

$\vec{x} = \begin{pmatrix}6\\0\\0\end{pmatrix} + t\begin{pmatrix}-1\\1\\0\end{pmatrix} + s\begin{pmatrix}-1\\0\\1\end{pmatrix}$

Koordinatengleichung der Ebene E_1:

1. Möglichkeit:
Den Normalenvektor von E_1 berechnet man
$\begin{pmatrix}-1\\1\\0\end{pmatrix} \times \begin{pmatrix}-1\\0\\1\end{pmatrix} = \begin{pmatrix}1\\1\\1\end{pmatrix}$ und

mit Ansatz $x + y + z = a$ und $Q_1 \in E_1$ ergibt sich
$E_1: x + y + z = 6$.

2. Möglichkeit:
Der Normalenvektor $\vec{n}$ steht senkrecht auf den Spannvektoren der Ebene, also

$\vec{n} \perp \begin{pmatrix} -1 \\ 1 \\ 0 \end{pmatrix}$ und $\vec{n} \perp \begin{pmatrix} -1 \\ 0 \\ 1 \end{pmatrix}$, damit gilt

$\vec{n} \circ \begin{pmatrix} -1 \\ 1 \\ 0 \end{pmatrix} = 0$ und $\vec{n} \circ \begin{pmatrix} -1 \\ 0 \\ 1 \end{pmatrix} = 0$

$\begin{aligned} -1n_1 + 1n_2 &= 0 \\ -1n_1 + 1n_3 &= 0 \end{aligned} \Big| \cdot (-1) \quad +$

$n_2 - n_3 = 0$, $n_2 = 1$, $n_3 = 1$, $n_1 = 1$

$\vec{n} = \begin{pmatrix} 1 \\ 1 \\ 1 \end{pmatrix}$, also

$x + y + z = a$ und wegen $Q_1 \in E_1$ ergibt sich
$E_1: x + y + z = 6$.

3. Möglichkeit:
Aus der Parametergleichung von E_1 folgt
I. $x = 6 - t - s$
II. $y = t$
III. $z = s$
$E_1: x + y + z = 6$

Berechnen der Maßzahl der Höhe des Tetraeders, z. B.:
$h_T = d(S, E_1)$, also

$E_1: \dfrac{x + y + z - 6}{\sqrt{1^2 + 1^2 + 1^2}} = 0$ und S eingesetzt

$d = \dfrac{6 + 6 + 6 - 6}{\sqrt{3}} = \dfrac{12}{\sqrt{3}} = 4\sqrt{3} \approx 6{,}93$

b) **Berechnen des Gradmaßes des Winkels, z. B.:**

$\cos \alpha = \dfrac{\overrightarrow{C_1Q_3} \circ \overrightarrow{C_1Q_2}}{|\overrightarrow{C_1Q_3}| \cdot |\overrightarrow{C_1Q_2}|} = \dfrac{\begin{pmatrix} -3 \\ -3 \\ 3 \end{pmatrix} \circ \begin{pmatrix} -3 \\ 3 \\ -3 \end{pmatrix}}{\sqrt{27} \cdot \sqrt{27}} = \dfrac{-1}{3}$

$\alpha \approx 109{,}5°$

Ermitteln der Koordinaten der Punkte R_i, z. B.:

$\overrightarrow{OR_1} = \overrightarrow{OS} + \overrightarrow{Q_1S} = \begin{pmatrix} 6 \\ 6 \\ 6 \end{pmatrix} + \begin{pmatrix} 0 \\ 6 \\ 6 \end{pmatrix}$, $R_1(6|12|12)$

$\overrightarrow{OR_2} = \overrightarrow{OS} + \overrightarrow{Q_2S} = \begin{pmatrix} 6 \\ 6 \\ 6 \end{pmatrix} + \begin{pmatrix} 6 \\ 0 \\ 6 \end{pmatrix}$, $R_2(12|6|12)$

$\overrightarrow{OR_3} = \overrightarrow{OS} + \overrightarrow{Q_3S} = \begin{pmatrix} 6 \\ 6 \\ 6 \end{pmatrix} + \begin{pmatrix} 6 \\ 6 \\ 0 \end{pmatrix}$, $R_3(12|12|6)$

Begründen der Lage der Punkte R_i' in der Ebene E_3, z. B.:

$E_3(R_1, R_2, R_3)$

$\vec{x} = \begin{pmatrix} 6 \\ 12 \\ 12 \end{pmatrix} + t_1 \begin{pmatrix} 6 \\ -6 \\ 0 \end{pmatrix} + s_1 \begin{pmatrix} 6 \\ 0 \\ -6 \end{pmatrix}$

$\vec{x} = \begin{pmatrix} 6 \\ 12 \\ 12 \end{pmatrix} + t \begin{pmatrix} 1 \\ -1 \\ 0 \end{pmatrix} + s \begin{pmatrix} 1 \\ 0 \\ -1 \end{pmatrix}$ und

$E_3 \parallel E_1$, also $\vec{n}_3 = \vec{n}_1$

$\vec{n}_3 = \begin{pmatrix} 1 \\ -1 \\ 0 \end{pmatrix} \times \begin{pmatrix} 1 \\ 0 \\ -1 \end{pmatrix} = \begin{pmatrix} 1 \\ 1 \\ 1 \end{pmatrix} = \vec{n}_1$ w. A.

$E_3: x + y + z = 30$

1. Möglichkeit:
– Die Punkte Q_i und R_i sind bezüglich des Punktes S punktsymmetrisch und liegen damit in parallelen Ebenen.

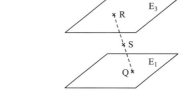

– Die Punkte Q_i und R_i' sind symmetrische Punkte bezüglich der Ebene E_2 und liegen in parallelen Ebenen, da $E_2 \parallel E_1$.
– Da der Punkt S (Symmetriepunkt) in der Ebene E_2 (Symmetrieebene) liegt, liegen die zu Q_i der Ebene E_1 symmetrischen Punkte R_i und R_i' in ein und derselben Ebene E_3.

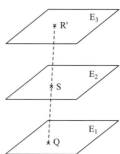

2. Möglichkeit:
Die Punkte R_i' (i = 1, 2, 3) liegen in einer Ebene $E_4 \parallel E_1$; wegen $E_3 \parallel E_1$ gilt auch $E_4 \parallel E_3$. Außerdem liegen E_3 und E_4 auf derselben Seite von S. Wenn gezeigt werden kann, dass $d(S, E_1) = d(S, E_3) = d(S, E_4)$, so folgt $E_3 \equiv E_4$.

$d(S, E_1) = \left| \dfrac{1}{\sqrt{3}} (6 + 6 + 6 - 6) \right| = \dfrac{12}{\sqrt{3}} = 4\sqrt{3}$

$d(S, E_1) = d(S, E_4)$, da E_1 und E_4 symmetrisch zueinander bzgl. $E_2 \parallel E_1$.

$d(S, E_4) = \left| \dfrac{1}{\sqrt{3}} (6 + 6 + 6 - 30) \right| = \left| \dfrac{-12}{\sqrt{3}} \right| = 4\sqrt{3} = d(S, E_1)$

Also gilt $E_3 \equiv E_4$.

c) **Berechnen des Verhältnisses der Abstände, z. B.:**

$|\overline{Q_1 R_2}| = \left| \begin{pmatrix} 6 \\ 6 \\ 12 \end{pmatrix} \right| = \sqrt{216}$

$d(Q_1, E_2) = h_T$, also

$\overline{Q_1 R_1'} = 2h_T$, da R_1 und Q_1 symmetrisch zu E_2 und $E_2 \parallel E_1$

Verhältnis: $|\overline{Q_1 R_2}| : 2h_T = \sqrt{216} : (2 \cdot 4\sqrt{3}) = \dfrac{1}{8}\sqrt{72} = \dfrac{3}{4}\sqrt{2} \approx 1{,}06$

Kernfach Mathematik (Sachsen-Anhalt): Abiturprüfung 2005
Leistungskursniveau – Pflichtaufgabe L3: Stochastik

Bei einer bundesweiten Umfrage unter berufstätigen Frauen und Männern mit Kindern unter 18 Jahren gaben 58 % der Befragten an, dass ihr Arbeitgeber auf ihre Bedürfnisse als Eltern Rücksicht nehme (Quelle: Spiegel 02/2004). Die Zufallsgröße X beschreibe die Anzahl der Befragten in einer Stichprobe, die diese Antwort gaben.

a) Begründen Sie, dass die Zufallsgröße X als binomialverteilt angesehen werden kann.
   Berechnen Sie die Wahrscheinlichkeit dafür, dass bei der Befragung von 500 Personen die Zufallsgröße X mindestens den Wert 270 annimmt.
   Berechnen Sie den Mindestumfang einer Stichprobe, bei der mit einer Wahrscheinlichkeit von 99 % mindestens ein Befragter die genannte Antwort gibt. (11 BE)

b) Die Leitung eines großen Unternehmens plant eine Befragung der Belegschaft. Dazu werden 300 Beschäftigte mit Kindern unter 18 Jahren zufällig ausgewählt. Es soll ermittelt werden, ob sich die Rücksichtnahme auf ihre Bedürfnisse als Eltern bundesweit und in der eigenen Belegschaft signifikant unterscheiden.
   Entwickeln Sie einen zweiseitigen Signifikanztest, bei dem die Wahrscheinlichkeit für die irrtümliche Ablehnung der Nullhypothese H_0: $p_0 = 0{,}58$ höchstens 5 % beträgt, und formulieren Sie die zugehörige Entscheidungsregel. (10 BE)

c) Eine Analyse der bundesweiten Umfrageergebnisse hat gezeigt, dass 60 % der befragten Personen Männer waren, von denen 75 % angaben, dass ihr Arbeitgeber auf ihre Bedürfnisse als Eltern Rücksicht nimmt.
   Berechnen Sie den Anteil der Frauen, die ihre Bedürfnisse als Eltern durch ihren Arbeitgeber nicht berücksichtigt sehen. (4 BE)

(25 BE)

Lösungen

a) **Begründen, dass die Zufallsgröße X als binomialverteilt angesehen werden kann:**
   - Die Antwortmöglichkeiten jeder befragten Person lassen sich zu genau zwei Ereignissen zusammenfassen; Ereignis „Arbeitgeber nimmt Rücksicht" und zugehöriges Gegenereignis („Arbeitgeber nimmt keine Rücksicht", „weiß nicht", „keine Antwort" usw.).
   - Bei jeder befragten Person beträgt die Wahrscheinlichkeit p für das Ereignis „Arbeitgeber nimmt Rücksicht" $p = 0{,}58$.
   - Es ist davon auszugehen, dass alle befragten Personen unabhängig voneinander antworten; die Wahrscheinlichkeit $p = 0{,}58$ bleibt somit (in der gesamten Stichprobe) unverändert.

Berechnen der gesuchten Wahrscheinlichkeit:
Die Zufallsgröße X ist binomialverteilt mit n = 500 und p = 0,58; $X \sim B_{500;\,0,58}$.
$P(X \geq 270) = 1 - P(X \leq 269) = 1 - B_{500;\,0,58}(\{0; 1; \ldots; 269\})$
Da die n-p-Konstellation nicht tabelliert vorliegt, wird geprüft, ob die gesuchte Wahrscheinlichkeit mithilfe der Φ-Funktion der (Standard-) Normalverteilung näherungsweise ermittelt werden kann:
Der Stichprobenumfang n ist mit n = 500 hinreichend groß (Faustregel bzw. empirisches Kriterium: V(X) > 9 mit V(X) = 121,8 > 9 erfüllt); die Zufallsgröße X darf daher näherungsweise als normalverteilt betrachtet werden.

$$P(X \leq k) \approx \Phi\left(\frac{k + 0{,}5 - \mu}{\sigma}\right)$$

k – kritischer Wert   0,5 – Korrektursummand
μ – Erwartungswert $\mu = E(X) = n \cdot p = 500 \cdot 0{,}58 = 290$
σ – Standardabweichung $\sigma = \sqrt{V(X)} = \sqrt{n \cdot p \cdot (1-p)} = \sqrt{500 \cdot 0{,}58 \cdot 0{,}42} = \sqrt{121{,}8}$

Für k = 269, μ = 290 und $\sigma = \sqrt{121{,}8}$ erhält man $P(X \leq 269) \approx \Phi\left(\frac{-20{,}5}{\sqrt{121{,}8}}\right) \approx \Phi(-1{,}86)$.

Zum Ablesen aus der Tabelle der Funktionswerte Φ(X) der Normalverteilung wird mithilfe der Symmetriebeziehung Φ(–X) = 1 – Φ(X) umgeformt zu
$P(X \geq 270) \approx 1 - (1 - \Phi(1{,}86)) = \Phi(1{,}86)$
und der Tabellenwert Φ(1,86) = 0,9686 ermittelt.
$P(X \geq 270) \approx 97\%$

Berechnen des Mindestumfangs n der Stichprobe (Mindestlänge einer BERNOULLI-Kette):
Die Zufallsgröße X_n beschreibe die Anzahl der befragten Personen (Antwort: „Arbeitgeber nimmt Rücksicht") in einer Stichprobe mit dem Umfang n. Die Zufallsgröße X_n ist binomialverteilt mit unbekanntem n und p = 0,58; $X_n \sim B_{n;\,0,58}$.
Es wird die Bedingung $P(X_n \geq 1) \geq 0{,}99$ gefordert.
Wegen $P(X_n \geq 1) = 1 - P(X_n = 0)$ ist diese Bedingung äquivalent mit $P(X_n = 0) \leq 0{,}01$.
Mit $P(X_n = 0) = \binom{n}{0} \cdot 0{,}58^0 \cdot 0{,}42^n = 0{,}42^n$ (Anwenden der BERNOULLI-Formel) folgt $0{,}42^n \leq 0{,}01$.

$n \cdot \ln 0{,}42 \leq \ln 0{,}01$ (Logarithmieren; Logarithmengesetz)

$n \geq \dfrac{\ln 0{,}01}{\ln 0{,}42}$ (Umkehrung des Relationszeichens wegen $\ln 0{,}42 < 0$)

$n \geq 5{,}30\ldots$

Zur Stichprobe müssen mindestens sechs Personen gehören.

b) **Entwickeln des zweiseitigen Signifikanztests und Formulieren der zugehörigen Entscheidungsregel:**
Die Zufallsgröße Y beschreibe die Anzahl der Befragten in der Belegschaft, die die Antwort „Arbeitnehmer nimmt Rücksicht" geben. Die Zufallsgröße Y ist binomialverteilt mit n = 300 und p = 0,58; $Y \sim B_{300;\,0,58}$ (bei wahrer Nullhypothese).

(1) Nullhypothese H_0: $p_0 = 0{,}58$ [Gegenhypothese H_1: $p_1 \neq 0{,}58$]

(2) Stichprobenumfang n: n = 300;   Signifikanzniveau α: $\alpha = 0{,}05 \Rightarrow \dfrac{\alpha}{2} = 0{,}025$

(Beachten Sie: Bei einem zweiseitigen Signifikanztest ist das Signifikanzniveau zu halbieren.)

Da sowohl kleine als auch große Werte der Zufallsgröße Y gegen die Nullhypothese sprechen (zweiseitiger Signifikanztest), ist der größtmögliche zweiseitige Ablehnungsbereich $\overline{A}$: $\overline{A} = \{0; 1; \ldots; k_L\} \cup \{k_R; k_R + 1; \ldots; 300\}$ zu ermitteln.
Der Stichprobenumfang n ist im vorliegenden Fall hinreichend groß (Faustregel bzw. empirisches Kriterium: V(Y) > 9 mit V(Y) = 73,08 > 9 erfüllt); die Zufallsgröße Y darf daher näherungsweise als normalverteilt betrachtet werden. Somit können die kritischen Werte k_L und k_R mithilfe der Φ-Funktion der (Standard-) Normalverteilung näherungsweise ermittelt werden.

(3) Ermitteln des zweiseitigen Ablehnungsbereichs $\overline{A}$:

kritischer Wert k_L:

$$P(Y \leq k_L) \approx \Phi\left(\frac{k_L + 0,5 - \mu}{\sigma}\right) \leq 0,025$$

Mit $\mu = E(Y) = 174$ und $\sigma = \sqrt{73,08}$ erhält man $\Phi\left(\frac{k_L - 173,5}{\sqrt{73,08}}\right) \leq 0,025$.

Nach Umformung mithilfe der Symmetriebeziehung zu $\Phi\left(-\frac{k_L - 173,5}{\sqrt{73,08}}\right) \geq 0,975$ findet man den Tabellenwert $\Phi(1,96) \geq 0,975$.

Es folgt $-\frac{k_L - 173,5}{\sqrt{73,08}} \geq 1,96$ und nach Umformung $k_L \leq 173,5 - 1,96 \cdot \sqrt{73,08} = 156,67\ldots$,

also $k_L = 156$.

kritischer Wert k_R:

$P(Y \geq k_R) = 1 - P(Y \leq k_R - 1) \leq 0,025 \;\Rightarrow\; P(Y \leq k_R - 1) \geq 0,975$

$$P(Y \leq k_R - 1) \approx \Phi\left(\frac{k_R - 1 + 0,5 - \mu}{\sigma}\right) \geq 0,975$$

Mit $\mu = E(Y) = 174$ und $\sigma = \sqrt{73,08}$ erhält man $\Phi\left(\frac{k_R - 174,5}{\sqrt{73,08}}\right) \geq 0,975$ und findet (direkt) den Tabellenwert $\Phi(1,96) \geq 0,975$.

Es folgt $\frac{k_R - 174,5}{\sqrt{73,08}} \geq 1,96$ und aus $k_R \geq 1,96 \cdot \sqrt{73,08} + 174,5 = 191,25\ldots$, also

$k_R = 192$.

Für den zweiseitigen **Ablehnungsbereich $\overline{A}$** ergibt sich somit

$\overline{A} = \{0; 1; \ldots; 156\} \cup \{192; 193; \ldots; 300\}$.

(4) Formulieren der zugehörigen **Entscheidungsregel:**
Wenn weniger als 157 oder mehr als 191 der Befragten die Antwort „Arbeitgeber nimmt Rücksicht" geben, dann unterscheidet sich die Rücksichtnahme in dem Unternehmen signifikant (auf dem Signifikanzniveau α = 0,05) von der bundesweiten Rücksichtnahme.

c) **Berechnen des gesuchten Anteils:**
Vorüberlegung:
Der zu berechnende Anteil wird ausgedrückt durch die bedingte Wahrscheinlichkeit dafür, dass eine befragte Person, die eine Frau ist, ihre Bedürfnisse als Eltern *nicht* berücksichtigt sieht.
Unter Verwendung eines Baumdiagramms sind die Zusammenhänge gut überschaubar.

Ereignisse:

Ereignis M:	Eine befragte Person ist ein Mann.	$P(M) = 0{,}60$
Ereignis $\overline{R}$:	Es wird angegeben, dass der Arbeitgeber auf die Bedürfnisse als Eltern *nicht* Rücksicht nimmt.	$P(\overline{R}) = 1 - 0{,}58 = 0{,}42$
Ereignis F:	Eine befragte Person ist eine Frau.	$P(F) = 1 - 0{,}60 = 0{,}40$

Bedingte Wahrscheinlichkeiten:

$P_M(\overline{R}) = 1 - 0{,}75 = 0{,}25$

Wahrscheinlichkeit dafür, dass eine befragte Person, die ein Mann ist, ihre Bedürfnisse als Eltern *nicht* berücksichtigt sieht.

$P_F(\overline{R}) = x$ Gesuchter Anteil!

Wahrscheinlichkeit dafür, dass eine befragte Person, die eine Frau ist, ihre Bedürfnisse als Eltern *nicht* berücksichtigt sieht.

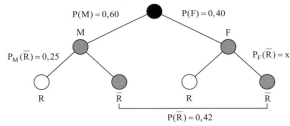

$P(M) \cdot P_M(\overline{R}) + P(F) \cdot P_F(\overline{R}) = P(\overline{R})$
(Anwenden des Multiplikations- und des Additionssatzes)

$0{,}60 \cdot 0{,}25 + 0{,}40 \cdot x = 0{,}42 \quad \Rightarrow \quad x = \dfrac{0{,}42 - 0{,}60 \cdot 0{,}25}{0{,}40} = 0{,}675; \quad x \approx 68\,\%$

Der **Anteil der Frauen**, die ihre Bedürfnisse durch ihren Arbeitgeber nicht berücksichtigt sehen, beträgt **etwa 68 %**.

Kernfach Mathematik (Sachsen-Anhalt): Abiturprüfung 2005
Leistungskursniveau – Wahlpflichtaufgabe L4.1: Analysis

Eine Firma stellt Modeschmuck her.
Als Rohlinge für einen Anhänger werden kleine Metallplatten in der Form von gleichschenkligen Dreiecken verwendet. Diese haben eine Basislänge von 5,0 cm und eine Höhe über der Basis von 9,5 cm. Die Rohlinge werden so ausgestanzt, dass die in der Abbildung dargestellte Schmuckform erhalten wird.

Der Bogen über $\overline{AC}$ hat die Form einer Parabel zweiten Grades. Die Begrenzungslinien $\overline{AB}$ und $\overline{BC}$ liegen auf den Tangenten an den Parabelbogen in dem Punkt A bzw. in dem Punkt C. Für das von dem Parabelbogen eingeschlossene rechteckige Flächenstück F soll die Rechteckfläche mit dem maximalen Flächeninhalt gewählt werden, welche einseitig vergoldet werden soll.

Berechnen Sie den Inhalt der pro Anhänger zu vergoldenden Fläche F.

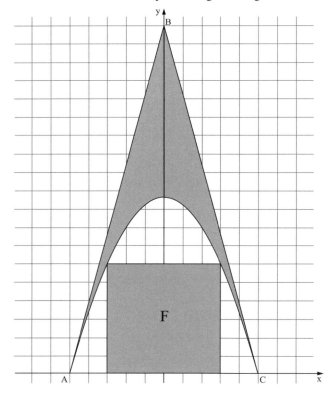

(15 BE)

Lösungen

Aufstellen der Gleichung für die Parabel, z. B.:
$y = f(x) = ax^2 + bx + c$
$f'(x) = 2ax + b$

A(–2,5 | 0), B(0 | 9,5), C(2,5 | 0) und damit der Anstieg der Tangente in C:
$m = \dfrac{\Delta y}{\Delta x} = \dfrac{9,5 - 0}{0 - 2,5} = -3,8$, also

$f'(2,5) = -3,8 \Rightarrow$ I. $5a + b = -3,8$
$f(-2,5) = 0 \Rightarrow$ II. $6,25a - 2,5b + c = 0$
$f(2,5) = 0 \Rightarrow$ III. $6,25a + 2,5b + c = 0$

Lösen des Gleichungssystems:
I. $b = -3,8 - 5a$ in II. : $6,25a - 2,5(-3,8 - 5a) + c = 0$
und in III.: $6,25a + 2,5(-3,8 - 5a) + c = 0$

I.* $18,75a + c + 9,5 = 0$
II.* $-6,25a + c - 9,5 = 0 \quad |\cdot(-1) \quad +$
$\quad\quad 25a + 19 = 0$
$\quad\quad a = -0,76, \quad b = 0, \quad c = 4,75$, also
$f(x) = -0,76x^2 + 4,75$.

Andere Möglichkeit:
Parabel symmetrisch zur y-Achse, also $b = 0$ und damit $f(x) = ax^2 + c$, $f'(x) = 2ax$
Bedingungen:
C(2,5 | 0) $\Rightarrow$ $f(2,5) = 0$ $\quad$ I. $6,25a + c = 0$
$\quad\quad\quad\quad\quad f'(2,5) = -3,8$ $\quad$ II. $5a = -3,8$
$\quad\quad\quad\quad\quad\quad\quad\quad\quad\quad a = -0,76, \quad c = 4,75$
$f(x) = -0,76x^2 + 4,75$

Berechnen des Flächeninhalts, z. B.:
$A = a \cdot b$
$A = 2x \cdot f(x)$
$A(x) = 2x \cdot (-0,76x^2 + 4,75); \quad 0 < x < 2,5$
$A(x) = -1,52x^3 + 9,5x$
$A'(x) = -4,56x^2 + 9,5$
$0 = -4,56x^2 + 9,5$
$x^2 = \dfrac{25}{12}$
$x_{1,2} \approx \pm 1,44$
$A''(x) = -9,12x$
$A''(1,44) = -9,12 \cdot 1,44 < 0 \quad$ Maximum
$A''(-1,44) = -9,12 \cdot (-1,44) > 0 \quad$ Minimum, entfällt

Inhalt der zu vergoldenden Fläche:
$A = 2 \cdot 1,44 \cdot f(1,44) \approx 9,14$.
Der Inhalt der zu vergoldenden Fläche beträgt 9,14 cm².

Kernfach Mathematik (Sachsen-Anhalt): Abiturprüfung 2005
Leistungskursniveau – Wahlpflichtaufgabe L4.2: Analytische Geometrie

In einem kartesischen Koordinatensystem sind gegeben das Dreieck ABC durch die Punkte A(−10 | −9), B(8 | −3) und C(4 | 5), die Gerade m_1 durch

$$\vec{x} = \begin{pmatrix} -1 \\ -6 \end{pmatrix} + t \begin{pmatrix} 1 \\ -3 \end{pmatrix}, \quad t \in \mathbb{R}.$$

Weisen Sie nach, dass die Gerade m_1 Mittelsenkrechte der Dreiecksseite $\overline{AB}$ ist und ermitteln Sie eine Gleichung der Mittelsenkrechten der Dreiecksseite $\overline{AC}$. Stellen Sie eine Gleichung des Umkreises des Dreiecks ABC auf.
Ermitteln Sie die Koordinaten eines Punktes C', so dass ein gleichschenkliges Dreieck ABC' entsteht, in dem das Maß des Innenwinkels ∢AC'B mit dem Maß des Innenwinkels ∢ACB (des Dreiecks ABC) übereinstimmt. (15 BE)

Lösungen

Nachweisen der Mittelsenkrechten, z. B.:

Mittelpunkt der Strecke $\overline{AB}$:

$$\overrightarrow{OM} = \overrightarrow{OA} + \frac{1}{2} \overrightarrow{AB}$$

$$\overrightarrow{OM} = \begin{pmatrix} -10 \\ -9 \end{pmatrix} + \frac{1}{2} \begin{pmatrix} 18 \\ 6 \end{pmatrix}, \quad M(-1 | -6)$$

Anstieg $m_\perp$: $\overrightarrow{AB} \circ \vec{u}_\perp = 0$, $\begin{pmatrix} 18 \\ 6 \end{pmatrix} \circ \vec{u}_\perp = 0$, $\vec{u}_\perp = \begin{pmatrix} 6 \\ -18 \end{pmatrix} = 6 \begin{pmatrix} 1 \\ -3 \end{pmatrix}$, also

m_1: $\vec{x} = \begin{pmatrix} -1 \\ -6 \end{pmatrix} + t \begin{pmatrix} 1 \\ -3 \end{pmatrix}$ ist Gleichung der Mittelsenkrechten m_1.

Ermitteln einer Gleichung für die Mittelsenkrechte m_2 der Seite $\overline{AC}$, z. B.:

$$\overrightarrow{OM}_{\overline{AC}} = \overrightarrow{OA} + \frac{1}{2} \overrightarrow{AC}$$

$$\overrightarrow{OM}_{\overline{AC}} = \begin{pmatrix} -10 \\ -9 \end{pmatrix} + \frac{1}{2} \begin{pmatrix} 14 \\ 14 \end{pmatrix}, \quad M_{\overline{AC}}(-3 | -2)$$

Anstieg: $m_{\overline{AC}} = \frac{\Delta y}{\Delta x} = \frac{14}{14} = 1$ und $m_\perp = -1$, also

$y = -x + n$ mit $M_{\overline{AC}}$

$-2 = -(-3) + n$, $n = -5$ folgt als Gleichung der Mittelsenkrechten

m_2: $y = -x - 5$.

Aufstellen einer Gleichung des Umkreises, z. B.:

Der Schnittpunkt der Mittelsenkrechten ist der Mittelpunkt des Umkreises, also Gleichung m_1 in m_2 einsetzen:

$-6 - 3t = -(-1 + t) - 5$
$-6 - 3t = 1 - t - 5$
$\quad\quad t = -1 \quad\quad$ und damit $M_{um}(-2|-3)$;

$r = |\overrightarrow{AM_{um}}| = \left|\begin{pmatrix} 8 \\ 6 \end{pmatrix}\right| = \sqrt{100} = 10$

Kreisgleichung: $(x + 2)^2 + (y + 3)^2 = 100$

Ermitteln der Koordinaten eines Punktes C', z. B.:

Für den Fall $\overrightarrow{AC'} = \overrightarrow{BC'}$ liegt C' auf der Geraden m_1 und auf dem Umkreis des Dreiecks ABC (Peripheriewinkelsatz).

$C'(-1 + t | -6 - 3t)$, da $C' \in m_1$; C' in k einsetzen, also

$(-1 + t + 2)^2 + (-6 - 3t + 3)^2 = 100$
$\quad\quad (t + 1)^2 + (-3t - 3)^2 = 100$
$\quad t^2 + 2t + 1 + 9t^2 + 18t + 9 = 100$
$\quad\quad\quad\quad\quad t^2 + 2t - 9 = 0$
$\quad\quad\quad\quad\quad\quad t_{1,2} = -1 \pm \sqrt{1 + 9}$

$t_1 = -1 + \sqrt{10} \Rightarrow C'_1(-2 + \sqrt{10} | -3 - 3\sqrt{10}); \quad C'_1(1{,}16 | -12{,}49)$
$t_2 = -1 - \sqrt{10} \Rightarrow C'_2(-2 - \sqrt{10} | -3 + 3\sqrt{10}); \quad C'_2(-5{,}16 | 6{,}49)$

C'_1 entfällt, da C und C'_1 in der gleichen Halbebene bezüglich der Geraden AB liegen müssen.

Ergebnis: $C'(-2 - \sqrt{10} | -3 + 3\sqrt{10})$

Andere Möglichkeit:

$\overrightarrow{OC'} = \overrightarrow{OM_{um}} + t\vec{u}_{m_1}$ und

$\left| t \cdot \begin{pmatrix} 1 \\ -3 \end{pmatrix} \right| = 10 = r$

$t^2 + 9t^2 = 100$
$\quad\quad t^2 = 10$
$\quad\quad t_1 = \sqrt{10}$
$\quad\quad t_2 = -\sqrt{10}$, also

$\overrightarrow{OC'_1} = \begin{pmatrix} -2 \\ -3 \end{pmatrix} + \sqrt{10} \cdot \begin{pmatrix} 1 \\ -3 \end{pmatrix} = \begin{pmatrix} -2 + \sqrt{10} \\ -3 - 3\sqrt{10} \end{pmatrix}$ entfällt

$\overrightarrow{OC'_2} = \begin{pmatrix} -2 \\ -3 \end{pmatrix} - \sqrt{10} \cdot \begin{pmatrix} 1 \\ -3 \end{pmatrix} = \begin{pmatrix} -2 - \sqrt{10} \\ -3 + 3\sqrt{10} \end{pmatrix}$, also

$C'(-2 - \sqrt{10} | -3 + 3\sqrt{10})$

Andere Möglichkeit:

$\cos\gamma = \dfrac{\overrightarrow{CA} \circ \overrightarrow{CB}}{|\overrightarrow{CA}| \cdot |\overrightarrow{CB}|}$, da $\sphericalangle BCA = \sphericalangle BC'A$ und $C'(-1+t \mid -6-3t)$

$\cos\gamma = \dfrac{\overrightarrow{C'A} \circ \overrightarrow{C'B}}{|\overrightarrow{C'A}| \cdot |\overrightarrow{C'B}|}$

$\cos\gamma = \dfrac{\binom{-14}{-14} \circ \binom{4}{-8}}{\sqrt{392} \cdot \sqrt{80}} = \dfrac{-56+112}{\sqrt{392} \cdot \sqrt{80}} = 0{,}31622$ und damit

$0{,}31622 = \dfrac{\overrightarrow{C'A} \circ \overrightarrow{C'B}}{|\overrightarrow{C'A}| \cdot |\overrightarrow{C'B}|}$

Nebenrechnung:

$\overrightarrow{C'A} \circ \overrightarrow{C'B} = \begin{pmatrix} -9-t \\ -3+3t \end{pmatrix} \circ \begin{pmatrix} 9-t \\ 3+3t \end{pmatrix} = 10t^2 - 90$

$|\overrightarrow{C'A}|^2 = (-9-t)^2 + (-3+3t)^2 = 10t^2 + 90$

$|\overrightarrow{C'B}|^2 = (9-t)^2 + (3+3t)^2 = 10t^2 + 90$ eingesetzt

$$0{,}31622 = \dfrac{10t^2 - 90}{10t^2 + 90}$$

$$0{,}31622 = \dfrac{t^2 - 9}{t^2 + 9}$$

$0{,}31622 t^2 + 9 \cdot 0{,}31622 = t^2 - 9$

$0{,}68378 t^2 - 11{,}845 = 0$

$t_1 \approx 4{,}16, \quad t_2 \approx -4{,}16$

Eingesetzt in $C'(-1+t \mid -6-3t)$ erhält man für

t_1: $C_3'(-1+4{,}16 \mid -6-3 \cdot 4{,}16)$, $C_3'(3{,}16 \mid -18{,}48)$ entfällt

und für

t_2: $C_4'(-1-4{,}16 \mid -6-3 \cdot (-4{,}16))$, $C_4'(-5{,}16 \mid 6{,}48)$, also

Ergebnis: $C'(-5{,}16 \mid 6{,}48)$.

Andere Möglichkeit durch Konstruktion:
- Das Dreieck ABC wird in ein Koordinatensystem eingezeichnet.
- Die Mittelsenkrechte m_1 wird konstruiert, dann die Mittelsenkrechte m_2. Der Schnittpunkt M ist der Mittelpunkt des Umkreises des Dreiecks ABC.
- Unter den gegebenen Bedingungen muss C' auf m_1 und k liegen und zwar im II. Quadranten, also $C_2'(-5,1 | 6,5)$.

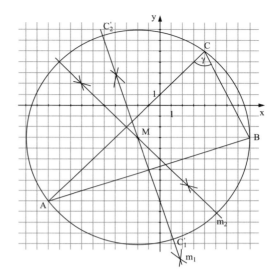

Notizen

Leerseiten verbilligen in diesem Fall die Herstellung des Buches!

Notizen

Leerseiten verbilligen in diesem Fall die Herstellung des Buches!

Ihre Meinung ist uns wichtig!

Ihre Anregungen sind uns immer willkommen. Bitte informieren Sie uns mit diesem Schein über Ihre Verbesserungsvorschläge!

Titel-Nr.	Seite	Vorschlag

Die echten Hilfen zum Lernen... **STARK**

15-VMN

Bitte ausfüllen und im frankierten Umschlag an uns einsenden. Für Fensterkuverts geeignet.

Zutreffendes bitte ankreuzen!

Die Absenderin/der Absender ist:

- ☐ Lehrer/in in den Klassenstufen: _____
- ☐ Fachbetreuer/in
  Fächer: _____
- ☐ Seminarlehrer/in
  Fächer: _____
- ☐ Regierungsfachberater/in
  Fächer: _____
- ☐ Oberstufenbetreuer/in

- ☐ Schulleiter/in
- ☐ Referendar/in, Termin 2. Staatsexamen: _____
- ☐ Leiter/in Lehrerbibliothek
- ☐ Leiter/in Schülerbibliothek
- ☐ Sekretariat
- ☐ Eltern
- ☐ Schüler/in, Klasse: _____
- ☐ Sonstiges: _____

Unterrichtsfächer: (Bei Lehrkräften!)

STARK Verlag
Postfach 1852
85318 Freising

Kennen Sie Ihre Kundennummer?
Bitte hier eintragen.

Absender (Bitte in Druckbuchstaben!)

Name/Vorname

Straße/Nr.

PLZ/Ort

Telefon privat   Geburtsjahr

E-Mail-Adresse

Schule/Schulstempel (Bitte immer angeben!)

Sicher durch das Abitur!

Klare Fakten, systematische Methoden, prägnante Beispiele sowie Übungsaufgaben auf Abiturniveau mit erklärenden Lösungen zur Selbstkontrolle.

Mathematik

Analysis – LK	Best.-Nr. 94002
Analysis – gk	Best.-Nr. 94001
Analytische Geometrie und lineare Algebra 1	Best.-Nr. 94005
Analytische Geometrie und lineare Algebra 2	Best.-Nr. 54008
Stochastik – LK	Best.-Nr. 94003
Stochastik – gk	Best.-Nr. 94007
Kompakt-Wissen Abitur Analysis	Best.-Nr. 900151
Kompakt-Wissen Abitur Analytische Geometrie	Best.-Nr. 900251
Kompakt-Wissen Abitur Wahrscheinlichkeitsrechnung und Statistik	Best.-Nr. 900351
Kompakt-Wissen Algebra	Best.-Nr. 90016
Kompakt-Wissen Geometrie	Best.-Nr. 90026

Physik

Elektrisches und magnetisches Feld – LK	Best.-Nr. 94308
Elektromagnetische Schwingungen und Wellen – LK	Best.-Nr. 94309
Atom- und Quantenphysik – LK	Best.-Nr. 943010
Kernphysik – LK	Best.-Nr. 94305
Physik 1 – gk Elektromagnetische Felder, Schwingungen und Wellen · Photonen	Best.-Nr. 94321
Physik 2 – gk Quantenphysik · Atom · Atomkern	Best.-Nr. 94322
Kompakt-Wissen Abitur Physik 2 Elektrizität, Magnetismus und Wellenoptik	Best.-Nr. 943013
Kompakt-Wissen Abitur Physik 3 Quanten, Kerne und Atome	Best.-Nr. 943011

Geschichte

Training Methoden Geschichte	Best.-Nr. 94789
Geschichte 1 Deutschland vom 19. Jahrhundert bis zum Ende des Zweiten Weltkrieges · USA · Sowjetunion	Best.-Nr. 84761A
Geschichte 2 Deutschland seit 1945 · Europäische Einigung · Weltpolitik der Gegenwart	Best.-Nr. 84762A
Abitur-Wissen Die Antike	Best.-Nr. 94783
Abitur-Wissen Das Mittelalter	Best.-Nr. 94788
Abitur-Wissen Die Französische Revolution	Best.-Nr. 947810
Abitur-Wissen Die Ära Bismarck	Best.-Nr. 94784
Abitur-Wissen Imperialismus und Erster Weltkrieg	Best.-Nr. 94785
Abitur-Wissen Die Weimarer Republik	Best.-Nr. 47815
Abitur-Wissen Nationalsozialismus und Zweiter Weltkrieg	Best.-Nr. 94786
Abitur Wissen Deutschland von 1945 bis zur Gegenwart	Best.-Nr. 947811
Kompakt-Wissen Abitur Geschichte Oberstufe	Best.-Nr. 947601
Lexikon Geschichte	Best.-Nr. 94787

Chemie

Training Methoden Chemie	Best.-Nr. 947308
Chemie 1 – LK K 12 Analytik · Kernchemie · Kohlenwasserstoffe	Best.-Nr. 94731
Chemie 2 – LK K 13 Biomoleküle · Stoffwechsel · Organische Chemie des Alltags	Best.-Nr. 94732
Chemie 1 – gk K 12 Natürliche und synthetische Kohlenstoffverbindungen	Best.-Nr. 94741
Chemie 2 – gk K 13 Biokatalyse und Stoffwechsel · Umweltschutz und Alltagschemie	Best.-Nr. 94742
Rechnen in der Chemie	Best.-Nr. 84735
Abitur-Wissen Protonen und Elektronen	Best.-Nr. 947301
Abitur-Wissen Struktur der Materie und Kernchemie	Best.-Nr. 947303
Abitur-Wissen Stoffklassen organischer Verbindungen	Best.-Nr. 947304
Abitur-Wissen Biomoleküle	Best.-Nr. 947305
Abitur-Wissen Biokatalyse und Stoffwechselwege	Best.-Nr. 947306
Abitur-Wissen Chemie am Menschen – Chemie im Menschen	Best.-Nr. 947307
Kompakt-Wissen Abitur Chemie Organische Stoffklassen · Natur-, Kunst- und Farbstoffe	Best.-Nr. 947309

Biologie

Training Methoden Biologie	Best.-Nr. 94710
Biologie 1 – LK K 12 Genetik · Stoffwechsel · Ökologie	Best.-Nr. 94701
Biologie 2 – LK K 13 Verhaltensbiologie · Evolution	Best.-Nr. 94702
Biologie 1 – gk K 12	Best.-Nr. 94715
Biologie 2 – gk K 13	Best.-Nr. 94716
Chemie für Biologen	Best.-Nr. 54705
Abitur-Wissen Genetik	Best.-Nr. 94703
Abitur-Wissen Neurobiologie	Best.-Nr. 94705
Abitur-Wissen Verhaltensbiologie	Best.-Nr. 94706
Abitur-Wissen Evolution	Best.-Nr. 94707
Abitur-Wissen Ökologie	Best.-Nr. 94708
Abitur-Wissen Zell- und Entwicklungsbiologie	Best.-Nr. 94709
Kompakt-Wissen Abitur Biologie Zellen und Stoffwechsel · Nerven, Sinne und Hormone · Ökologie	Best.-Nr. 94712
Kompakt-Wissen Abitur Biologie Genetik und Entwicklung · Immunbiologie · Evolution · Verhalten	Best.-Nr. 94713
Lexikon Biologie	Best.-Nr. 94711

(Bitte blättern Sie um)

Politik

Abitur-Wissen Internationale Beziehungen	Best.-Nr. 94802
Abitur-Wissen Demokratie	Best.-Nr. 94803
Abitur-Wissen Sozialpolitik	Best.-Nr. 94804
Abitur-Wissen Die Europäische Einigung	Best.-Nr. 94805
Abitur-Wissen Politische Theorie	Best.-Nr. 94806
Kompakt-Wissen Abitur Politik/Sozialkunde	Best.-Nr. 948001
Lexikon Politik/Sozialkunde	Best.-Nr. 94801

Erdkunde

Training Methoden Erdkunde	Best.-Nr. 94901
Erdkunde Relief- und Hydrosphäre · Wirtschaftsprozesse und -strukturen · Verstädterung	Best.-Nr. 84901
Abitur-Wissen GUS-Staaten/Russland	Best.-Nr. 94908
Abitur-Wissen Entwicklungsländer	Best.-Nr. 94902
Abitur-Wissen USA	Best.-Nr. 94903
Abitur-Wissen Europa	Best.-Nr. 94905
Abitur-Wissen Asiatisch-pazifischer Raum	Best.-Nr. 94906
Kompakt-Wissen Abitur Erdkunde	Best.-Nr. 949010
Lexikon Erdkunde	Best.-Nr. 94904

Wirtschaft/Recht

Betriebswirtschaft	Best.-Nr. 94851
Abitur-Wissen Volkswirtschaft	Best.-Nr. 94881
Abitur-Wissen Rechtslehre	Best.-Nr. 94882
Kompakt-Wissen Abitur Volkswirtschaft	Best.-Nr. 948501

Fachübergreifend

Richtig Lernen	
Tipps und Lernstrategien – Oberstufe	Best.-Nr. 10483
Referate und Facharbeiten – Oberstufe	Best.-Nr. 10484
Training Methoden Meinungen äußern, Ergebnisse präsentieren	Best.-Nr. 10486

Abitur-Prüfungsaufgaben

Von den Kultusministerien zentral gestellte Abitur-Prüfungsaufgaben, einschließlich des **aktuellen Jahrgangs**. Mit **schülergerechten Lösungen**.

Abiturprüfung Mathematik – LK Sachsen	Best.-Nr. 145000
Abiturprüfung Mathematik – gk Sachsen	Best.-Nr. 145100
Abiturprüfung Mathematik – LKN Sachsen-Anhalt	Best.-Nr. 155000
Abiturprüfung Mathematik – GKN Sachsen-Anhalt	Best.-Nr. 155100
Abiturprüfung Mathematik – LK Thüringen	Best.-Nr. 165000
Abiturprüfung Mathematik – gk Thüringen	Best.-Nr. 165100
Abiturprüfung Mathematik – LK Mecklenburg-Vorpommern	Best.-Nr. 135000
Abiturprüfung Mathematik – gk Mecklenburg-Vorpommern	Best.-Nr. 135100
Abiturprüfung Mathematik – gk/LK Brandenburg	Best.-Nr. 125000
Abiturprüfung Deutsch – LK Sachsen	Best.-Nr. 145400
Abiturprüfung Deutsch – gk Sachsen	Best.-Nr. 145410
Abiturprüfung Deutsch – gk/LK Sachsen-Anhalt	Best.-Nr. 155400
Abiturprüfung Deutsch – LK Thüringen	Best.-Nr. 165400
Abiturprüfung Deutsch – gk Thüringen	Best.-Nr. 165410
Abiturprüfung Deutsch – gk/LK Mecklenburg-Vorpommern	Best.-Nr. 135410
Abiturprüfung Deutsch – gk/LK Brandenburg	Best.-Nr. 125400
Abiturprüfung Englisch – LK Sachsen	Best.-Nr. 145460
Abiturprüfung Englisch – gk/LK Sachsen-Anhalt	Best.-Nr. 155460
Abiturprüfung Englisch – gk/LK Thüringen	Best.-Nr. 165460
Abiturprüfung Englisch – gk/LK Mecklenburg-Vorpommern	Best.-Nr. 135460
Abiturprüfung Englisch – gk/LK Brandenburg	Best.-Nr. 125460
Abiturprüfung Chemie – gk/LK Sachsen	Best.-Nr. 145730
Abiturprüfung Chemie – gk/LK Sachsen-Anhalt	Best.-Nr. 155730
Abiturprüfung Chemie – gk/LK Thüringen	Best.-Nr. 165730
Abiturprüfung Physik – LK Sachsen	Best.-Nr. 145300
Abiturprüfung Physik – LK Sachsen-Anhalt	Best.-Nr. 155300
Abiturprüfung Physik – gk/LK Thüringen	Best.-Nr. 165300
Abiturprüfung Physik – LK Mecklenburg-Vorpommern	Best.-Nr. 135300
Abiturprüfung Biologie – gk/LK Sachsen	Best.-Nr. 145700
Abiturprüfung Biologie – LK Sachsen-Anhalt	Best.-Nr. 155700
Abiturprüfung Biologie – gk Sachsen-Anhalt	Best.-Nr. 155710
Abiturprüfung Biologie – LK Thüringen	Best.-Nr. 165700
Abiturprüfung Biologie – gk Thüringen	Best.-Nr. 165710
Abiturprüfung Biologie – LK Mecklenburg-Vorpommern	Best.-Nr. 135700
Abiturprüfung Biologie – gk/LK Brandenburg	Best.-Nr. 125700
Abiturprüfung Geschichte – LK Sachsen	Best.-Nr. 145760
Abiturprüfung Geschichte – gk Sachsen	Best.-Nr. 145780
Abiturprüfung Geschichte – gk/LK Sachsen-Anhalt	Best.-Nr. 155760
Abiturprüfung Geschichte – LK Thüringen	Best.-Nr. 165760
Abiturprüfung Geschichte – gk/LK Brandenburg	Best.-Nr. 125760
Abiturprüfung Erdkunde – gk/LK Brandenburg	Best.-Nr. 125900
Mündliche Abiturprüfung Geografie – gk Sachsen	Best.-Nr. 145931
Abiturprüfung Wirtschaft/Recht – gk Thüringen	Best.-Nr. 165880

Bestellungen bitte direkt an: STARK Verlagsgesellschaft mbH & Co. KG
Postfach 1852 · 85318 Freising · Tel: 08161 / 179-0 · FAX: 08161 / 179-51
Internet: www.stark-verlag.de · E-Mail: info@stark-verlag.de